시야를 바꾸면
삶이 달라진다

시야를 바꾸면 삶이 달라진다

제1판 1쇄 발행 2024년 9월 9일

저　　자	이규호
발 행 인	김용성
기획·편집	박찬익
디 자 인	이명애
제　　작	정준용
보　　급	이대성

펴 낸 곳	요단출판사
등　　록	1973. 8. 23. 제13-10호
주　　소	07238 서울특별시 영등포구 국회대로 76길 10
기　　획	(02)2643-9155
구　　입	(02)2643-7290　Fax (02)2643-1877

값 15,000원
ISBN 978-89-350-1983-0　03230
ⓒ 2024. 이규호 all right reserved.

신 저작권법에 의하여 한국 내에서 보호 받는 저작물이므로
무단 전재와 무단 복제를 금합니다.

시야를 바꾸면 삶이 달라진다

이규호 지음

요단
JORDAN
PRESS

추천사

이규호 목사님의 회복과 상담 관련 귀중한 책을 발간하심을 축하드립니다!

저는 목사님을 90년대 중반부터 가정사역 일로 알게 되어 오늘까지 신앙, 사역, 삶을 서로 나누며 교제해 오고 있습니다. 이 시대에 목사님같이 욕심부리지 않고, 자기 존재를 드러냄 없이 반듯하게 자기 신앙의 정도를 지켜오는 분은 흔치 않은 것 같습니다.

사역자의 소명을 받자 중년의 나이에 좋은 사회직장을 떠나 사심 없이 헌신하는 종의 모습을 보노라면 부럽기도 하고, 한편으로는 세상의 셈법으로 마이너스 결산이 날 수밖에 없는 결정을 한 것 같아 안쓰럽게 여겨지기도 하였습니다. 이렇게 목회자로서 또 가정 회복하는 상담전문가로서 목사님은 가정사역을 통해 자신과 부부의 삶이 두드러지게 달라진 비결과 체험을 자주 보여주며 애쓰던 것이 기억납니다. 부족하지만 제가 교류 분석 시리즈 강의를 할 때는 늘 경청하며 그것을 자기와 사역 구성원들에게 적용하려고 부단히 애쓰곤 하였습니다.

주경야독 공부하여 마침내 C.C.U(California Central University) 신학교 박사학위 논문이 통과되어 같이 너무도 기뻐했던 일이 기억납니다.

이번에 드디어 10여 년간 실제 상담과 치유한 바를 교단 신문에 게재한 것을 모은 책이 나오니 너무 기쁩니다. 서로 할퀴어 상처 많은 험난한 시대를 사는 독자들에게 이 책은 그야말로 생명의 오아시스요 문제 풀이의 교과서로 작용할 것으로 확신합니다. 사실 개인과 가정의 회복은 성경적 원리만 따른다면 틀림없이 가능하지만, 이 시대 풍조는 사람들로 그것을 받아들이지도, 노력하지도 않고 살도록 부추깁니다. 또, 사람들은 자기 문제를 해결하기 위해 가정 상담 전문가에게 가져가려고 하지 않습니다. 오히려 큰 고뇌 없이 자기의 짧은 지혜에 의지하여 중독 사이클로 빠져들거나 이혼, 가출 등 방식으로 해결하는 어리석음을 남발하고 있습니다. 이런 단말마적 처방은 잘못된 쾌감만 줄 뿐 정작 자신과 사회에 아무런 유익을 주지 못합니다. 도리어 듣기 거북한 부정적 뉴스만 채우게 됩니다.

부디 이 책을 읽는 독자마다 마음과 삶이 달라지는 비결을 얻어 자기도 회복되고 속한 단체도 온전히 회복되는 하나님의 은혜가 있기를 기도합니다.

김은태 미얀마 선교사(선교전략가)

머리말

바둑을 인생의 축소판이라고 한다. 바둑판의 점은 361개이다. 아주 작은 공간에서 공격과 수비를 하며 전투한다. 그런데 그 좁은 공간에서 두 점, 세 점, 혹은 네 점을 깔고 경기를 할 때도 있다. 왜 그럴까? 그것은 보는 시야가 다르기 때문이다. 사업을 하든, 투자를 하든 시야(視野)가 남들과 달라야 성공할 수 있다. 바둑도 남들보다 더 나은 시야를 가지고 있어야 승리할 수 있고, 사업도 남들보다 더 멀리 보는 안목이 있어야 큰 성공을 거둘 수 있다. 이처럼 인생은 시야의 싸움이다. 보지 못했던 것을 보면 이길 수 있으며 어떻게 보느냐에 따라 인생이 달라진다. 어떤 영역이든 고수(高手)는 보는 것이 다르다. 고수에게는 보는 것이 자산이고, 경쟁력이며 힘이다.

비전이란 보는 것이다. 남보다 먼저 보는 것

이다. 남이 볼 수 없는 것을 보는 것이다. 멀리 보고, 깊이 보는 것이다. 우리는 본 것을 닮아가고, 본 것을 얻게 된다. 그리고 본 것을 경험하게 된다. 신앙도 미래를 볼 수 있어야 견고해질 수 있다. 지금 보이지 않은 것을 보는 것처럼 믿는 것이다. 믿음의 사람은 눈에 보이지 않는 것이 눈에 보이는 것보다 더 확실하고 분명하다는 것을 믿는다.

아무것도 안 보인다고 많은 사람이 허탈해하며 낙심하고 있다. 파도를 가까이에서 보면 멀미를 느끼듯이 눈앞에 벌어진 상황을 보면 낙심할 수밖에 없다. 눈에 보이는 것이 전부라고 생각하면 절망할 수밖에 없다. 그러나 시야가 다른 사람은 아무것도 보이지 않아도 현실에 절망하지 않고 미래를 본다. 믿는 사람도 미래를 보지 못하고 영안이 열리지 않으면 세상 사람과 다를 바가 없다. 현실만 보는 사람은 본 것만 믿게 되고 보고 싶은 것만 보게 된다. 근시안적인 인생은 힘들다. 비교의식으로 우울하고 외롭다. 매사에 재미가 없고 의욕이 없다. 왜 부부가 싸우고, 이혼하는가? 멀리 보지 못하기 때문이다. 근시안적일 때 상처받고, 분노게이지가 빠르게 상승한다. 좀 더 멀리 보고, 시야를 넓혀야 고수高手가 될 수 있다. 그러면 삶이 달라진다. 그리고 미래를 보며, 추구하는 사람은 눈앞의 현실에 절망하지 않는다. 포용성이 넓혀지고, 배려심과 자비가 풍성해진다.

출퇴근 시간 때 도로가 꽉 막혔다. 차 안에 있는 사람들은 그 이유를 몰라 짜증을 내고 힘들어한다. 언제 해결이 될지도 모른 채 막막해한다. 그러나 높은 육교에서 보면 왜 막혀 있는지 알 수 있다. 이 모든 것이 다 시야, 보는 것의 차이다. 보는 것이 다르면 삶도 달라진다.

머리말

행복지수도 높아진다. 지금 이 시대는 그 어느 때보다 각박하고, 신경이 많이 쓰이는 시대이다. 이기주의가 팽배하고 자신밖에 모르는 시대이다. 이러한 환경 속에서 우울증과 각종 병으로 병원을 찾는 이들이 많다. 혹 다른 것으로 대체물을 찾지만 해결책은 미미하다. 지금이야말로 안목을 넓혀서 삶의 질(quality)을 높여야 한다.

이 책은 지난 7년간 침례신문에 '상담과 치유' 란에 기고(寄稿)한 것들을 정리하여 나온 내용물이다. 이 책이 나오기까지 옆에서 물심양면으로 도움을 많이 준 아내에게 감사하며 또 큰아들 이종현 목사 내외(나음교회 담임목사)와 작은아들 이지현 내외(미국 미시간 주재 삼성전자 근무)가 큰 힘이 되어 주었다. 그리고 처음사랑교회 성도들이 있었기에 가능했음을 밝히며, 이 책이 나오도록 요단출판사 박찬익 팀장님, 정준용 간사님 등 모든 스태프의 도움이 큰 것을 감사하게 생각한다.

이규호

시야를 바꾸면
삶이
달라진다

 차례

| 추천사 |

| 머리말 |

1장

가정의 행복

가정의 해체 이대론 안 된다	17
가정이 회복되는 비결	22
건강한 가정이 되려면	26
부부 연합의 중요성	30
부부의 상(像)	35
부부의 성(性)	40
역기능 가정 ⑴	44
역기능 가정 ⑵	49
중년 부부들의 보약은?	55
중년의 위기	59
차이점을 인정하자	63

한국인의 한恨과 화병火病	67
행복한 가정을 만들어 가자	71
행복합니까?	75
현대인의 고질병	80
흔들리는 사추기思秋期	84
자녀에게 줄 수 있는 것	88
성공적인 성性	93

2장 쓴 뿌리

상처를 안고 사는 사람들	101
갈등 속에서 오는 분노의 해결 방법 (1)	105
갈등 속에서 오는 분노의 해결 방법 (2)	109
감정적感情的 표절剽竊	113
상한 마음	117
새 술은 새 부대에	121
생각의 차이	125
선택의 중요성	130
소돔성의 그림자	134
실패자의 열등의식	138
쓴 뿌리의 용서 1	143
쓴 뿌리의 용서 2	147

쓴 뿌리의 용서 3	151
아물지 않은 마음의 상처	156
어느 청년의 절규	160
언어 폭력과 중독	164
건강한 자아상	168

3장 비교 의식

깨어짐의 전환	175
내 속에 있는 또 다른 나	180
당신은 무엇을 필요로 하는가?	185
비교 의식比較意識의 폐해弊害	189
대화로 소통하자	193
두려움의 뿌리를 캐내자!	198
두려움의 실체	202
따뜻한 마음을 나누자	207
땅따먹기 인생	211
무관심은 갈등보다 위험하다	215
문제問題와 답答	219
보약補藥을 먹자	223
부정적인 틀을 깨자	228

분노는 독毒인가 득得인가?	232
과거로부터 벗어난 치유	237
그래도, 기다림이 좋다	241

4장

가면 속의 사람들

가면假面 속의 사람들	249
욕심이 주는 결과는?	253
용서의 치유	256
이기심利己心	260
이중적인 삶	265
인간의 욕망은 어디까지인가?	269
인생 역전	273
인생에서 가장 귀한 선물	277
인생에서 상실감을 느낄 때	281
자존심自尊心과 자존감自尊感	286
종從인가? 주인主人인가?	290
타인능해他人能解	294
탐욕의 통로를 차단하자	299

1장

가정의 행복

가정의 해체
이대론
안 된다

오월은 매년 찾아오는 가정의 달이다. 많은 사람이 가장 소중한 것으로 망설임 없이 가정을 꼽는다. 그러나 요즘 가정은 아늑하고 포근하기보다는 여러 가지 문제로 해체되고 있는 것이 현실이다. 사마천의 사기史記에 이런 말이 있다. "그 시대를 아는 사람만이 시대를 변화시킬 수 있다." 이 세상이 어떤 구조로 돌아가고 있는지 잘 분별해야 한다.

짐머만Barry Zimmerman이라는 학자는 각 문화가 붕괴되기 직전 그 마지막 단계에 전형적인 행동 패턴 11가지가 나타난다고 한다. 이혼의 급증, 자녀 수數의 감소, 부모 멸시증대, 결혼식의 의미 퇴조, 간음 금지 규정의 폐지, 자녀 양육의 어려움 증대, 청소년 비행의 급속한 파급, 각종 성도착의 보편화 등이다.

이러한 것들은 가정의 해체와 밀접한 관계가 있다. 가정해체 현상은 경제생활과도 연관이 있다. 이것은 외환위기 직후부터 심각한 사회병리 현상으로 떠올랐고, 최근 불경기와 함께 다시 속도를 내고 있다. 2003년 이후 감소했던 이혼율이 지난해 다시 증가세로 돌아섰다. 12만 3,999쌍이 이혼해 2008년 11만 6,535쌍보다 6.4% 증가했다. 이혼 사유로는 성격 차이가 가장 많았고 경제 문제가 2위였다. 또 개인 단위 생활이 확대된 것도 가정 해체 현상과 관련이 깊다.

인터넷의 발달은 이를 더욱 부추기고 있다. 가족 간 대화가 단절되고 심리적 결속력이 점차 약화하고 있다. 가족 해체 직전의 상황에서 신음하는 가족들이 적지 않은 것은 이 때문이다. 가족들의 끈끈한 정이나 결속력을 그리워하는 부모 세대와 개인주의 생활에 익숙한 자녀 세대 간 심리적 갈등은 흔히 볼 수 있다. 그런가 하면 가장인 아버지들의 설 자리가 점점 사라지고 있다. 도심 공원에서 우두커니 앉아 있거나 바둑, 장기로 소일하며 입을 굳게 다문 노인들이 대부분 남성인 것은 여성 노인들이 여전히 가사 노동에 매여 있기 때문이기도 하지만, 남성들과 가족들의 단절을 보여주는 상징이기도 하다. 아버지들은 평생 가장이라는 허울 좋은 가면 속에서 숨 한번 제대로 쉬어보지 못하고 감성까지 철저하게 메말라 버린 남성이라는 껍데기만 남았을 뿐이다.

하나님이 만드신 제도가 둘이 있다. 가정과 교회이다. 가정은 축소된 교회이다. 그래서 가정이 교회처럼 되어야 한다. 가정 안에 십자가와 은혜와 사랑과 용서가 있다면 그곳이 천국이 될 것이다. 또 교회가 가정 같은 분위기를 유지한다면 가장 아름다운 공동체가 될 것이 틀림없다. 행복에 몰두하다 보면 불행해 볼 겨를이 없다고 한다. 배우자에게 장점보다 단점이 많다고 하며, 가정에 행복할 요소보다 불행할 요소가 많다고 불평을 한다. 그러나 꼭 그런 것만은 아니다. 찾아보면 배우자에게 장점이 훨씬 많고, 가정마다 행복할 조건이 역시 많은 것을 찾을 수 있다. 행복에 몰두해 보자. 이러한 습관의 뿌리가 행동이 되고 그것이 다시 습관이 되는 것이다.

'아름다운 비행'이라는 영화가 있었다. 그 영화 속에서 기러기 새끼는 소녀를 어미로 알고 따라다니는 장면이 나온다. 기러기 새끼들은 생리상 부화하자마자 처음 보는 사물을 어미로 기억하는 습성이 있는데, 이것을 학문적 용어로 임프린팅imprinting이라고 한다. 우리말로 표현하면 '각인 됐다'라는 뜻이다. 한번 프린팅된 것은 잘 지워지지 않는다.

그러면 아름다운 가정은 과연 어떤 가정을 말하는 것인가? 먼저, 아름다운 가정이란 무엇보다도 건강한 만남이 계속 일어나는 가정이라고 말할 수 있다. 만남은 가정 속에서 새롭고 신선한 것이 계속 생성되고 공급됨을 의미하고 있다. 어떻게 보면 우리의 삶 자체는 문제의 연속이다. 따라서 가정 속에서 이 문제를 풀어갈 지혜와 용기와 사랑을 공급받지 못하면 불행해지고 축복을 누리지 못하게 된다. 그러므로 문제를 보지 말고 문제 속에 나는 어느 위치에 있는지를 볼 줄 알아야 한다. 지금 우리 가정의 만남은 어떠한가? 식사 자리와 대화는 얼마나 같이하는가? 많은 사람이 가정에 문제가 있다고, 교회에 문제가 있다고 하면서 정작 자기는 예외이다. 문제의 답은 밖에 있는 것이 아니라 어쩌면 자신의 깊은 곳에 숨어 있는지 모른다. 자기를 직시해야 한다. 예수님도 한 알의 밀알이 땅에 떨어져 죽을 때 많은 열매를 맺는다고 하셨고, 사도바울도 매일 죽노라고 했다. 그 죽음이 수많은 열매를 맺었다. 그렇다면 나는?

두 번째로, 아름다운 가정이란 성장이 이루어지는 가정이라고 말할 수 있다. 인간은 나면서부터 죽을 때까지 변화한다. 변화에는 긍정적인 측면에서 성장이 있는가 하면, 부정적인 면에서 퇴보도 있다. 가정에서 개인이 성장하고 가족끼리의 만남과 관계도 성장해야 한다. 성장하기 위해서는 상대방을 배려하는 마음이 있어야 한다. 개인의 이기심과 욕심이 있을 때는 불행만 커지게 된다.

크리스 털만Chris Thurman이라는 심리학자는 자신의 클리닉에 찾아오는 환자들이 한결같이 거짓말(진리가 아닌 것)을 진리처럼 받아들이고, 그것에 근거해서 생각하고 행동하고 느끼고 있다고 말한다. 그는 사람들이 진실로 받아들이고 있는 잘못된 생각과 사고를 몇 가지로 소개하는데, 결혼생활과 관련된 거짓말은 다음과 같다.

① 모두가 당신 탓이다.
② 결혼생활이 순탄하지 못한 것은 배우자를 잘못 선택했기 때문이다.
③ 당신은 나의 모든 필요를 채울 수 있고 또 채워 줘야 마땅하다.
④ 당신은 내게 신세 지고 있다(나 때문에 당신은 살아간다).

⑤ 나는 변화될 필요가 없다. 정말 변할 사람은 당신이다.
⑥ 당신도 나처럼 되어야 한다.

이상의 생각을 진짜처럼 믿고 있는 사람은 고통과 괴로움, 심지어는 정신질환까지 갖게 된다. 자신보다 타인의 필요를 먼저 채워 주는 관계가 아름다운 가정의 기본 요소이다. 서로 다른 존재인 우리는 각각 다른 욕구를 가지고 있다. 그리고 이 욕구는 자기 자신을 먼저 채우고자 하는 본능을 갖고 있다. 자기의 욕구를 우선 채우려고 하는 가정에는 싸움이 그칠 날이 없다.

우리는 흔히 가족을 사랑하고, 위한다고 하면서 자기중심적인 사랑을 많이 하게 된다. 내 방식대로 사랑하고, 내가 좋을 때 좋아하고, 내가 행복할 때 다른 식구들도 행복해하는 줄로 안다. 정말 귀한 사랑은 상대방의 필요가 무엇인지를 먼저 생각하고 채워 주는 것이다. 안 된다고 포기하지 말고 된다는 임프린팅을 하자. 싱그러운 오월에 나와 가정을 다시 뒤돌아보자. 이렇게 할 때 가정의 해체解體는 가정에서 해제解除된다.

가정이 회복되는 비결

1960년대에는 온 가족이 한 방에서 먹고 자고 뒹굴면서 살았다. 보통 한 가정에 식구가 여러 명이다 보니 자기 보다는 공동체를 인식하며, 가지려는 것보다 서로 나누며 살았다. 지금 생각으로는 도저히 어려울 것 같은 상황에서도 모두가 잘 적응해 나가며 오히려 불편한지 모르며 지냈다. 그리고 여유롭지 못한 환경 가운데에서도 서로 돈독하게 지내며 맏이가 막내를 돌보며 먹을 것이 있으면 나누어 먹고 옷도 대물림하였다. 그럼에도 그것이 싫다거나 더 많은 것을 원하는 아이들은 많지 않았다. 대물림하는 것을 당연한 것으로 알고 부끄럼 없이 살았다. 그것이 좋거나 멋있어서가 아니라 그 시대에는 모든 게 부족했기에 모두가 이해하며 살았다. 또 먹을 것이 풍족하지 못했기에 조금 부족해도 서로 나누며 나의 만족보다는 남을 배려하는 마음이 컸다.

지금은 어떠한가? 가진 것이 많아도 거기에 만족하지 않고 다른 사람들의 것을 뺏고 싶어 수단, 방법을 안 가리는 사람들도 있다. 우리가 입고 있는 옷이나, 음식, 주변에 있는 것들을 자세히 보면 거의 입지 않고, 먹지 않고, 쓰지 않아 버릴 때가 있다. 한 해 음식 쓰레기를 처리하는 비용이 몇조라고 하는 뉴스를 본 적이 있다. 그것뿐인가? 의류나 신발이나 각종 가전제품, 주변에 있는 가구들이 멀쩡한데도 버리는 것을 아파트 단지에서 심심치 않게 보게 될 때가 있다. 그런데도 만족하지 못하고 늘 부족하다고 생각하며 사는 사람들이 얼마나 많은가?

얼마 전에 압록강 주변 중국 접경지역을 방문한 적이 있다. 한족들이나 조선족들이 모여 사는데 그들의 생활을 보면 우리나라의 1960년대의 모습을 보는듯하다. 먹을 것, 입을 것이 없어 아주 어렵게 살고 있다. 그러나 그들은 아주 순수하게 자기들의 삶에 감사하며 사는 것 같은 인상을 받았다. 오히려 한국 사람들이 여행 와서 돈이면 다 된다는 그릇된 인식으로, 자기들에게 관심을 가지는 것도 마음을 나누는 것이 아니라 값싼 동정심을 가지고 오기에 그들은 별로 반갑지 않고 겉으로만 반긴다고 한다.

이제 우리네 가정도 무엇을 소유하려고 열심히 뛰는 것보다 어떻게 쓰느냐를 깊이 생각할 때이다. 어떤 분에게서 자녀들은 부모에게 돈이 많다는 것을 알고부터는 타락하기 시작한다는 이야기를 들은 적이 있다. 부족함을 느끼지 못할 때 발전이 없고 노력보다는 안락한 삶을 누리려고 한다.

　몇 년 전 파키스탄에서 규모 7.5의 강진이 발생했다. 많은 사람이 죽고 기물이 파괴되고 가축들이 죽었다. 그러나 들에서, 산에서 야생하는 동물들은 전날부터 울부짖으며 이동하여 피해를 보지 않았다고 한다. 동물들은 늘 긴장하며 살아가기에 큰 재앙을 피하는 것이다. 이처럼 우리도 소유하는 것이 행복이 아니라, 내게 있는 것을 감사하며 사는 것이 행복한 삶인 것이다.

　우리 생활 가운데는 매일 움직이지 않으면 안 되는 가정이 있는가 하면 그렇지 않은 가정도 있다. 이제 온 식구들이 날을 정해 서로의 아픔과 꿈을 나누며, 힘든 것은 격려하고 품어주고 서로를 위해 기도하는 시간을 가져보기를 권한다. 가정이 행복한 장소, 편안한 장소가 될 때 참된 쉼터가 되는 것이다. 그럴 때 가족 구성원은 밖에 마음을 두지 않으며 다른 것을 찾기 위해 배회하지 않는다. 지금도 불야성 같은 밤거리에 수많은 젊은 남녀가 방황하고 있다. 그들은 무엇을 찾는 것일까? 무엇을 얻기 위해 그토록 밤을 지새울까?

　가정이 회복되기 위해서는 먼저 부부가 하나 되는 모습이 필요하다. 하나님은 각자에게 너무나 잘 맞는 배우자를 주셨는데 우리는 배우자의 장점을 찾지 못하고, 몇 안 되는 단점만 찾다 보니 진정한 행복을 누리지 못하는 것 같다. 그러나 좋은 점을 찾아보면 너무나 많다는 것을 느낄것이다. 가정은 매우 소중하다. 가정은 세상의 다른 조직이나 단체보다 더 좋은 행복과 축복을 유산으로 물려주는 곳이다. 잘못된 것은 중단이 되도록 하고 좋은 것으로 물려주는 의식적인 노력이 필요한 곳이다. 따라서 가정이 건강하다는 것은 나 자신과 사회, 그리고 역사가 아름답게 만들어져 가고 있다는 것을 의미하며, 가정의 파괴는 곧 공동체와 개인의 불행과도 직결되는 것을 알고 자녀들에게 안정감과 안전감을 주며, 소속감과 자기 존중의 욕구를 충족시켜 주어서 실패와 좌절의 순간에도 극복할 수 있는 힘을 제공해 주어야 한다.

J.오티스 레드버터(J.Otis Red Butter)와 커트 브르너(Kurt Bruner)는 가정에서 유익하고 행복을 만들어가기 위한 요소 다섯 가지를 AROMA라는 단어로 설명한다.

A(affection, 애정), R(Respect, 존경), O(Order, 질서), M(Merriment, 즐거움), A(Affirmation, 안정). 이러한 요소는 행복과 아름다움을 만들어가는 분위기를 조성하게 되는 것이다. 어려움 중에서도 자신을 지켜나가는 노력은 훨씬 더 영향력 있는 자가 되고 많은 사람에게 나누어 줄 수 있게 하는 힘이 된다.

건강한 가정이 되려면

5월은 가정의 달이다. 그래서 교회와 사회에서는 5월이 되면 각종 행사를 많이 한다. 가정은 하나님이 만든 최초의 기관이다. 그러므로 가정은 하나님 나라 확장사업에 가장 기초가 되는 것이다. 그러나 가정마다 이 기초가 많이 흔들려 있는 것을 본다. 모든 것이 그렇듯이 기초가 흔들리다 보면 나중에는 본질이 무너지게 되는 것을 본다. 가정의 위기는 곧 교회의 위기이며 하나님 나라 확장에 위기인 것이다. 하나님이 인간에게 주신 큰 축복 중의 하나는 가정이다. 인간은 누구나 행복한 가정을 꿈꾼다. 그러나 현세를 살아가는 우리는 주위에서 행복한 가정보다 불행한 가정을 더 많이 보게 된다. 행복한 가정은 천국의 그림자이고, 불행한 가정은 지옥의 그림자라고 말할 수 있다.

그러면 행복한 가정은 어떻게 만들어지나? 여러 가지 요인이 있겠지만 행복한 가정은 무엇을 보고 자랐느냐에 달린 것 같다. 실례로 부모가 서로 사랑을 표현하는 것을 보고 자란 자녀들은 결혼한 후에도 자기 아내나 남편에게 사랑을 표현하는 것을 본다. 그러나 그것을 본 것이 없는 결혼 생활은 대부분 실수와 원망, 불평, 분노가 도사리고 있는 경우가 많다. 그래서 그 결과는 불행한 가정이 될 수도 있는 것이다. 이처럼 가정의 붕괴는 인간 생활의 붕괴요, 신앙과 도덕, 사회의 몰락을 가져오기 때문에 가정과 사회와 교회를 지키기 위해서는 건강한 가정을 만들어야 한다.

요즈음 가정마다 사교육비의 과다지출로 어려워 하는 부모들이 많다. 실제로 여유 있는 가정에서는 비싼 과외, 족집게 선생을 모시기에 혈안이 되어있다. 초등학생만 되어도 강남이나 분당에서는 소문난 학원이나 선생을 붙들려고 애를 쓴다. 그런데도 왜 사회는 더욱 어두워지고, 타락하고 불안할까? 좋은 선생님 밑에서 많이 배우는데 가정과 사회가 불안한 이유는 어디서 찾아야 하는가?

여러 가지 이유 중의 하나는 가정이 그 역할을 제대로 못 하기 때문이다. 아버지는 아이들에게 돈만 벌어오는 사람이 아니고, 어머니는 아이들 뒷바라지만 하는 사람이 아닌 것이다. 당연히 부모의 역할이 있지만, 부모의 역할과 자녀의 역할을 분명히 알아야 한다. 요즈음 세대는 가정의 중심이 '부부'가 아니라 '자녀' 인 경우를 보게 된다. 그것은 우선순위가 잘못된 것이다. 부부간의 관계가 자녀와의 관계보다 더 우선되어야 한다. 대부분의 부부는 자녀가 태어나면 서로를 바라보던 눈이 자녀에게로 향하게 된다. 자녀가 예쁘고 사랑스럽기 때문에 그럴 수는 있다. 그러나 그들이 태어나자마자 '내가 이 집의 왕이구나 내가 떼를 부리고 우니까 모두가 절절매는구나'라는 것을 배우게 되면 마치 부모가 나를 위해서만 존재하는 것으로 착각하게 된다. 그러면 그때부터 부모의 권위에 손상이 가기 시작하며 자녀교육의 출발이 잘못되는 것이다. 정말 자녀를 사랑한다면 부부간에 건전하고, 성경적 성숙한 사랑을 위해서 부단히 노력해야 한다.

미국의 사회학자 스트라우스(Murray Straus)의 연구를 보면 부부의 관계에 따라 자녀들의 인격 형성 차이가 난다고 한다. 다시 말해 부부관계에서 남편이 우위를 차지하느냐, 아니면 아내가 우위에 있느냐에 따라 자녀들이 받는 영향이 다르다는 것이다. 아내 우위형의 자녀들은 학교 성적은 좋은 편이지만 정서는 불안하며 부모에 대한 거부감도 역시 크다고 한다. 하지만 부부 협력형의 자녀들은 성적도 좋고 정서도 안정됐을 뿐만 아니라 부모에 대한 친밀감도 높다고 한다. 이처럼 부부 사이에 누가 우위에 있는지로 가정의 평화가 이루어지는 것은 절대 아니다. 자녀의 올바른 교육을 위해서라도 부부가 함께 협력하는 노력을 해야 한다. 서로를 섬기며, 존중할 때 비로소 올바른 가정교육이 가능한 것이다. 이제는 가정에서 누구에게만 편중된 공동체가 아니라 모두에게 평등한 질서와 관심과 배려가 공존하는 마음으로 재편되어야 한다.

가정은 교회보다 먼저 창조된 공동체이다. 가정은 천국의 국보이다. 그러므로 귀하게 다루고 아껴야 한다. 하나님께서 가정의 주인이 되어야 하며 늘 기도로 하나님과 가까이 연결되어 있어야 한다. 이것이 가정의 신성성이다.

교육학자 에디 쉐이퍼Edith Schaeffer는 "가정이란 인간 존재의 성장 장소요, 삶의 보금자리요, 피난처요, 문화 창조의 중심지요, 기억의 박물관이요, 인간관계가 출발하는 곳이요, 인간관계가 형성되는 장소요, 신앙의 출발지요, 신앙의 완성지다"라고 했다.

부부 연합의 중요성

　　　　　　우리나라 속담에 "뭉치면 살고 흩어지면 죽는다"라는 말이 있다. 민족적으로, 공동체적으로, 가정이나 직장에, 교회에 해당하는 말이다. 분열되면 어떤 것도 성장할 수 없다. 뭉쳐야 거기서 새로운 도전이 생기고 에너지가 발생하는 것이다. 그중에서도 부부의 연합은 너무나 긴요한 일이다. 하나님께서 짝을 지어주셨는데도 매일 수많은 사람이 이혼한다. 그러나 성경은 창세기 2장 24절을 통해 결혼에 대해 이렇게 말하고 있다. "이러므로 남자가 부모를 떠나 그의 아내와 합하여 둘이 한 몸을 이룰지로다" 이 구절에 세 개의 중요 동사가 있다. '떠나라', '연합하여', '한 몸을 이룰지로다'가 그것이다. 그런데 이 세 단어는 결혼의 목적을 의미한다.

　　'떠난다'는 것은 부모로부터의 분리를 포함하며 남편과 아내의 결혼을 위한 합법적 결합을 의미한다. 월터 트로비쉬Walter Trobish는 이 법적 요소를 무시하는 부부는 은밀한 결혼을 한 것이라고 말했다. 그러나 부부가 살면서도 둘이 아닌 다수의 의견이 가정에 들어와 있다. 그리고 부부 외의 의견들이 가정의 불협화음을 이룰 때가 많다. 분명히 성경은 부모에게서 독립을 명령하였는데 현실은 그러하지 못하다.

'연합한다'는 것은 딱 들러붙어 하나가 된다는 의미의 히브리어이다. 남편과 아내는 종이 두 장을 풀로 붙여 놓은 것이다. 하나로 붙여 놓은 종이를 나누려고 한다면 이 둘을 다 찢을 수밖에 없다. 부부는 서로 사랑하고 가까워지고 신뢰하는 것이다. 만약 이와 같은 연합이 없다면 그들은 합법적일는지는 모르지만, 사랑이 없는 공허한 결혼생활을 하는 것이다.

'한 몸을 이룬다'는 것은 육체적인 것 이상을 의미한다. 트로비쉬는 두 사람이 그들의 육체나 소유뿐만 아니라 그들의 사고와 감정, 기쁨과 고통, 희망과 두려움, 성공과 실패도 함께 나누어야 한다고 했다. 하지만, 이 시대는 어떠한가? 이혼의 가장 1순위가 경제문제다. 일자리를 놓치게 되면 그때부터 위험한 줄다리기를 타는 것과 같다. 부부의 관계에도 돈이 우선이다. 사실 한 몸을 이룬다는 것은 두 인격이 짓눌러지고 말살되는 것이 아니고 한 인격의 독특성이 유지되면서 완전한 관계를 이루기 위하여 배우자 인격의 독특성과 결합하는 것이다. 두 사람이 결혼할 때 그들은 각각 과거 약 20~30년 전 경험들과 훈련받은 것들과 삶에 대한 태도들을 가지고 결혼생활에 들어간다. 이런 차이점들은 타협과 양보를 통하여 해결되어야 한다. 그러나 차이점들이 쟁점이 되고 심각한 전쟁터를 만들기도 한다. 어떤 경우에는 갈등을 해결하고자 하는 진지한 열망은 있으나 사태가 개선될 방법을 부부가 잘 알지 못하는 때도 있다. 한 몸을 이루는 관계가 부족할 경우 그 부부는 만족하지 못한 결혼생활을 하게 되는 것이다. 그렇게 살다 보면 지극히 현실적인 문제 때문에 서로 의견 차이가 생기게 되고 그 틈을 좁히는 과정에서 다툼이 생기기 마련이다. 그런가 하면 아이 교육 문제, 집안의 경조사, 이사 문제 등등 가정의 다양한 문제들을 놓고 남편과 아내의 의견이 나뉠 수 있다.

부부싸움이 일어나게 되는 동기를 잘 살펴보면 대부분 고집을 세우지 않아도 될 일인데도 자기의 의견을 관철하려고 하는 데서 문제가 시작되는 경우가 많다. 근간에 몇몇 부부를 상담했다. 이야기들을 들어보면 대부분 대수롭지 않은 문제들이다. 하기야 그들은 그것이 아주 중요할 수도 있다. 그러나 조금만 냉철하게 보게 되면 대화를 통해 얼마든지 해결할 수 있음을 감지할 수 있다. 하지만 사소한 일인데도 위험한 결과를 예측해 볼 수 있는 경우도 존재한다. 이것은 아주 이기적인 발상이다. 조금만 다른 각도에서 보면 얼마든지 해결할 수 있는 일인데 서로 양보하지 못하기 때문이다.

예를 들어 아내가 남편을 활력 있고 생동력 있는 남성으로 변화시키기 위해서는 남편의 모습 그대로를 인정하고 받아주면 된다. 그런데 대부분의 아내들은 남편을 인정하기 보다는 남편의 부족한 점에 대해 잔소리를 하면서 고치려 애를 쓴다. 그런다고 정말 남편이 아내가 원하는 대로 변화될 수 있을까? 절대로 그렇지 않다. 오히려 남편은 자신의 권위가 도전받아 자존감에 큰 상처를 입었다고 생각돼 강한 거부감을 나타내게 된다.

어느 아내가 자기 남편을 고쳐보겠다고 마음먹고는 퇴근하고 돌아온 남편이 손발을 씻는 것부터 시작해서 집안일을 도와주고 아이들을 챙겨주는 일까지 하나하나 잔소리를 해댔다. 그런데도 남편이 바뀌기는커녕 이제는 아내의 말을 아예 무시해 버렸다. 그러더니 어느 날 "내가 당신 자식인 줄 알아? 나는 당신 남편이야"라는 말에 충격을 받게 된 그 아내가 입술을 꼭 깨물고는 잔소리 대신 남편을 인정하기 시작했다. 그랬더니 남편에게서 존경할 점이 눈에 보이더라는 것이다. 드디어 그 부부는 하나 되는 길을 발견하게 되었다.

결혼이란 한 쌍의 남녀가 협동, 공동생활을 하도록 사회가 요구하고 있는 하나의 제도이기 때문에 결혼한 모든 사람에게 행복을 가져다준다는 보장은 없다. 특히, 결혼이란 계속된 적응과정을 필요로 하기 때문에 부부는 이에 적응할 줄 아는 능력에 따라 행복한 결혼생활을 영위할 수 있다.

결론적으로 연합하기 위해서 배우자가 반드시 해야 할 것이 있다. 좋은 점만 보자. 좋은 점만 보기로 작정하면 상당한 단점이 있는 사람도 참으로 '역시 내 남편이요 나의 아내'가 될 것이지만 나쁜 점만 눈에 보이기 시작한다면 아무리 좋은 점이 많다 한들 몹쓸 사람이 되는 것은 순식간이다. 내 남편, 내 아내가 참으로 좋은 사람이다.

연애할 때는 참으로 좋은 점만 눈에 보여서 사랑도 하고 결국은 결혼한 것이 아닌가? 살다 보면 단점이 많이 눈에 띄겠지만 장점에 비하면 아무것도 아닐 수 있다. 문제는 생각하기 나름이다. 좋은 점을 볼 것인가? 나쁜 점만 골라서 볼 것인가? 행복과 불행은 바로 이곳에서부터 나누어지기 시작한다.

이러한 점에서 결혼생활에서 적응의 의미는 결혼한 부부가 서로 얼마나 잘 조화를 이루어 살아가는지에 대한 정도를 나타내는 것이며, 부부가 개인적 욕구나 기대, 결혼생활에서 발생하는 다양하고 익숙하지 않은 상황이나 문제들에 대해 어떻게 균형을 맞추어 가는지에 대한 정도라고 할 수 있다.

우리를 창조하신 하나님은 행복하고 아름답게 살기 위해 모든 것을 주셨다. 그런데 많이 소유한 것이 오히려 행복을 방해한다. 한 몸을 이루면 그 자체가 행복이다. 눈의 각도를 수정하자. 장점을 보자. 그러면 보이기 시작한다. 이것이 행복의 시작이다.

부부의 상^像

암으로 죽는 사람이 한 해에 65,000명이라고 한다. 아무리 강심장을 가지고 있다 해도 의사로부터 말기^{末期} 암이라는 판정을 받으면 사형수가 사형장에 끌려가는 것처럼 맥이 풀리고 하늘이 노랗게 보인다고 한다. 그만큼 삶에 큰 고통을 주는 병이기에 늘 조심한다. 그런데 이것보다 더 무서운 병이 있다. 정신의 병이다. 벌써 오래전부터 많은 사람이 앓던 병이지만 지금까지 대수로이 생각을 안 했고 예방이 미치지 못하여 그 현상들이 이제 나타나고 있다. 육신에 나타나는 병에 대해서는 공포감을 느낄 정도로 예민하게 반응하지만, 내면에 나타나는 마음의 병은 그렇게 심각하게 생각을 하지 않는다. 예를 들어 근간에 주부들이 우울증으로 어린아이들과 함께 생을 마감하는 사건들이 매스컴을 통해서 여러 번 오르내렸다. 이뿐이 아니라 많은 가정에서 크고 작은 갈등들이 거세게 불어 닥치고 있다. 며칠 전 어떤 가장이 친딸을 성폭행하고 거기서 태어난 두 자녀를 자기 손으로 죽였다는 것을 들었다. 부산 여중생 살인사건, 조두순 사건… 이런 일들이 멀리서만 일어난다고 누가 생각하겠는가? 그리고 또 이런 일들뿐이겠는가? 왜 생각할 수 없는 이러한 일들이 일어나고 있는 것일까? 이러한 일들에는 여러 가지 요인이 있을 수 있다.

우리나라 속담에 세 살 버릇 여든까지 간다는 말이 있다. 다시 말해 무엇을 보고 자랐느냐가 중요하다는 것이다. 성장기에 무엇을 보고, 먹고 성장했느냐는 성년成年이 되어서도 매우 중요하다. 부모가 경제적으로 부족함 없었을지라도 보호나 위로를 받지 못했거나 안정을 느끼지 못했다면 성인이 되어서도 보호자나 위로자를 찾아 방황할 것이고 삶의 어떤 영역에서도 안정을 찾을 수 없을 것이다. 어린 시절에 해소되지 않은 부모와의 문제는 차후 성인기에 아픔의 주원인이 될 수도 있다. 성인기의 아픔은 어린 시절의 아픔과 연관되어 있다. 많은 가족 상담가는 대부분 어린이의 정체성이 부모 관계를 통해 형성된다고 한다.

얼마 전 상담을 한 중년 남성은 교회의 중직重職이다. 그런데 집에 들어오면 부인에게 폭력과 폭언을 하고, 자해를 하는 등 온 가족을 공포에 휩싸이게 만든다고 한다. 하물며, 싸움을 말리는 두 딸을 흠씬 두들겨 패기도 한다. 그래서 고등학교에 다니는 딸은 자기 아버지를 아버지라고 부르지 않는다고 한다.

어린아이들은 부모를 우러러본다. 그리고 부모가 자신의 기본적인 욕구를 채워줄 것이라고 기대한다. 가정은 아이들이 세상과 관계를 맺는 방법을 배우는 곳이며, 이때 배운 것은 평생 관계를 좌우하는 것이다. 어린 시절의 기본적인 욕구가 채워지지 않은 채 내버려 둔다면 다른 사람들과 또한 결혼 후에 부부의 관계도 건전하게 맺기가 어려워진다.

J 집사는 50대 중반인데도 남편의 사랑을 갈급해 한다. 그런데 부인이 다가갈수록 오히려 남편은 거부하고 밖으로 돈다. 굴절된 사랑의 욕구는 상대방에게 거부감을 주고 부담감을 주는 것이다. 부부는 자녀에게 의식주를 제공해 주는 것만으로는 부족하다. 인간에게는 사랑받고 싶은 욕구가 있기 때문이다. 성인인 우리도 예외는 아니지 않는가? 어린 시절에 부모의 사랑 결핍은 성인이 된 후에도 하나님의 사랑을 느끼지 못하고 배우자의 사랑마저도 의심하게 만든다. 또, 사랑받고 싶어 사람을 찾아 안주하고 싶어 하고 방황하기도 한다.

분당의 중형교회 담임목사님은 이제 60이 넘으셨다. 며느리를 맞이하면서 다른 것은 요구하지 않아도 단 한 가지 아이들이 클 때까지 아이를 집에서 돌보고 모유를 먹이는 것을 당부했다고 한다. 맞벌이를 꼭 해야 사는 가정이 많다 보니 다 그럴 수는 없지만 참 좋은 생각이라고 본다. 지금 가정마다 교육비가 전체 가계(家計)의 비중에서 매우 높은 것으로 나타나고 있다. 그런데도 아이들은 더욱 난폭해지고 관계도 나빠지고 있다. 얼마 전 지방의 한 학교에서 졸업식 뒤풀이로 세상 사람들에게 깜짝 놀랄 일들이 벌어졌다. 알몸으로 단체 기합을 받고 옷을 찢은 채로 길거리를 활보하는 것이다. 매스컴에서 보도하지 않은 일들은 또 얼마나 많을까? 요즈음 길거리에서 여중생들이 담배를 피우는 것을 심심치 않게 볼 수 있다. 그리고 통계에 의하면 여중생들의 성 경험이 얼마나 심각한지를 잘 보여주고 있다.

자녀 양육에 물질적인 것만으로는 부족하다. 아이들은 부모의 보호가 절대적으로 필요하다. 아이에게 아버지는 천하무적의 용사로 비치고 부모의 보호 아래서 평안을 느끼기를 원한다. 아이들은 무조건적인 사랑과 포용 속에 자라날 환경이 필요하다. 특히, 아버지가 따뜻하고 든든한 후원자가 되어줄 때 아이는 마음껏 상상의 날개를 펴며 건강하게 자랄 것이다. 아버지의 보호를 받지 못한 채 성인이 되면 자존감이 낮고 의기소침하며 늘 불안해하며 의존성이 강화된다. 어린아이는 부모의 칭찬을 받고 싶어 한다. 칭찬과 격려가 어린아이의 소질과 재능을 마음껏 발휘할 수 있는 기틀이 되지만 칭찬 대신 비난을 받고 자라면 자신을 무가치하게 생각하고 자신감을 상실하게 된다. 하나님께 인정받고 싶은 욕구가 중독적 신앙생활로 발전할 수도 있다.

어린아이가 젖이 부족하면 한 번 먹을 때 많이 먹어 두려 하는 것은 미래가 불안할 때 나타나는 자연스러운 현상일 것이다. 오늘보다 내일은 더 나아질 것이라고 기대하는 것은 인간들의 보편적인 기대심리이다. 아버지로 인해 꿈을 접어야 하는 어린 아이는 깊은 상처를 안게 되고 성인이 되어서도 좌절과 포기를 반복할 것이다. 특히 남자아이는 아버지를 본받게 되기 때문에 아버지의 역할이 매우 중요하다.

또한, 잘못된 기대는 관계를 파괴시키고 실망과 좌절을 안겨다 준다. 눈높이 기대로 나아가야 한다. 지나친 기대도 고통과 부담을 안겨서도 안 되며 낮은 기대로 자존감에 상처를 입혀서도 안 된다. 적절한 기대야말로 가장 좋은 동인(同人)이 되는 것이다.

또한, 가르침과 삶을 일치시키되 먼저 본을 보여야 한다. 백 마디의 훈계보다 한 번의 모범이 더 큰 힘을 발휘할 수 있다. 어떤 경우에도 행동보다 말이 앞서지 않도록 해야 한다. 아이들이 실수할 때 질타나 야단보다는 격려의 말이 필요하다. 부모의 역할이 가장 필요할 때는 그들이 정상에 있을 때가 아니라 실패하고 실수해 낙심하고 있을 때이다. 그때 친구가 되어 주어야 한다.

우리들의 부모에게서 부정적인 것을 보고 상처받은 마음으로 성장했다면 이제 나의 대(代)에서 끊어주자. 후대(後代)에는 행복하고 아름다움게 살 수 있도록 해주자. 똑같은 아픔 속에서 갈등으로 사는 자녀들이 이제는 없기를 바란다.

부부의 성(性)

　　　　　　요즘 언론의 단골 메뉴는 성범죄 사건이다. 하루가 멀다 하고 쏟아져 나오는데 이제는 종류도 다양해져서 학생들로부터, 연예인, 고위층까지 광범위하게 이루어지는 것을 볼 수 있다. 그런가 하면 아동 성폭행 사건은 연일 전국망을 통해 생생히 보도되고 있다. 또 그러한 상황은 가정도 예외가 아니다. 아버지가 딸을 욕구의 대상으로 삼는, 있어서는 안 될 사건들도 심심치 않게 보도되고 있다. 이처럼 성범죄 사건은 매년 증가 추세에 있고, 지금도 하루에 평균 60건 이상의 성폭력이 발생하고 있다고 한다.

　　이러한 일은 우리나라뿐만 아니라 다른 나라에서도 일어나고 있는데, 얼마 전 인도에서 장래가 촉망받는 의대생이 결혼을 앞두고 예비 신랑과 영화를 보고 나오다 버스에서 집단 성폭행을 당했고 결국 사망하는 사건이 발생했다.

이러한 성폭력은 개인의 삶을 파괴하는 것을 떠나 화목한 가정까지 송두리째 파괴해 결국 파멸에 이르게 하는 극악무도한 범죄다. 지금 우리나라 번화가에는 어디서나 색색의 간판들이 사람들의 눈을 유혹하고 있다. 또 골목마다 성과 관련된 건물들이 즐비하게 세워져 있다. 이러한 일에 크리스천들은 어떻게 이 유혹을 이겨나가야 할까? 유혹을 이기기 위해서는 유혹을 인정할 줄 알아야 한다. 유혹은 누구에게나 올 수 있다.

경보警報를 뜻하는 사이렌siren의 어원은 아름다운 노래로 트로이 전쟁의 영웅 오디세우스를 유혹하던 여인, 세이레네스seirens에서 비롯되었다. 반은 여자, 반은 새의 모양을 한 그녀는 자신의 섬을 지나가는 선원船員들을 잡아먹는 요괴였다. 이를 알고 있었던 오디세우스는 그 섬을 지나가며 선원들의 귀를 밀랍으로 된 귀마개로 틀어 막개했다. 하지만 자신은 그 노래가 어떤 것인지를 듣고 싶어 귀를 막는 대신 자신을 돛대에 묶어달라고 했다. 결국 그녀의 목소리에 견딜 수 없었던 그는 자신을 풀어달라고 난동亂動을 부리게 된다. 하지만 선원들은 그럴수록 더욱 그를 꽁꽁 묶어버렸다. 그렇게 해서 오디세우스는 그 섬을 빠져나오게 되었다.

그런가 하면 요셉은 보디발의 아내의 끈질긴 유혹에도 불구하고 잘 이겨낸 것을 성경은 잘 말해 주고 있다. 얼마나 그녀가 집요했는지 모른다. 그럴 때마다 그는 하나님을 바라보았다. "그런즉 내가 어찌 이 큰 악을 행하여 하나님께 죄를 지으리이까"

부부는 가정에서 충분한 만족을 누려야 하며, 부부간의 친밀함을 유지해야 한다. 이것이 충족되지 않으면 얼마든지 유혹에 눈을 돌릴 수 있다. 친밀함intimacy이란 단어는 '마음속 가장 깊은 곳'inmost이란 의미를 가진 라틴어 '인티머스'intimus에서 유래된 것이다.

친밀함이란 아주 강한 개인적인 관계, 즉 자신에게 매우 특별한 사람을 이해하고 또 이해받는 것을 포함하는 특별한 감정적인 가까움을 암시한다. 친밀함이란 또한 친밀한 결합과 또 중요한 감정적인 사건에 대한 정보를 아무 거리낌 없이 서로 주고받는 것뿐 아니라 깊은 보살핌, 책임감, 신뢰, 느낌과 감정에 대한 솔직한 대화로 이루어진 것이다. 그러나 친밀함이란 가끔 상처를 줄 수 있다. 그러므로 서로 가까워지기 위해 자신들의 벽을 좀 더 낮추고 배려하는 마음을 가질 때 서로의 약점과 결점을 포함한 참된 자신을 나타나게 된다.

이처럼 건강한 부부의 성은 친밀한 관심에서 시작된다. 아르헨티나의 베스트셀러인 《사랑의 묘약은 없다》는 16세기 르네상스 시대의 실존實存 인물 마테오 R. 콜롬보란 해부학자를 주인공으로 한 소설이다. 작가의 주장에 따르면 콜롬보는 여성 신체의 가장 예민한 성감대를 발견한 최초의 남성이라는 것이다. 태초에부터 있었던 것을 발견하는데 그렇게 오래 걸렸다는 것이다. 그 이유가 무엇일까? 그것은 그만큼 남자들이 여성에 대해 무지했다는 것이다. 그리고 이러한 무지는 지금도 계속되고 있다.

어느 책에서 본 글인데 미국에서는 여성의 유방암을 최초로 발견하는 사람은 대부분 그 남편이라고 한다. 그런데 한국에서 여성의 유방암을 최초로 발견하는 이들은 대개 목욕탕 때밀이라는 것이다. 피곤해서 목욕탕에 간 부인이 때라도 밀어야겠다고 눕는데 때를 밀다 말고 "아줌마, 병원에 한 번 가보시지 그래요?" 이렇게 해서 찾아온 사람들이 많다는 것이다. 그만큼 한국 남성들은 서구 남성들보다 자기 아내에게 관심이 적다는 것을 말한다. 부부의 성은 건강한 삶을 누리는 기초가 된다.

상담가 팀 라헤이$^{Tim\ LaHaye}$는 그의 책 《아름다운 애정생활》에서 부부가 침실에서 화목하고 만족한 성생활을 하는 한 남자는 "학문적, 직업적 내지는 사회적인 실패를 견디어 낼 수 있지만, 만일 그가 침대에서 실패하는 경우 비록 그가 다른 분야에서 성공했을지라도 그것은 공허한 헛수고가 될 것이다"라고 말하고 있다. 부부 사이의 만족한 성행위가 가져다주는 또 하나의 결과는 그것이 가정의 사소한 마찰이나 불화를 감소시킨다는 것이다.

성적^{性的}으로 만족한 남자는 일반적으로 모든 일에 만족을 느낀다. 사소한 노여움 같은 것은 감소시킬 수 있다는 것이다. 지금처럼 성^{性}이 문란할 때 믿음의 사람들은 가정에서부터 남편과 아내의 친밀함과 배려하는 마음으로 하나 되어 어떠한 유혹에서 벗어나고 또한 아름다운 가정과 행복한 부부의 관계가 이루어져야 한다. 이것이 목회의 도움이 되지 않을까?

역기능
가정
(1)

　　　　　　오늘날 가정문제는 그 어느 때보다 더 심각한 수준이다. 이혼율이 세계에서 상위권에 진입하고 있고 이혼가정을 우리 주변에서도 쉽게 볼 수 있다. 그리고 이러한 상황은 더욱 속도를 낼 것으로 보인다. 그 원인은 어디에 있을까? 여러 가지로 볼 수 있다. 가정에서의 대화 부족, 가장들의 조기 퇴직, 그리고 맞벌이 부부에서 파생되는 현상이 가정을 소홀히 하게 만들고 있다. 가정 밖에서 이루어지는 활동들이 가정에 주어져야 할 시간을 빼앗아가고 있다.

　　최근 한국에서는 자녀 교육 때문에 가정이 지역적으로 분리되는 형상이 나타나 '기러기 아빠'라는 말까지 등장하게 되었다. 이와 같은 현상으로 인하여 자녀들은 부모로부터 충분한 사랑과 가족 간에 서로의 관계를 통해서 배울 수 있는 가족공동체 과정을 경험하기 어렵다. 이러하듯 부모가 가정에서 부모의 역할을 어떻게 잘 감당하는가에 따라서 자녀는 한 인간으로서의 온전한 성숙을 경험할 수도 있고 그렇지 못할 수도 있다. 이와 같이 가정은 부모의 가르침과 본을 통하여 배우고 알게 되는 통로가 되고 인간의 삶에 대한 가치들과 태도, 역할, 올바른 가치 기준들을 익힐 수 있는 장이 된다. 그렇지만 가정의 중요한 역할이 등한시될 때 가정은 있지만 그 역할이 마비된 실속 없는 가정이 존재하며 그것은 사회에 부정적인 영향을 끼치게 된다.

가정이 이토록 중요하지만, 오늘의 가정은 가정의 존립을 위협하는 사회적, 경제적, 문화적 영향에 의해 커다란 어려움을 겪고 있으며 가정 부재, 가정 해체, 가정의 고립화, 가정 파괴라는 위기 상황으로 치달고 있다. 특히, 지금의 가정은 독신율과 이혼율의 증가, 청소년 비행문제의 심각화, 노년층의 소외 등으로 위기감이 높아지고 있다. 세상의 어떤 기관도 가정을 대신할 수 없다. 안정되고 화목한 가정이 없는 척박한 땅에서 훌륭한 인간과 교육, 종교와 도덕, 건강한 사회는 만들어질 수 없다.

역기능의 가정은 역기능적 사회와 역기능적 교회를 만들게 된다. 일반적으로 가족은 부모와 자녀로 구성되어 있으며 자녀는 부모의 거울이요 자화상이라고 한다. 그런데 사회적 현상의 변화에 따른 부수적인 요인으로 말미암아 파괴된 가정과 불안정한 가정은 과거보다 더 많이 발생하고 있다. 그 결과 다수의 역기능 가정의 성인 아이가 생겨나고 있고 역기능 가정의 성인 아이는 또 다른 역기능 가정을 만들고 있다. 그리고 우리에게 유전되는 역기능 가정의 역기능적 패턴은 공동체를 파괴하는 경우가 많다. 그러므로 우리는 가정의 역기능적 순환의 고리를 끊어야 한다.

　　결과적으로 역기능 가정이란 가정이 정상적인 기능을 발휘하지 못하거나 정상적인 기능을 저해하는 요소들로 인하여 파괴적인 방향으로 그 기능이 잘못 운영되는 체계를 말한다. 그런 역기능 가정의 문제점을 요약하면 우울함과 무기력한 감정, 지나친 책임감이나 우유부단한 무책임, 갈등 상황을 직시하기 어려운 두려움, 자신과 타인에 대해 비판적인 면, 분노와 슬픔의 내재, 다른 사람과 비교해서 자신의 부족한 면에 대해서 열등감, 대인관계에서 마찰이 생길 때 혹은 자신이 옳지 않다고 생각하는 것에 대한 과민반응, 충동적인 면, 다른 사람과 친밀한 관계를 맺는 기술의 부족함, 친밀감에 대한 두려움, 죄의식과 수줍음, 부끄러움, 권위주의에 대한 거부감, 타인에게 인정받는 것과 칭찬받는 것을 추구하는 것이 있다.

　　그래서 건강한 가정이 되려면 먼저 가정의 안정과 부모의 올바른 역할이 필수가 되어야 한다. 가정이 그 기능을 올바로 발휘할 때 그 가정 안에서 자란 자녀는 건전한 정체감과 정직성이 내적으로 발달하게 된다. 건강한 가정은 정확한 의사소통을 통해 대화하고 적극적으로 경청하며 그들은 자신과 다른 가족의 감정을 인정하고 지지하며 존중하는 태도를 갖게 된다.

　　이러한 성숙한 대화를 이루기 위해서는 'You message' 보다 'I

message'를 사용하여야 한다. 다시 말해 배우자나 자녀에게 "당신은… 아들은… 딸은…"이라는 대화 첫마디보다 "내 생각에는…"하는 대화가 좋은 결과를 얻을 수 있게 된다. 이렇게 될 때 애정과 고통, 분노와 같은 감정을 자유롭게 표현할 수 있으며 다른 사람이 표현하는 감정을 유의해서 듣고 모순되는 말을 자유롭게 비평할 수도 있다. 이러할 때 건강한 가정의 구성원들은 서로 간에 사랑과 고마움을 표현할 줄 알고 서로에게 관심을 가지며 인내하고 신뢰한다. 그들은 서로 무조건 수용하고 지지하며 격려하는 가운데 사랑을 주고받을 줄 안다.

도널드 조이Donald Joy는 그것을 위한 네 가지 필요한 요소들을 제시하고 있다. 첫째로, 역할에 대한 정체감이다. 이것을 위해서는 부모의 건전한 역할 모델이 필요하다. 여기에는 부모의 부부관계가 안정된 사랑의 관계 안에서의 역할 모델이 되어야 한다. 아이들은 부모의 잘못된 점을 배우지 않으려고 해도 어느 순간에 그들의 삶 속에서 젖어 자기도 모르는 사이에 닮아가는 것을 본다. 그러기에 부모가 어떤 생각과 사상과 신앙을 가지고 있느냐는 매우 중요하다. 그것은 장차 좋은 과외 선생님을 고액을 주고 모시는 것보다 훨씬 나은 결과를 얻을 수 있다. 둘째로는, 자신감이다. 이것을 위해서는 자녀들을 일에 참여시키고 잘한 것에 대한 긍정적인 확인을 해주는 것이 필요하다. 칭찬은 자신감을 키워주고 자신감은 창조적인 능력을 성취해 나가는 원동력이 된다. 셋째로, 소속감을 느끼는 것이다. 이러한 소속감은 가족과 공동체 가운데서 사람과 사람의 접촉을 통해 건전한 영향력을 받고 느낌으로서 이루어진다. 마지막으로, 자기 연마이다. 스스로를 절제하며 훈련함으로 주어진 일에 대한 책임을 다하고 최선을 다하는 것이다. 이렇게 가정이 정상적인 역할을 할 때 부모들은 자녀들에게 그들의 정체감과 정직성이 발달할 수 있는 장을 제공해주는 중요한 대리인 역할을 하게 된다. 그러나 역할에 대한 정체감과 정직성이 내적으로 발달한 자녀들도 다른 모든 자녀와 같이 위험에 노출될 수 있고 그런 것에 일시적으로 빠질 수도 있지만 그들은 부모가 올바로 양육함으로 인해 다시 정신을 차리고 돌아올 수 있는 가능성이 매우 높다.

우리가 기억해야 할 분명한 것은 어떠한 역기능 가정도 우리의 노력 여하에 따라 순기능 가정으로 바뀔 수 있다는 것이다. 그것은 가족 간의 신뢰와 끊임없는 사랑으로 열매를 맺을 수 있고 그 열매는 또 다른 열매를 맺을 수 있는 근원이 될 수 있기 때문이다.

역기능 가정 (2)

며칠 전에 어느 중학생이 컴퓨터 하는 것을 나무라는 어머니를 목 졸라 살해하고 자기도 스스로 목숨을 끊은 일이 있었다. 주말에는 새벽까지 게임을 하여 어머니와 자주 말다툼했다고 한다. 어떻게 이런 일이 일어날 수 있을까? 그렇다면 이것뿐이겠는가? 지금도 가정에 이러한 유사한 일들이 많이 벌어지고 있을 것이다. 매스컴에 드러나지 않은 수많은 문제들이 우리 주변에서 일어나고 있다. 사람으로서 도저히 생각할 수 없는 일들이 벌어지고 있는 것이다. 해결방법이 있을까? 하는 생각에서 필자는 순기능 가정에서의 뿌리를 생각해 보기로 한다.

먼저 역기능 가정이란 어떤 가정을 말하는가? 역기능 가정은 제 기능을 다하지 못하는 가정이다. 즉 인간이 가지고 있는 가장 기본적인 신체적, 정서적 욕구를 충족시켜 주지 못하고 정상적인 양육을 받지 못하는 가정을 말한다. 역기능 가정에서는 인간의 기본적인 욕구가 충족되지 못하고 오히려 인간의 감정이 억압되어 자아가 정상적으로 성장하지 못한다.

콜린스Collins는 역기능 가정을 가족 구성원들이 정서적으로나 신체적으로 방치되었던 가정, 신체적 혹은 성적으로 학대가 행해졌던 가정, 약물 남용을 하는 가족이 있었던 가정, 그리고 언어적 학대가 행해졌던 가정이라고 말하였다. 이런 가정은 부인deny이라는 가면 뒤에 절망despair이라는 열매를 키우는 밭이 되고 있다. 따라서 역기능 가정은 지금 일어나고 있는 사건들처럼 많은 문제를 공유하고 있다. 역기능 가정에서 성장한 청소년 성인 아이의 대표적인 정서적 역기능은 낮은 자존감이다. 그것은 부모가 다음과 같은 행위를 할 경우 자녀들은 자아 존중감을 형성하는데 큰 지장을 받는다. 나다니엘 브랜든Nathaniel Branden은 자아 존중감을 형성하는데 지장을 주는 경우를 아래와 같이 소개하고 있다.

- 자녀가 뭔가 좀 부족하다고 생각하는 것이 전해지는 경우.
- 납득할 수 없는 감정 표현 시 야단을 치는 경우.
- 자녀를 놀리거나 비웃는 경우.
- 자녀들의 생각이나 감정은 별로 중요하지 않고 가치가 없다고 여기는 태도가 전해지는 경우.
- 창피나 벌로써 자녀를 통제하려고 하는 경우.
- 자만심을 키워서 정상적 학습을 할 수 없게 만드는 경우.

- 일정한 규범이 없는 규칙으로 기르는 경우.
- 자녀의 성품을 부정하고 자신의 마음과 인격에 의심을 품도록 기르는 경우.
- 분명한 사실들을 허구로 취급하여 아이의 합리성을 혼란시키는 경우.
- 예를 들면, 알코올 중독인 아버지가 저녁 식탁에서 넘어져도 어머니는 아무 일도 없었던 것처럼 말하고 행동하는 경우.
- 물리적인 폭력이나 위협, 위험으로 심한 공포감을 주입하는 경우.
- 천성적으로 죄가 있는 존재이며 별로 중요하지도 않다고 가르치는 경우이다.

성인 아이들은 대부분 격려나 인정을 받지 못했고 감정의 욕구가 충족 받지 못한 가운데서 성장했다. 특별히 일그러진 자화상과 낮은 자존감을 가질 수밖에 없는 환경이었다. 이런 낮은 자존감은 자신을 무가치하고 무능하며 쓸모없는 사람으로 생각하도록 내몰아간다. 결국, 이것은 자신의 잠재력이나 능력, 가치들을 사장시킬 뿐 아니라 삶에 대한 비전마저도 가질 수 없게 만들며 어떤 일을 해나갈 수 있는 힘을 마비시킨다. 이런 사람은 열등감과 두려움에 사로잡히게 된다.

또, 역기능 가정에서는 한 사람의 지배가 이루어지고 있다. 누군가 대장의 말은 곧 헌법이고 권위이고 그 집안을 이끌어 가는 중요한 방향이 된다. 권위주의적이고 억압적이기 때문에 서로의 대화를 깊이 나누지 못하고 상처를 드러내지 못한다. 문제가 없는 것처럼 행동하고 집에서는 모두가 모범생이다. 눈치를 보면서 잘 대응하면 가정에서 살아남을 수가 있다. 경직되어 있고 폐쇄적이다. 더 나아가서는 비인격적인 욕설, 구타, 무시, 언어폭력이 이루어진다. 역기능 가정은 명백한 문제가 있음에도 불구하고 공개적인 대화를 하지 않고, 공개적으로 처리하려고 하지도 않는다. 역기능 가정에서는 부부가 심각하게 싸우고도 그 다음날 아무 일이 없었던 것처럼 행동하며 살아간다. 아이들을 때리고도 왜 때렸는지 말을 하지 않는다. 그리고 그 다음날 아무 일이 없었던 것처럼 살아간다. 그래서 아이들은 혼돈을 가진다. 이것은 역기능적 가정이 문제의 핵심을 회피하고 부인하고 있기 때문이다.

역기능 가정에서는 관계보다는 일이 더 중요하다. 또 역기능 가정에서는 서로를 인격적으로 대하지 않고 소유물로 생각해서 조정한다. 행동 하나하나를 지배하려고 하고 제한시킨다. 그리고 가정에서는 개인의 성장과 발전을 적절하게 돕지 못한다. 오히려 정서적으로 불안한 부모를 돕게 된다. 그러므로 너무 일찍 어른이 되어 버린다. 아이들은 자신의 필요를 채우기보다는 정서적 환자인 부모들을 돕는다. 그러한 아이들은 자신이 부모를 돕는 것이 당연하다고 생각하다가 다른 가정에서 부모가 자녀들을 돕는 것을 보면 놀라게 된다.

역기능 가정은 자녀들에게 파괴적인 역할을 하게 만든다. 그 가정의 자녀들은 정서적으로 불안한 환경에서 살아남기 위한 특별한 역할을 개발한다. 그 역할은 누가 강요하였기 때문에 생긴 것이 아니라 살아남기 위하여 저절로 부여된 역할이다. 그러므로 역기능 가정에서는 자존감을 떨어뜨린다. 부모가 갖고 있는 수치심을 전이시킴으로써, 또한 자녀들이 느끼고 있는 감정이 그렇게 중요한 것이 아니라고 가르침으로, 또한 건강하지 못한 생존 역할을 취하게 함으로, 그리고 자신들의 역기능을 적절하게 치유하고 회복하는 기술을 개발하는데 실패함으로 자존감을 떨어뜨린다.

이제 역기능 가정의 문제는 탁상공론에만 그칠 수 있는 감상적인 얘기가 아니다. 가정과 환경적 요인들에 의해 상처를 입은 피해자들은 자기도 모르는 사이에 자신의 감정을 얽어매고 있는 불필요한 짐들을 지고 다닐 수 있다. 이 짐들을 내려놓고 가벼운 마음이 되어야만 모든 관계가 아름답게 변화될 수 있다. 이것이 순기능 가정으로 변화를 말한다. 여기서 연약함을 극복하고 새롭게 치유를 경험할 때 하나님께서는 매우 기뻐하실 것이라고 믿는다.

그러므로 어떤 문제를 닥쳤을 때 성급하게 결정하고 표현하는 것보다 한 번 상대방을 생각하고 배려하는 마음으로 접근을 한다면 많은 위험한 일들이 줄어드는 것은 너무나 당연할 것이다. 지금 가정이 흔들린다. 문제가 많이 있다. 그렇다면 거기에는 답도 있을 것이다. 문제에 봉착해 있지 말고 지혜롭게 대화로서 답을 맞춰가는 가족애가 필요하다. 차일드 L. 휫필드 Charled L. Whitfield 는 순기능 가정의 특징을 15가지를 소개하고 있다.

① 생존, 안전성, 그리고 안정감이 있다.
② 피부접촉이 있다.
③ 돌봄이 있다.
④ 반영과 흉내냄
⑤ 지도

⑥ 경청, 참여, 용납이 있다.

⑦ 상실된 것을 애통해하며 성장할 기회를 준다.

⑧ 지지가 있다.

⑨ 성실과 신뢰가 있다.

⑩ 성취감이 있다.

⑪ 기분전환, 즐거움과 재미가 있다.

⑫ 성적 만족감이 있다.

⑬ 자유함이 있다.

⑭ 양육이 있다.

⑮ 무조건적인 사랑이 있다.

이 사랑은 기독교에서 말하는 아가페적인 사랑을 말한다. 이렇게 되면 어두움의 베일에 싸여있던 과거의 기억과 상처들이 빛 가운데 드러날 때 어두움의 세력은 더 이상 역기능 가정에 발붙일 곳이 없게 된다. "마음이 상한 자를 고치시며, 포로 된 자에게 자유를, 갇힌 자에게 놓임을 전파하신" 예수 그리스도가 모든 역기능 가정에 소망의 빛으로 다가오시기 때문이다.

중년 부부들의 보약은?

요즘 유명연예인들의 갑작스러운 이혼 발표가 사회적 이슈가 되고 있다. 얼마 전까지 많은 미디어를 통해 금슬을 과시했던 터라 더욱 충격적일 수밖에 없다. 속사정은 알 수 없는 노릇이나 잉꼬부부를 자칭하던 중년 연예인 부부의 '서로 편하게 살기 위함'이라는 이혼 사유는 이해가 잘 되지 않는다. 이혼소송 중인 또 다른 연예인 부부는 기자회견을 통해 서로에게 상처만 남기는 말로 폭로전을 벌이고 있다.

통계청이 지난달 31일 발표한 2003년 혼인·이혼통계 결과 20년 이상 동거한 부부의 이혼 건수는 지난 1993년 3,142건에서 지난해에는 2만 9,740건으로 9배 가까이 늘었다. 이에 따라 20년 이상 동거 부부의 이혼이 전체 이혼에서 차지하는 비중도 93년 5.3%에서 지난해 17.8%로 급증했다. 통계청 관계자는 "젊은 부부들의 가파른 이혼율도 문제지만 중년 부부들의 이혼행렬 동참이 더 큰 문제"라며 "혼인이 계속 줄고 있는 가운데 이혼율이 세계 1~2위로 치솟고 있어 5~10년 후 사회 구조상 심각한 문제가 발생할 수 있다"고 지적했다.

사추기思秋期라는 용어는 국어사전에서 중·장년층이 새로이 정신적, 육체적으로 변화를 겪는 시기를 이르는 말이라고 기록하고 있다. 이 용어는 최근 들어 자주 거론되고 있다. 가정에서 직장에서 승승장구하며 살아온 것도 어느덧 이제 정년이 가까워지고 몸은 늙었고 연륜과 함께 이곳저곳 아픈 곳도 많아진다. 가정의 주인도 내가 아니라 성장한 자식으로 바뀌는 시기이며, 직장에서는 물러갈 때가 되었다. 특히, 여성의 경우는 폐경기를 맞게 된다. 아이를 낳을 수 있는 여성만이 갖고 있는 모성, 그것을 잃게 되는 것이다. 갱년기를 맞을 때의 아픔과 고민이 바로 사추기의 생각과도 통한다.

이렇게 어려움과 외로움이 닥칠 때 서로의 배우자가 더 관심을 가지고 사랑해 주어야 한다. 아이들의 사춘기 때 많은 관심을 가지듯 사추기 때에도 마찬가지이다. 가장 필요할 때 그리고 계속된 관심이야말로 어려움에서 일어날 수 있는 원동력이 된다. 그러나 때로는 실망감이 몰려올 때도 있고, 아무런 감정도 일어나지 않는 무기력에 빠질 때도 있다. 또 잘못 산 것 같은 마음과 속은 것 같은 생각이 들어 새로운 것을 경험하고 싶고, 탈출하고 싶은 마음이 들 때가 있다. 이러하듯 사추기는 장거리 인생에서 있을 법한 이야기들이며 생각일 수 있다. 마라톤을 보자. '빵' 하고 출발할 때는 모두가 힘차게 달린다. 금방이라도 골인 지점에 도달할 것 같은 기세로 뛰어나간다. 그러나 반환점을 돌아 도착지점이 가까워질수록 힘이 들고, 포기하고 싶은 유혹이 오고, 목표점이 멀게만 느껴진다.

어느 중년 남편은 마라톤 경주를 처음으로 신청하고 운동화도, 양말도 새것으로 샀다. 그러고는 경기 당일에 아내에게 도착지점에서 기다리고 있으면 가겠노라고 약속하고 누구나 그러하듯이 처음에는 힘차게 달렸다. 그도 처음에는 좋은 성적으로 아내에게 칭찬을 듣고 싶은 마음으로 달렸지만, 얼마를 뛰다 보니 새 양말이 불편해 지는 것을 느꼈다. 발에 물집이 생기는 것이었다. 그러나 때는 늦었다. 어찌할 수가 없는 것이다. 물집은 더욱 커져서 물소리가 들릴 정도였다. 포기하고 싶고, 죽을 것만 같았다고 한다. 그러나 골인 지점에서 기다릴 아내를 생각하니 도저히 중단할 수가 없었다. 자기가 포기했을 때 아내의 실망스러운 얼굴을 생각하니…결국은 완주를 하고 아내가 반겨주는 포옹을 하며 눈물을 흘렸다.

이처럼 인생의 완주도 힘이 들고 포기하고 싶을 때가 있다. 그러나 완주의 아름다움이 더욱 값진 것을 깨닫게 해주는 것이다. 미리톤 완주도 그러하듯이 말이다. 힘들 때 서로 더 용기를 주고 칭찬의 보약으로 필요한 동반자가 되어야 한다. 칭찬은 보약 중의 보약이다. 칭찬은 우리의 언어생활을 창조언어로 바꾸는 행위이다. 말은 생명의 샘이요 창조의 씨앗이다. 창조적인 언어에는 죽은 자를 살리는 위대한 에너지가 담겨 있다. 하나님께서 말씀으로 만물을 창조하신 것처럼 인간도 하나님을 닮아 말로 '유'를 창조할 수 있다. 그러므로 서로 생명을 불어넣어 주는 칭찬을 하도록 노력해야 한다.

돈은 그 사람을 잠깐 기쁘게 할 수 있다. 그러나 칭찬은 그 사람을 평생 기쁘게 한다. 칭찬 한마디에 인생이 달라진다는 것이다. 또 서양 속담 중에도 이런 말이 있다. "꿀 한 방울이 수많은 벌을 불러 모으지만, 수만 톤의 가시가 벌을 끌어오지는 못한다." 이러하듯 사람들도 칭찬의 소리에 그 인생이 밝게 빛나기 마련이고, 누구든 칭찬의 소리를 들으면 금방 신바람이 난다. 그렇다고 해서 칭찬하는데 무슨 특별한 비용이 드는 것도 아니다. 이 얼마나 큰 장점인가?

칭찬이란 우리의 생을 건강하게 빛나게 하는 비타민과 같은 역할을 한다. 칭찬은 곧 귀로 먹는 보양식과 같기 때문이다. 이렇게 칭찬은 가정의 삶을 풍요롭게 만드는 중요한 요소임을 잊지 말아야 한다.

중년의 위기

신발장에 신발이 가득하다. 옷장에는 옷이 가득하다. 양말 서랍에도 양말이 가득하다. 모두를 다 신고, 입는 것은 아니다. 좋은 것이 있으면 누구나 사고 싶어 한다. 가전제품이나 고가高價의 제품들은 쉽게 살 수 없으나 생활용품들은 마음먹으면 내 손 안에 가져올 수 있다. 쉽게 산 옷과 신발이 1년이 지나도 한두 번 밖에는 손을 대지 않는 경우도 있다. 남을 주기는 아깝고 그대로 두다 보면 나중에는 거추장스러울 때가 온다. 연인들이 오붓한 시간을 보내고도 아쉬워 또 통화 한다. 많은 시간을 보냈지만, 못다 한 이야기들을 전화가 뜨거워 질만큼 정을 나눈다. 많은 부부가 이런 시절을 보내다가 결혼을 한다. 하지만 시간이 흐르면서 서서히 그 사랑이 식어간다. 신발이나 옷은 버릴 수가 있지만, 부부는 결혼식 주례사

1장 가정의 행복

처럼 검은 머리 파뿌리 되도록 함께 살아야 한다.

　어느덧 중년이 되면 자기도 모르는 사이 거리감이 생기고 의욕이 떨어질 때가 있다. 의학적으로 권태기라고 한다. 가을이 깊어갈 때 낙엽이 떨어지는 것을 보면 왠지 마음도 쓸쓸함을 느끼게 된다. 지금까지 살아온 인생이 허망하다는 생각도 해본다. 무엇하나 부여잡은 것 없이 허망한 손짓만을 한 것 같은 허무함을 느끼기도 한다. 지금까지 열심히 살아온 것 같은데 이루어진 것은 없어 보이고 자식들은 각기 자기들의 길을 가는 것처럼 보이고 배우자와는 따뜻한 정이 메마름을 감지하게 된다. 주변에 아무것도 없는 것처럼 가을 저녁에 떨어져 나뒹구는 낙엽처럼 쓸쓸함을 느낀다. 신체적으로는 생리적인 변화가 일어난다. 몸은 힘이 줄어들고, 성적인 힘과 능력도 줄어들게 됨을 느끼게 된다. 노화는 신체뿐만이 아니라 심리적인 부분에서도 시작되어 체중이 늘어나고 소위 중년 몸 나기 현상이 나타난다. 머리털도 빠지고, 피부는 거칠어지고, 주름도 급격히 늘어난다. 중년기 후반에 들어서면 신체적 감각의 예민도도 떨어지고 시력도 약화하며 청각이 둔화하고, 촉각과 미각까지도 그 능력이 감소한다.

　중년들이 청년과 같은 힘을 과시하기 위해 무리한 힘을 기울이다가 심한 부상을 당하기도 한다. 또 사회적 변화도 느낀다. 가정에서는 자녀들이 출가하여 새 가정을 이루면서 집은 텅 비게 되어 고독감을 느끼며, 배우자의 사망과 이혼 등으로 독신으로 살면서 여러 가지 문제도 생긴다. 하는 일은 절정기에 이르나 일부는 더 이상 나아갈 곳이 없음을 알고 침체감이나 불만족을 느끼기도 한다. 연인 같은 남편은 온데간데없고 그저 돈 벌어 오는 기계요, 법적인 가장으로서 남편이 존재할 뿐 마음을 주고받는 부부로서의 감정은 사라지게 된다. 이러한 상태를 '정서적 이혼' 상태라 부르는데 이러한 때 마음 한구석에 나를 이해해 주는 사람은 아무도 없는 것 같은 절망감을 느낀다. 이 절망감은 극단적으로 바뀔 수도 있다.

유대인들의 옛이야기 가운데 이런 이야기가 있다. 한 악마가 죽을 때가 되어 자기가 사용해 왔던 무기를 전시해 놓고 다른 악마들에게 무기를 팔게 되었다. 그 중에서 아주 낡은 무기가 있었다. 그런데 거기에 제일 고가高價의 가격이 적혀 있었다. 그래서 한 악마가 "도대체 이 낡고 오래된 것에 왜 이런 고가를 붙였습니까?" 하고 물었더니, 이 노련한 악마가 대답하기를 "너는 모른다 이 무기가 얼마나 유용한 것인가를… 나는 이 무기로 수많은 불신자를 지옥으로 가게 하였고 또 이 무기로 많은 크리스천을 쓰러뜨렸다"고 하였다. 그 무기 밑에는 "절망"이란 글자가 새겨져 있었다. 나를 둘러싸는 적막함과 외로움, 공허감이 몰려온다. 사회에서도 나를 오라는 곳이 없어지는 것 같아 쓸모없는 존재라고 생각이 든다. 날로 약해지는 건강, 또 이로 인한 피로와 권태가 더욱 무력감을 느끼게 한다. 무슨 일을 해도 의욕이 떨어지고 삶에 대한 애착도 약화하여진다. 하루하루 달라지는 신체의 노화 및 변화에 깊은 한숨이 절로 나온다. 우울증과 생에 대한 만족도 저하되어 짜증이 많이 나며 특히 가족에게 불만을 수시로 토해 내기도 한다. 불평에 근본에는 불만족이 자리 잡고 있다. 불평은 부정적인 말로 표현되고, 부정적인 결과를 초래할 수밖에 없다.

이러한 마음이 있을 때 바로 세우지 않으면 어느 날 갑자기 뜻하지 않는 일이 벌어지기도 하며 또 다른 상처를 남길 수도 있다. 그러기에 이러한 마음이 있을 때 우선 부부관계 회복에 치중해야 한다. 인생의 나침반을 바꾸지 않으면 영원히 딴 길로 가게 된다. 목적이 틀렸거나 병들어 있으면 그의 삶 전체가 병들게 되는 것이다. 많은 대화를 서로 나누고 격려하며, 상대방의 좋은 점만을 보기로 작정했을 때 부부는 하나 되기 시작한다. 특히 배우자의 따뜻한 말 한마디는 상대방을 감동, 감격 시키기에 부족함이 없다.

자신을 위한 자기 계발을 꾸준히 하는 것도 중요하다. 자녀가 차지하던 70~80%의 마음의 공간을 모두 내어버린 그 큰 구멍은 다시 배우자의 마음과 자기 일로 채워가야 한다. 그 작업이 이루어지지 않을 때 그 허전함 때문에 방황하게 된다. 항상 긍정적이고 적극적인 자세를 가져야 함은 물론이다. 그러나 사실 중요한 것은 예방이다. 중년을 맞은 마음의 준비를 해야 한다. 항상 나를 드러내어 놓는 연습을 해야 한다. 삶을 드러내어 놓는다면 중년기 문제는 이미 반 이상 치유된 것이나 다름없다. 함께 있을 시간을 마련해야 한다. 함께 있는 그 시간이 중년을 잊게 한다. 부부의 삶을 새롭게 만들어 내는 것이다. 순간순간 진지한 대화를 곁들이면 더욱 좋다. 또한, 항상 새로움에 대한 열망과 욕구가 중년을 잊게 하기도 한다.

배우자의 새로움이 보일 때 과감하게 칭찬하라! 그 감격은 오래오래 지속된다. 마지막으로 부부의 하나 됨을 위해 시간과 물질과 노력을 투자하라.

차이점을 인정하자

존 그레이 John Gray 박사가 쓴 베스트셀러 《화성에서 온 남자, 금성에서 온 여자》라는 책이 있다. 8만 명의 부부를 상담한 결과 나온 이 책에서 그레이 박사가 강조하는 것은 서로 다른 것을 인정하는 부부가 가장 행복한 부부라는 것이다.

이것은 비단 부부뿐 아니라 가정, 교회, 다른 사람들에게도 적용되는 것이 아닌가 하는 생각이 든다. 결혼이란 서로 다른 두 남녀가 만나 한 몸이 되는 사건이다. 얼마나 다르냐 하면 남자는 화성에서 왔고 여자는 금성에서 온 것만큼이나 다르다는 것이다. 화성의 문화와 금성의 문화는 그 거리만큼이나 다르다. 서로 다른 화성인과 금성인이 지구인으로 다시 태어나는 것이 결혼이다. 그러므로 가정의 행복과 성장을 원하는 사람은 상대방을 고치려 하지 말고 있는 그대로, 하나님의 작품 그대로 받아들이도록 하면 대부분의 문제는 사라질 것이다.

이렇게 볼 때 한 몸이라는 것은 상대방을 귀하게 여겨주는 것과 같다. 결혼한 부부들은 처음의 연애 시절들을 기억할 것이다. 그때는 미래의 배우자가 잘못이 보일지라도 그것을 이해하게 되고, 용서하게 되고, 너그럽게 감싸주었을 것이다. 그런데 언제부터인가 그런 마음은 온데간데없고 장점보다는 단점을 보게 되고 귀하게 여기는 것은 고사하고 원수처럼 지낼 때도 있다. 내가 어쩌다가 이런 사람을 만났을까 하는 깊은 고뇌(?)에 빠진 적도 있었을 것이다. 하지만 진정으로 사랑한다면 그가 가진 것들을 귀하게 여겨주며 상대방의 잘못을 잘못이라고 말을 하지 말아야 할것이다. 사랑은 나와 다른 것을 틀린 것으로 보지 않고 상대방의 마음을 귀하게 여겨주는 것이기 때문이다. 그리고 존중해 주는 것이다.

> **요한일서 3장 15절**
> "그 형제를 미워하는 자마다 살인하는 자니 살인하는 자마다 영생이 그 속에 거하지 아니하는 것을 너희가 아는 바라"

우리는 매스컴을 통해 흉악범이나 살인자들의 얼굴을 가리고 수사하는 것을 볼 때, 나는 그런 일이 없으니 저 사람하고 다르며 저런 흉악범은 사형에 처하여야 한다고 생각하지는 않았는가? 과연 말씀에 비추어 볼 때(형제를 미워하는 자마다 살인하는 자) 나는 형제를, 배우자를 미워하는 마음을 가져본 적이 없는 신실한 사람이 있을까? 없다면 우리는 그동안 얼마나 많은 살인을 저질렀는가? 성경에서 아브라함이 소돔과 고모라의 멸망을 안타까워하며 의인을 찾을 때 동분서주하며 애를 써보았지만, 소득을 얻지 못하여 소돔과 고모라 성은 멸망을 받고 말았는데 그러면 지금은 몇 명이나 찾을 수 있을까?

　명절을 전후해서 이혼율이 높아졌다는 통계를 보았다. 그 이유는 평소에는 문제가 없다가도 어떤 일로 의견이 충돌하면 평소에 갖고 있던 감정이 수면위로 올라와 감정이 증폭되어 이혼과 심지어 살인이 나는 것을 보기도 한다. 마음 한구석에 해결되지 않은 부정적 요소는 편견이 되어 언제든지 다른 사람과 나에게 흉기가 될 수 있는 소지가 있다. 찌든 때가 있으면 청소하기가 어렵듯이 지나간 부정적 요소들을 제거하지 않으면 언젠가 돌출구만 있으면 머리를 내밀려는 속성을 가지고 있는 것이다.

　유명한 영화감독 스필버그의 어머니는 유대인이다. 그는 스필버그가 학교에 다닐 때 밖에서 들어오면 이상한 지렁이와 도마뱀 같은 파충류를 잡아 와서 자기 방에 두곤 했는데 어머니가 방 청소를 하다가 깜짝 놀라곤 했지만, 그것을 버리거나 아이에게 잘못을 추궁하는 것이 아니라 '우리 아들에게는 특별한 취미가 있구나'라고 생각하고 흉물스러운 지렁이와 도마뱀 등을 다 병에 넣어서 보관을 해주었다고 한다. 장년이 된 스필버그의 영화를 보면 많은 사람에게 볼거리를 주고 사람들에게 호기심을 심어준다. 만일 어린 시절에 스필버그의 어머니가 아들의 그런 행동을 존중하지 않았다면 지금의 스필버그는 존재하지 않았을 것이다.

　이러하듯 자기보다 타인의 필요를 먼저 채워주는 관계가 아름다운 가정의 모습이며 공동체의 모습이다. 서로 다른 존재인 우리는 각각 다른 욕구를 가지고 있다. 그리고 이 욕구는 자기 자신을 먼저 채우고자 하는 본능을 가지고 있다. 자기 자신의 욕구를 우선 채우려고 하는 가정이나 교회나 사회에서는 마찰이 있으며 갈등과 반목이 계속되는 것이다. 힘센 자는 군림하고 약한 자는 상처를 받게 된다. 특히 가정이란 물통에 구멍이 나 있는 것과 같아서 물을 가득 채우려 할 때 구멍이 난 쪽 까지만 채울 수 있다. 즉, 가장 낮은 구멍이 그 가정의 수준이 되는 것이다.

　따라서 서로의 필요를 생각하고 채워주는 가정은 전체적인 행복의 수위가 올라가는 것이다. 그리고 그것은 교회와 다른 공동체 안에서도 적용되는 것이 아닐까?

한국인의 한(恨)과 화병(火病)

우리나라는 지역적으로 열강들 틈에 끼여 외세의 침략을 많이 받는 환경과 불교와 유교 토속 종교 속에서 우리 민족만의 독특한 정서를 형성해 왔다. 그중에서 가장 뿌리 깊은 정서 가운데 하나가 한(恨)이다. 한은 민족의 삶에 배어 있으며, 이 한을 풀어보려는 노력이 여러 모양으로 나타나고 있다. 사람은 성장하는 과정에서 여러 가지 스트레스를 받게 되는데, 이 스트레스를 적절하게 처리하지 못하고 내면에 쌓아두면 성격 형성에 영향을 미치게 된다. 그리고 이 스트레스는 본인은 물론 다른 사람들과의 관계에 막대한 영향을 주기도 한다.

스트레스를 오래 방치하면 한으로 자리 잡게 된다. 그래서 한 사람의 마음속에 쌓인 한이 자신의 깨달음을 통해서 건전하게 발산

하면 폭탄 같은 힘을 발휘하지만, 자신의 마음속에 쌓인 한의 응어리를 인식하지도 못하고 건강하게 발산하는 길을 모르게 되면 결국 댐이 터져 쏟아지는 홍수처럼 여러 사람에게 피해를 주게 되는 것이다. 이것은 마음속에 쌓인 한의 응어리를 어떻게 사용하느냐에 따라서 위대한 힘도 되고 파괴적인 세력도 될 수 있다는 것을 말하고 있다.

유독 한국사람에게 많이 발병되는 한은 세계정신과학회에서는 1995년부터 한으로 인해 나타나는 증상을 한국말의 발음을 그대로 따서 '화병火病, hwa-byung'으로 명명해 공식 명칭으로 사용하기 시작했다. 특히 한국 사람들은 감정을 그때그때 표출하지 않고 마음속 깊이 쌓아두는 경향이 많다. 아픔과 상처를 내면화하여 숨기고, 그것을 드러내지 않는 것이다. 이러한 아픔과 상처들은 속에서 차곡차곡 쌓이게 되면 나중에는 불치병으로 나타나는데 이것을 화병이라고 한다.

한은 긍정적인 면에서는 에너지와 힘이 되기도 하나 부정적으로는 개인의 삶에 각종 질병을 일으키고 매사를 부정적으로 보게 하기도 한다. 그러나 우리 민족에 내재된 한은 긍정적인 측면보다 부정적인 측면인 질병으로 나타나고 있다. 그래서 감정이 풍부한 사람은 그 감정을 그대로 표출하는가 하면 또 극단적인 사람은 목숨을 버리는 현상도 일어나는 것이다.

얼마 전 노무현 전 대통령의 갑작스러운 서거로 인하여 슬픔을 견디지 못한 사람들이 봉하 마을을 찾아가 한낮의 더위에 3㎞나 되는 줄을 몇 시간씩 기다려서 조문하는가 하면, 장대비 같은 폭우 속에서도 비를 맞으며 조문하는 것을 보았다. 그런가 하면 전국에 설치된 분향소를 찾아 조문을 한 사람도 400만 명이나 됐다고 한다. 눈물을 흘리고, 통곡하고, 실신하기도 한다. 그것은 고인에 대한 미안함도 있고, 도와주지도 이해하지도 못한 죄책감도 있으며 한편으로는 '꼭 그렇게 했어야 했나?'라는 현 정부에 대한 안타까움도 배여 있는 것 같다. 그러나 그것이 한으로 자리매김을 해서는 안 된다. 그것은 또 다른 아픔과 고통을 수반할 수 있기 때문이다. 성숙하고 행복한 삶은 나의 내면에 용서하고 관용하는 마음이 있을 때 진정한 아름다움이 있다.

그런가 하면 화는 자신의 욕구가 채워지지 않을 때 가지는 분노다. 다른 사람의 사소한 실수나, 자신에게도 얼마든지 있을 수 있는 실패에 대해 화를 품기도 한다. 또는 다른 사람을 오해하거나 의심하기 때문에 화를 낸다. 어떤 사람은 자기 자신과 다른 사람 때문에 화를 낼 뿐만 아니라 심지어 하나님을 향하여도 분노한다. 어떤 형태이든 지나친 화는 인생을 불행하게 한다. 화를 잘 내고 습관적으로 신경질적인 사람은 그렇지 않은 사람보다 50세 이내에 죽을 확률이 5배나 더 높다고 한다. 그래서 성경은 자신의 마음을 다스리는 자는 성을 빼앗는 자보다 더 위대하다고 말씀하고 있다. 그러므로 우리는 화를 거부하고 통제해야 한다. 화의 성격이 무엇인지 분석해서 그 원인을 해결하려고 노력해야 한다. 화를 자신과 타인과 하나님 앞에 솔직히 시인하고 그 상대를 용서해야 한다. 자신도 모르게 올라오는 화를 무시하거나 가볍게 여기지 말고 그 사실을 인정하고 객관화시켜 기도와 절제를 통하여 이해하고 용서하기로 결단해야 한다.

예수님은 마태복음 5장에서 형제들과 원한이 있거든 예배를 드리기 전에 먼저 그 상대를 찾아가서 화해하고 그런 후에 하나님을 찾아오라고 가르치신다. 우리가 용서해야 할 대상은 여럿일 수 있다. 부모를 용서하고, 자신을 용서하고, 배우자인 남편과 아내를 용서하고, 직장의 상사나 동료를 용서하고, 기타 모든 사람을 용서해야 한다. 특히 나를 비난하고 비평하는 사람에 대해서 진실로 자유할 수 있어야 참 행복을 누릴 수 있다.

많은 사람을 성공으로 이끌었던 미국의 성공학자 데일 카네기Dale Carnegie는 한 가지만 철저하게 지켜도 반드시 인생은 성공할 수 있다고 했다. 그 한 가지는 어떠한 일이 있어도 남을 비난, 비판하거나 자신에 대해 불평하는 일을 하지 말라는 것이다. 결국, 모든 잘못의 원인은 자신에게 있으며 그 잘못을 고치는 출발도 자신의 선택과 결단에 달려 있다는 것을 시인하고 과거의 실수나 실패 혹은 상처에 매달려서 사는 일을 버려야 한다. 지금은 좋은 환경이 되었으면서도 과거의 불행했던 일을 되새기며 행복하지 못하게 살고 있는 사람들이 대부분이다. 이것은 마음이 얼어붙은 것이다. 이제 얼음을 깨야 한다. 인간이 추운 겨울을 만났다고 다 파멸하지는 않는다. 인류 역사를 움직여 온 성숙한 사람들은 모두가 겨울의 추위에서 새로운 생명의 빛을 찾았던 사람들이다. 이처럼 겨울의 위기는 인간에게 피해를 줄 수도 있지만, 인간을 변화 시키고 성장하는 기회를 주기도 한다.

언제까지 껍데기 인생으로 살 것인가? 어떤 것이 행복한 길로 가고 있는지를 되돌아보면서 긍정적인 에너지로 전환되는 기회가 되기를 바란다.

행복한
가정을 만들어
가자

요한복음 10장 10절에서 예수님은 "도둑이 오는 것은 도둑질하고 죽이고 멸망시키려는 것뿐이요 내가 온 것은 양으로 생명을 얻게 하고 더 풍성히 얻게 하려는 것이라"고 하셨다.

이 땅에 육신의 옷을 입고 오신 예수님이 더 풍성히 살기를 원하시지만 많은 가정이 그렇지 못하다. 이혼율 통계에 의하면 3~4쌍 중 한 쌍이 이혼한다고 한다. 이혼하지는 않고 한집에 살고 있지만, 마음은 떠나있어 이혼한 부부나 별 다를 바 없는 심리적 이혼까지 계산한다면 그 수치는 더 올라갈 수밖에 없다.

왜 이처럼 부부는 한 몸이라고 창세기 2장 24절에 말씀하였는데도 불구하고 행복하지 않을까? 결혼할 때는 분명히 좋은 모습, 아름다운 모습, 기대되는 사람으로 인식하고 한 가정을 이루었을 것이다. 그러나 막상 살다 보니 다른 것들이 보이는 것이다. 하기야 20년 이상을 다른 환경 속에서 살았던 사람이다 보니 그럴 수도 있다. 이렇게 아까운 시간을 보내고 있는 것이 안타까울 뿐이다.

많은 목회자도 아내의 도움보다는 지적과 핀잔과 잔소리로 내면 깊숙이 힘든 싸움을 하고 있다. 외적으로도 교회 부흥의 부담과 성도들 간의 문제들로 힘이 드는데, 가정에 들어와서도 편치 못하니 목회가 어렵다고 하는 말이 나올법하다.

윌라드 F. 할리Willard F. Harley Jr는 러브 버스터Love Busters라는 책에서 결혼생활을 어부의 그물에 비유하고 있다. 어부가 고기를 잡을 때 고기와 더불어 바다의 찌꺼기도 그물에 잡힌다. 지혜로운 어부는 매번 그물에 쌓여있는 바다의 찌꺼기를 제거하지만, 어리석은 어부는 찌꺼기들을 대수롭지 않게 생각해서 그대로 둔다고 한다. 그런데 고기 잡는 횟수가 증가할수록 어리석은 어부의 그물 속에는 찌꺼기가 가득 차게 되어서 버리게 되고, 결국 다시 살 때까지 고기를 잡지 못하게 된다고 한다.

고기는 결혼생활을 통해서 채워지는 정서적 필요, 찌꺼기는 사랑 방해꾼, 즉 불행을 불러들이는 나쁜 습관으로 비유해서 설명했다. 그에 따르면 부부관계를 어렵게 만드는 장애물을 조절되지 않은 분노의 폭발, 상대방을 무시하는 태도, 거슬리는 행동, 자신 중심적이고 이기적인 요구, 그리고 정직하지 못함이라고 했다. 이런 방해물들을 서로의 문제를 함께 짊어지고 이해하고 사랑하고자 하는 능력과 의욕을 감소시켜 결국은 이혼이나 정서적 별거 상태로 만든다.

자세히 말하면 이 사랑의 방해꾼들은 자신의 내면에 감추어진 병든 자아가 만들어내는 행동과 감정에서 비롯된다. 따라서 행복한 부부관계를 위해서는 다시 한번 자신을 진단하고 점검하며 내면에 있는 쓴 뿌리들을 찾아보고, 이러한 것들이 어떻게 자신과 배우자 사이를 갈라 놓는지 점검해 보아야 한다.

그렇다! 우리는 이렇게 짧은 인생을 싸우며 보내는 시간이 얼마나 많은지 모른다. 사단은 우리의 가정이 무너지고 분리되기를 원한다. 특히 믿음의 가정에 갖은 유혹으로 더 크게 역사한다.

그러나 우리의 문제를 조금만 자세히 보면 속고 있다는 것을 알게 된다. 우리가 안고 있는 많은 문제는 서로가 틀려서가 아니고 다른 것을 다르게 보지 못하는 것이 문제다. 다른 것은 다양한 것을 의미하지만 틀린 것은 잘못된 것을 말한다. 이 차이를 이해하지 못하면 다양한 것, 곧 나와 다른 것을 틀리거나 잘못된 것으로 받아들여 서로 자기만 옳다고 믿어 상대방과 갈등을 일으키게 된다.

우리네 부부의 더욱더 심각한 문제는 내가 먼저 실천하려고 하지 않고 상대방에게만 요구하는데 있다. 우리가 분명히 기억할 것은 성경 어느 곳에도 남편이 아내에게 복종을 강요하거나 아내가 남편에게 사랑을 요구하라고 가르친 곳이 없다. 아내는 남편에게 주께 복종하듯 복종하면 되고, 남편은 아내를 그리스도께서 교회를 사랑하듯 사랑하면 되는 것이다. 그렇게 할 때 우리의 변화된 삶을 통해 상대방이 변화되는 것을 경험하게 될 것이다.

> **빌립보서 2장 3절**
>
> "아무 일에든지 다툼이나 허영으로 하지 말고 오직 겸손한 마음으로 각각 자기보다 남을 낫게 여기고"

서로 배우자에게 이기심을 버리고, 자존심을 버리고 겸손한 마음으로 다가간다면 매일 매일이 행복하지 않을까 생각한다.

"왜 하나님께서 저런 사람을 나에게 허락하셨는가?" 하고 불평하고 원망하기보다는 "그래서 하나님께서 나에게 저 사람을 인도해 주셨구나" 하고 하나님의 뜻을 이해하고 하나님께서 나를 변화시키기 위해 상대방을 들어 사용하신 사실에 감사의 기도를 드리게 될 것이다. 그리하여 한 사람의 변화가 상대방을 변화시킬 뿐만 아니라 자녀들까지도 변화시키는 놀라운 은혜를 체험하게 되는 것이다. 자기중심적인 태도는 절대로 영원한 행복을 가져오지 못한다.

> **갈라디아서 6장 9절**
>
> "우리가 선을 행하되 낙심하지 말지니 포기하지 아니하면 때가 이르매 거두리라"

행복
합니까?

우리나라 1인당 국민총소득 GNI^{Gross} $^{National\ Income}$가 2009년도 기준 $17,175이다. 1960년대 우리가 꿈꾸던 마이카시대와 더불어 $15,000 시대가 온 것이다. 이때가 되면 '불행 끝 행복 시작'이라고 생각했다. 그러나 지금의 현실은 어떠한가? 2008년도 통계에 의하면 한 해 자살하는 사람이 12,858명이라고 기록하고 있다. 무엇이 문제인가? 큰 기대를 하였기 때문이다. 부부가 결혼을 하여 초기부터 갈등을 갖는 것도 서로가 배우자에게 너무 많은 기대를 하기 때문이다. 부모들이 자녀들 때문에 걱정을 많이 하는 것도 알고 보면 자녀들에게 너무 큰 기대와 욕심을 갖고 있기 때문이다.

모든 부모가 아이들을 훌륭히 키우려고 하지 진정으로 행복하게 사는 방법을 가르쳐 주지 않는다. 행복한 삶은 자기가 좋아하는 것을 하고, 남을 배려하고 사랑하는 삶이다. 그런데 어릴 때부터 경쟁하는 것부터 습관화가 되어서 남을 배려한다든지 도우려고 하는 마음을 가지고 있지 않다. 남을 이기지 않으면 내가 살 수 없음을 어릴 때부터 심어 주었기 때문이다.

문화나 환경이나 편리성 면에서 더 좋아질 수 있으나 결코 이러한 상황에서 자살 인구는 줄어들고 흉악한 일들이 일어나지 않는 것은 아닐 것이다. 세계 통계에 의하면 행복 지수가 높은 나라로 방글라데시가 뽑혔다. 그 나라가 어떤 나라인가? 우리나라와는 비교가 안 되는 후진국이다. 그런데도 그들은 행복한 삶을 산다.

우리나라가 '빨리' 문화로 급성장했지만 정서적인 면에서는 많이 뒤떨어져 있다. 성장 위주에서 나타나는 현상이다. 편리하고 여유로운 삶은 누릴 수 있지만 그것이 곧 행복한 삶이라고 하기에는 여운이 남는다. 누군가 "행복한 인생은 길어봐야 5분이다"라고 했다. 바로 그 5분만 정복해도 우리는 세상을 정복한 것이나 다를 바 없다. 그 5분은 문고리와 같아서 행복의 문을 열고 닫는 소중한 역할을 해준다. 이제 행복의 문을 열자. 필요한 것은 5분의 행동이다. 이처럼 행복은 매일 5분의 투자로 이루어진다. 행복은 아주 사소한 것으로부터 시작한다.

벤자민 프랭클린Benjamin Franklin은 "행복은 어쩌다 한 번 주어지는 큰 재산이 아니다. 일상생활에서 일어나는 작은 이익으로 이루어진다"라고 했다. 이와 같이 행복은 평범한 조건 속에서 만들어지는 것이다. 그러나 우리 주변은 욕망이 최고의 가치로 여겨지는 자본주의 사회, 혼자 사는 것이 제일 편하게 여기기에 독신 인구가 전체인구의 20%에 달하는 사회 속에서 좀 더 건강하고 행복하게 살기 위해서 이제 개인 너머를 고민해야 한다. 당신은 어떤 사회에서 살고 싶은가? 라는 주제로 독일에서 설문 조사를 실시한 결과, 응답자의 3분의 2가량이 부유한 사회보다 책임과 연대감이 형성되어 있는 사회에서 살고 싶다고 답했다고 한다. 또 행복해지는 것과 올바르게 사는 것이 중요하다고 대답한 사람이 부자가 되는 것, 많은 것을 소유하는 삶을 택한 응답자보다 훨씬 많았다고 한다. 어쩌면 물질적 번영이 우선시되는 사회이기에 오히려 진정한 사회적 관계를 맺고자 하는 개인의 열망이 더욱 간절한지도 모른다.

함께 하는 것, 더불어 사는 것, 교감하는 것, 언제나 그렇듯 행복은 가장 평범한 조건 속에 있는 것이다. 많은 것을 가지고, 높은 지위를 가진다고 행복이 그냥 굴러들어오는 것이 아니다. 무엇을 다 이루었다고 그 성취감으로 행복한 것도 아니다. 어떻게 보면 우리가 추구하는 행복의 조건들은 완벽하고 만족할 만한 상태에 있는 것이 아니라 조금은 부족하고 모자란 상태인 것이다. 재산이든 외모든 명예든 모자람이 없는 완벽한 상태에 있으면, 바로 그것 때문에 근심과 불안과 긴장이 교차하는 생활을 하게 된다. 적당히 모자란 가운데 그 부족한 부분을 채우기 위해 노력하는 나날이 삶속에 참된 행복이 있다고 플라톤이 말했다. 행복은 물질적 풍요가 가져다주는 것이 아니라 만족할 줄 아는 마음에서 생긴다는 것을 잘 보여주고 있다. 또 한 가지 행복에 대해서 매우 중요한 열쇠는 자신이 가지고 있는 것이 무엇인지를 바로 보는 능력을 잃지 않는 것이고, 또 자신이 필요로 하는 것을 확대하지 않는 것이다.

행복한 사람이란 자신이 원하는 것과 자신이 가진 것을 언제나 균형을 맞춰가며 바른 시각을 가지고 사는 사람이다. 자신이 가진 것보다 더 많은 것을 가지고 싶어 하는 사람이라면 불행한 시대에 사는 사람이다.

스웨덴의 레나마리아Lena Maria는 두 팔이 없고, 한 쪽 다리가 짧은 중증 장애인으로 태어났다. 그러나 부모의 사랑으로 그는 수영과 십자수, 요리와 피아노, 운전, 성가대 지휘에 이르기까지 하나밖에 없는 오른발로 못 할 게 없었다. 3살 때 수영을 시작해서 스웨덴 대표로 세계 장애인 수영선수권 대회에서 4개의 금메달을 따기도 했다. 그녀는 지금 프로 가스펠 가수로 전 세계를 다니며 자신을 인도하시는 주님의 사랑을 은혜로운 찬양과 간증으로 전하고 있다. 그녀는 날마다 "내가 너를 사랑 한다"는 하나님의 음성을 듣고 있으며 하나님이 자신과 함께하신다는 사실이 가장 기쁘다고 하면서 행복해한다.

불행의 주된 원인 중의 하나는, 이미 가지고 있는 것을 소중히 여기지 않는 데 있다. 우리는 행복하기 위해서 언제나 적당한 선에서 기대를 걸어야 하며 우리가 가지고 있고 또 우리가 현재 있는 곳에 대해 만족할 줄 알아야 한다. 인생이란 산 정상의 삶도 있지만 골짜기도 있는 법이다. 그래서 이 양쪽의 울타리 안에서 살 줄도 알아야 한다.

행복은 습관과 같아서 익혀야 한다. 배워야 한다. 변화가 요구

된다. 행동으로 옮겨야 하고 주의를 기울일 필요가 있다. 용기를 가지고 접근해야만 행복이 가능하다. 많은 사람이 행복을 얻지 못하는 이유가 이것 때문이다. 자신의 가치나 행위를 남들이 인정한다고 느낄 때 비로소 행복해진다면 우리는 결코 행복해질 수 없다. 사람들이 바라는 대로 해야만 행복이 온다면 영적 심리적 성장에 지장을 받을 것이고 평생 거절에 대한 두려움 속에 살아야 할 것이다. 행복은 선택이다. 우리는 환경이야 어찌 됐든지 간에 행복을 선택해야 한다. 그렇게 하지 않는다면 자동으로 불행해 질 수밖에 없는 것이다. 이것이 가장 단순하지만 가장 자유롭게 하는 원리이다.

나의 행복을 다른 사람이 결정하지 못한다. 내가 하는 것이다. 환경이 나의 행복을 통제하지 못한다. 내가 하는 것이다. 지금 행복을 선택하자. 그러면 불행은 떠난다.

현대인의 고질병

　　　　　　　　인류 역사상 지금보다 풍요로운 시대는 없었다. 지금은 지나온 시절보다 훨씬 더 나아지다 못해 흘러넘친다. 먹는 것보다 버리는 것이 더 많을 정도다. 한 해 우리나라 음식물 쓰레기 처리 비용이 1조 원이 든다고 한다. 이를 경제적 가치손실로 보면 그 금액이 25조 원 정도라고 한다. 그런데 삶이 이렇게 편리해지고 이전보다 훨씬 더 많이 가졌음에도 불구하고 이 사회는 각박하다. 그래서 오늘날 가장 흔한 질병은 바로 우울증이요, 신경 쇠약증이다. 지금 이대로 간다면 앞으로 우울증 환자가 더 많아질 것이다. 그렇다면 왜 이렇게 되는 걸까? 우리는 무엇인가를 이루기 위해 노력하지만 노력한 만큼 채워지지 않기 때문이다. 그러다 보니 지쳐 있고 불안한 마음을 가지고 있다. 요즘 젊은 세대는 결혼해서 자녀를 갖는 것보다는 다른 스펙을 더 쌓으려고 한다. 그래야 이 불안한 시대를 견딜 수 있다고 생각한다. 그러나 그러한 편안한 삶, 멋진 삶을 추구하고, 꿈꾸지만 그것이 가능할까? 보이는 세상은 신기루와 같다. 한순간의 즐거움은 금방 얻을 수 있지만 곧 허무함이 몰려온다.

사람들은 쾌락이 자신을 만족시켜 주지 못한다는 것을 알면서도 거부하거나 포기하지 못하고 더 많이 취하려고 한다. 그러다 보니 세상이 모두 편안함을 향해 질주하고 있다. 혼자 사는 것이 불편하면 결혼할 텐데 세상은 혼자 살아도 불편하지 않도록, 아니 오히려 편안하도록 바뀌고 있다. 고난을 싫어한다. 고난이 오면 잘못된 것이고, 실패한 것으로 안다. 그러나 우리의 진정한 삶은 실패와 슬픔이 있을 때 아름다울 수 있는 것이다.

소금을 그냥 먹으면 짜서 못 먹지만 음식에 들어가면 아주 훌륭한 맛을 낸다. 고난과 슬픔이 괴롭고 고통스럽지만, 우리 인생의 속으로 들어가면 묘한 맛을 내며 진한 여운을 남긴다. 그런데 이런 재료가 없이 만들어 낸 인생은 밍밍하다. 지금은 개인주의가 팽배하다. 타협이나 배려나 용서기 없이 삭막하다. 현대인의 고질병은 나 중심으로 사는 것이다. 관용은 고난이라는 즙에서 나온다. 융합과 회합이 좀 어렵더라도 그것을 통해 사회와 공동체는 아름다워지고, 향기가 난다. 좋은 그림은 밝은색만 가지고는 어렵다. 어두운색도 같이 조화를 이루어야 비로소 훌륭한 그림이 되는 것이다. 그림뿐인가?

어느 젊은 사형수가 있었다. 사형을 집행하던 날, 형장에 도착한 그 사형수에게 마지막으로 5분의 시간이 주어졌다. 28년을 살아온 그 사형수에게 마지막으로 주어진 최후의 5분은 비록 짧았지만 너무나도 소중한 시간이었다. 마지막 5분을 어떻게 쓸까? 눈에서 흐르는 눈물을 삼키면서 가족들과 친구들을 잠깐 생각하며 작별인사와 기도를 하는데 벌써 2분이 지나 버렸습니다. 그리고 자신에 대하여 돌이켜 보려는 순간, 이제 3분 후면 내 인생도 끝이구나 하는 생각이 들자 눈앞이 캄캄해졌다. 지나가 버린 28년이란 세월을 금쪽처럼 아껴 쓰지 못한 것이 정말 후회가 되었다. 다시 한번 인생을 더 살 수만 있다면 하고 회한의 눈물을 흘리는 순간 기적적으로 사형집행 중지 명령이 내려와 간신히 목숨을 건지게 되었다. 구사일생으로 풀려 난 그는 그 후, 사형집행 직전에 주어졌던 그 '5분'을 생각하며 평생 시간의 소중함을 간직하고 살았으며 하루하루, 순간순간을 마지막 순간처럼 소중하게 생각하며 열심히 살았다. 그 결과, 《죄와 벌》, 《카라마조프의 형제들》, 《영원한 만남》 등… 수많은 불후의 명작을 발표하여 톨스토이에 비견되는 세계적 문호로 성장하였다. 그 사형수가 바로 도스토옙스키였다.

우리에게 고난의 시간은 절대 불필요한 시간이 아니다. 오히려 가장 귀중한 것을 얻는 시간이다. 새로운 것을 경험하는 소중한 시간이다. 현대인들은 편안함 만을 추구한다. 이것이 고질병이다. 우리를 힘들게 하는 것은 아무런 희망이 없을 때이다. 그러나 더 깊이 들어가면 우리를 정말 더 힘들게 하는 것은 희망 없는 상태가 아니라 거짓 희망을 안고 사는 것이다.

희망이 없을 때는 아무것도 바라지 않는다. 그런데 거짓 희망은 이루어질 수 없는 것을 이루어질 것이라고 믿는 것이다. 그때의 허망함과 절망은 이루 말할 수 없다. 세상은 거짓 희망으로 가득하다. 세상에서 말하는 희망은 신기루처럼 실현 불가능하고, 또 실현된다고 해도 진정한 희망이 될 수 없는 것들이다. 이런 거짓된 희망을 가지고 산다면 날마다 바닷물을 먹는 것처럼 목마를 수밖에 없다. 현대인의 고질병을 고치는 길은 세상이 주는 편안함을 거부할 때 가능하다. 세상이 주는 편안함은 우리를 잘못된 길로 가게 만든다.

어느 중학교에서 학생들에게 문제를 냈다. A4 종이를 가장 멀리 보내는 방법은? 학생이 말했다. 비행기를 만든다, 종이를 바닥 위에 두고 발로 슬라이딩을 한다. 부메랑처럼 옆으로 힘껏 날린다. 여러 가지 의견이 나왔다. 그러나 가장 정확한 답을 쓴 학생이 있었다. 그의 답은 종이를 구겨서 던져야 한다고 했다. 우리 인생도 구겨질 때 더 많은 것을 얻고, 더 행복해질 수 있다. 그것도 많이 구기면 구길수록 더 멀리 갈 수 있고, 더 많은 것을 얻을 수 있다. 현대인의 고질병을 고치려면 구김을 무서워하지 않는 것이다. 편안함만을 추구하지 않는 것이다. 편안함보다 고난 뒤에 있을 승리를 봐야 한다.

1장 가정의 행복

흔들리는 사추기 思秋期

《목사로 산다는 것》의 저자 크레이그 그로쉘 목사는 어느 수련회에서 수많은 청소년에게 말씀을 전했다. 마지막 밤에 수십 명이 앞으로 나와서 회개하여 구원을 받았고, 수백 명의 아이들이 무릎을 꿇고 겸손히 죄를 회개했다. 하나님의 임재에 압도당했고, 그분이 나를 통하여 그렇게 일하시는 데 입이 벌어졌다. 그런데 집회가 끝나고 방에 돌아와 앉았는데 왠지 모를 외로움에 가슴이 휑해졌다고 한다. 하나님이 조금 전까지 나를 강력하게 사용하셔서 많은 사람을 도우셨는데 몇 분 지나지 않아 버림받은 기분, 절망적인 기분이 찾아든 것이다. 30미터도 안 되는 거리에 수십 명의 사람들이 서 있고 앉아 있고 놀고 있고 자고 있었건만, 그들이 이역만리 멀게만 느껴졌다고 한다. 목회하다 보면 이러한 느낌이 들어본 경험들이 있을 것이다. 목회자로서의 연륜이 오십을 훨씬 넘다 보면 이런 현상은 더욱 잦아질 수 있다. 한때는 열심을 가지고 앞만 보고 나갔는데 그로쉘 목사님처럼 어느 순간에 나 혼자 밖에 없는 것처럼 외로움을 느낄 수가 있다. 항상 성령이 충만해서 늘 주님과 함께 사시는 분이라면 여기에 해당하지 않겠지만 말이다. 이것이 사추기思秋期라고 말할 수 있다. 갱년기 혹은 사추기思秋期에는 답답한 현실에서 벗어나고픈 속마음, 꿈속에서라도 현실에서 이루지 못한 것들을 이루어보고 싶은 심정들, 아니 기회만 주어진다면 현실에서 한 번만이라도 이루어보고 싶은 소망들이 용트림하기 시작한다. 이것을 갱년기(사추기)의 일탈 심리라고 일컫고 있다.

한국교회의 중심축을 이루고 있는 연령대는 40세~55세까지의 장년층이다. 이에 따라 많은 목회자가 장년 목회에 중점을 두고 사역하고 있다. 하지만 이 시기는 갱년기가 시작돼 인생의 새로운 변화를 맞는 시점임에도 불구하고, 이 시기에 대한 전문적인 분석을 통한 목회 프로그램이 없는 것이 사실이다. 이에 가정사역 단체인 하이패밀리(대표 송길원 목사)는 중년 목회를 위한 'The Third Age Seminar'를 열고, 중년 목회자로서 자신에 대한 이해를 통해 성도들까지 인도할 방법을 제시했다. 중년 목회에 있어 가장 중요한 것은 '중년이 어떤 시기인지 바르게 알고, 이전과 다른 신체적·정신적 변화를 인정하고 받아들이는 것'이라고 한다. 송길원 목사는 "이 시기는 본격적으로 노화가 시작되고, 여성과 남성 모두에게 호르몬의 저하가 나타나면서 변화가 되는 제3의 시기"라며 "하지만 대다수의 사람은 이 시기의 변화를 제대로 받아들이지 못해, 인정하지 않거나 혹은 반대로 지나치게 민감하게 받아들이는 모습을 보인다"고 밝혔다. 여성처럼 광범위하지 않고 기간은 짧지만, 남성들도 '폐경기'가 찾아오는 것이 의학적으로 증명됐는데도, 남성들은 이를 부정하거나 '일탈'을 합리화하는 경향이 있다고 한다. 반대로 여성들은 과도한 학습으로 인해 지나치게 우울해 한다든지 자기비하로 심화되는 것이 문제라고 한다. 이러한 심리적 신체적 특징들로 인한 반작용으로 이성문제 등 여러 가지 불미스러운 일이 발생한다는 설명이다. 따라서 이 시기에는 목회자 스스로의 관리와 성도들을 위한 중년 목회 프로그램이 필요하다. 중년의 성도들이 이런 고민 속에서 방황하고 일탈하지 않고, 이 시기의 에너지를 잘 활용하고 극복할 수 있도록 목회차원의 대안이 필요하다는 것이다.

  그 대안으로 두 가지를 제시해 본다. 그중 하나가 가정 사역이나 부부 사역을 꼽을 수 있다. 다른 가정을 보면서 자기들의 모습을 볼 수 있을뿐더러 또한 일탈 심리가 일어나는 이유가 부부간의 문제에서 있음을 깨닫게 되고 병을 치료하지 않으면 큰일을 당하듯이 이러한 위기를 그대로 놔두면 더 큰 환부를 도려내는 아픔이 있음을 깨닫게 되는 좋은 기회가 된다. 또 한 가지는 좋은 멘토를 만나는 것이다. 주변에 좋은 멘토가 있다면 그들로부터 조언과 격려를 들을 수 있고, 실수와 실패 속에서도 다시금 용기를 가질 수 있기 때문이다. 필자 역시 같은 지방회에서 이제 목회를 마음으로 정리하시는 연세 있는 목사님의 지난날의 회고를 들으며 많은 위안을 얻었다. 인생의 선배들에게서 듣는 경험에서 묻어나는 진솔한 이야기는 넘어진 자리에서 일어나게 하고, 외로움이나 지쳐 있을 때 생수가 되기도 한다. 그래서 인생을 살거나 목회를 하면서 좋은 멘토를 가진다는 것은 매우 행복한 사람이다. 그러기에 이러한 시대에 더욱 필요하지 않을까 생각한다. 그러한 면에서 내가 먼저 다가가고, 또 만남을 위해서 대가를 지불해야 한다. 이같은 것은 꼭 목회자뿐 아니라 사모에게도 필요하다. 목사와 성도들의 중간에 끼여 속 타는 마음을 그 누가 알랴? 하나님은 아시겠지만, 언제가 가슴에 있는 답답한 마음, 혹은 한根을 마음껏 풀기만 해도 숨을 편히 쉬지 않겠는가?

이제 두꺼운 가면假面을 벗어버리고 하나님이 주신 어린아이의 얼굴을 회복하자. 갱년기나 사추기思秋期에 흔들리지 말고 흔들림에 몸을 맡기고 자연 속에 넘실대는 푸르른 창공蒼空을 보자. 하나님의 미소가 나를 보고 있을 것이다.

자녀에게 줄 수 있는 것

여러 가지 행복이 있을 수 있지만, 아이가 품 안에서 잠자는 것을 보면 참 행복을 느낀다. 편안하게 잠들어 있는 자녀를 보는 부모의 마음은 언제 우리의 자녀가 이렇게 성장했을까 하는 뿌듯함과 더불어 앞으로 어떻게 기를 것인가에 대한 걱정도 생긴다. 어느 나라나 마찬가지지만 특히 우리나라 부모들이 자식에 대한 사랑은 과히 헌신적이고 감동적이다. 그러나 자식을 사랑한다고 해서 의사나 변호사 등 전문적인 직업을 갖게 하는 교육만으로 사랑을 표현한다면 이는 잘못된 생각이다. 그런데도 자녀에게 이것을 강요하는 사람이 많다. 물론 전문직이 돈과 명예를 가져다줄 수도 있고, 좀 더 나은 삶을 보장해 줄 수도 있겠지만, 삶을 참되게 살 수 있게 하는 것은 아니다. 어떤 목사님이 쓴 재미있는 예화이다.

배운 것도 없고 돈도 없는 어떤 사람이 먹고살기 위해 강도와 폭행을 일삼다가 감옥을 자기 집처럼 드나드는 사람이 있었다. 그를 불쌍하게 본 간수가 정성을 다해 그에게 글을 가르쳐 주었다. 글을 깨치고 나서 출감하게 된 그 사람은 자기는 이제 지식이 있으니 이것을 가지고 바르게 살겠노라고 다짐하며 세상을 향해 나아갔다. 그에게 글을 가르쳐준 간수도 다시는 감옥에서 그를 만나지 않을 것이라고 믿었다. 그러나 2년쯤 지났을 때 그 사람이 다시 감옥에 들어왔다. 이번에는 죄목이 폭행이나 강도가 아니라 공문서위조였다. 그가 배운 지식으로 더 고차원적인 죄를 지었던 것이다.

위의 예화는 지식이 사람을 참되게 하는 것이 아니라는 사실을 말해 준다. 그렇다면 과연 부모들은 자녀들에게 무엇을 주어야 할까? 유대교 공동체 안에 있는 유대인 부부가 병원에서 임신한 사실을 안 후 곧장 달려가는 곳은 회당이 아닌 서점이다. 그들은 구약성경을 사서 그날부터 배 속에 있는 아이를 위해 읽어준다. 그리고 그 아이가 태어나서 자신이 글을 읽을 수 있을 때까지 그 일을 계속한다. 그리고 나서는 아이에게 그 첫날 산 성경책을 물려주며 너는 엄마와 함께 성경을 여기까지 몇 번을 읽었다고 말해준다. 그것은 아이들에게 주는 첫 번째 교육이 된다. 그리고 그 어머니의 아이는 그때부터 물려받은 성경으로 자신이 하나님의 말씀을 읽어간다. 이것이 바로 유대교 공동체의 힘이다. 그들은 말씀을 입에서 떠나지 않게 하고 주야로 그것을 묵상하며 기록된 말씀을 행한다. 그들은 말씀을 읽을 뿐만 아니라 목숨을 걸고 순종한다. 사람의 행위 가운데 가장 강력한 행동은 헌신이다. 헌신을 작정한 사람은 아무도 말리지 못한다. 그래서 테러 중에 가장 막기 어려운 것이 몸을 던지는 자살 테러이다. 헌신한 부모가 자녀를 변화시킨다. 헌신한 어머니의 삶이 아이가 다닐 큰 학교이며, 헌신한 아버지의 삶이 아이가 즐겨 읽을 교과서고, 따라 읽을 책이다.

내가 오늘을 살아가면서 나도 의식하지 못하는 많은 부분은 이미 부모로부터 유산으로 받은 것이다. 내가 선택하지 않은 유산, 그러나 나도 모르게 내가 받은 유산에는 양면이 있다. 우리 삶 속에서 유산을 들춰 보면 긍정적인 면과 부정적인 면이 나타난다. 그러니 먼저 내가 가진 성격, 습관, 태도 중에 유산으로 받은 것이 무엇인지 검증해 보고, 좋은 것은 계속해서 가정에서 유산으로 물려주도록 노력하는 것이다. 건강한 감성적 유산은 자녀들에게 안정감과 안전감을 주며, 소속감과 자기 존중의 욕구를 충족시켜 주어서 실패와 좌절의 순간에도 극복할 수 있는 힘을 제공해 준다. 다른 사람의 감정을 잘 수용하며, 또 자신의 감정을 정직하고 긍정적으로 표현함으로써 관계에 어려움을 극복하며 나아가서 다른 사람을 치유하는 도구를 갖게 하는 것이다. 좋은 사회적 유산은 다른 사람들과 더불어 살아갈 때에 바람직한 삶의 태도를 갖게 해 준다. 가정에서 유익하고 아름다운 유산을 만들어가기 위한 분위기에 필요한 요소는 무엇인가?

J. 오티스 레드버터J.Otis Ledbetter와 커트 브루너Kurt D.Bruner는 이러

한 다섯 가지 요소를 AROMA라는 단어로 설명한다. A(affection, 애정), R(Respect, 존경), O(Order, 질서), M(Merriment, 즐거움), A(Affirmation, 인정). 이러한 요소는 아름다운 유산을 만들어가는 분위기를 조성하게 된다. 이를 통해 가정 속에서 구체적이면서 각자 가정이 갖고 있는 귀한 유산이 탄생하게 되는 것이다. 그러나 반대로 아름다운 유산을 만들지 못하게 하는 요소들 또한 있다.

다윗의 아들 암논이 이복누이 다말을 성폭행하고 이 일로 인해 다말의 친오빠이자 다윗이 사랑했던 아들 압살롬이 친누이를 성폭행한 암논을 살해하고, 나중에는 아버지 다윗의 왕위를 넘보았다. 암논, 다말 그리고 압살롬은 이 일이 일어났을 때 10대 소년 소녀로 보인다. 그들은 그들의 아버지가 사람을 이용하고, 속이고, 죽이는 모습, 곧 부정적 부성 모본을 본 것이다. 10대는 성장기 중에서도 특히 감수성이 예민한 시기인데, 이 감수성이 예민했을 십대 소년, 소녀로서 암논, 다말, 압살롬이 아버지 다윗으로부터 무엇을 배웠을까? 아버지 다윗은 자녀들에게 부정적인 부성 모델이 된 것이다. 이 사건은 역기능 가정이 탄생할 역사적 무대가 된 셈이다.

지금도 학교나 부모에게 인성교육보다는 남을 이겨야 하는 생존경쟁을 먼저 배운다. 모두가 적이기에 마음을 줄 수 없으며 늘 불안한 마음을 가지고 산다. 그들이 성장하여 무엇을 남기겠는가? 분노, 불안, 두려움, 죄의식, 열등감, 좌절감 등 다양한 감정들을 느끼게 된다. 또 이러한 것을 느낄 때 어떻게 해야 할지에 대한 충분한 생각이나 이해 없이 급격하게 변화되는 환경에 휩쓸려 지내게 된다. 이런 생활의 반복과 순환은 청소년들로 하여금 정서적인 문제를 깊게 만드는 요인이 되기도 한다. 정서적인 문제가 현상으로 나타났을 때는 이미 깊게 진행이 되어서 치료와 해결을 위해 많은 시간과 에너지를 투자해야 하는 상황에 이르게 되는 것이다. 물론 가정적인 구조상 좋은 유산을 만들기 어려운 상황에 부닥친 사람도 있을 것이다. 그러나 어려움 중에서도 자신을 지켜나가는 노력은 훨씬 더 영향력 있는 유산을 많은 사람에게 나누어 줄 수 있게 하는 힘이 된다.

    새해가 시작되었다. 우리가 의도하거나 의식하지 않아도 우리 삶의 하루하루는, 우리 자녀들에게, 후손들에게, 저들이 살아갈 삶의 유산을 물려주고 있는 것이다. 어떤 유산을 물려줄 것인가를 곰곰이 생각해 보자. 우리 가정을 통해 아름다운 유산이 많이 나누어지는 삶이 되기 위해 돌아보는 삶을 사는 하루하루가 되길 소망해 본다.

성공적인 성(性)

매슬로우Abraham Maslow는 인간의 기본 욕구를 5단계로 분류하였다. 요약하면 1단계로 생리 욕구, 2단계는 안전욕구, 3단계는 사랑·관계 욕구, 4단계는 존경·자존 욕구, 5단계는 자아실현 욕구이며 각 하위 단계의 욕구가 충족될 때 상위 단계 욕구를 추구하게 된다는 이론이다. 그리고 인간의 기본적인 욕구가 충족되지 않으면 생리적 또는 심리적인 역기능이 일어나고 그것은 직접적으로 혼란 상태를 야기하기도 한다. 기본적인 욕구의 계속적인 충족은 역기능을 예방하고 성숙과 건강의 상태를 수반한다. 그러기에 인간은 누구나 최고의 욕구 실현을 추구하고자 한다. 중요한 것은 1단계인 생리적 욕구(식욕, 성욕, 수면욕)가 충족되어야 한다는 것이다. 많은 사람은 성욕 때문에 갈등하고 있다.

한 통계에 의하면 부부의 성생활 횟수가 많을수록 외도나 이혼율이 그만큼 줄어드는 것으로 나타나 있다. 부부의 성생활이 성공적이면 부부관계가 행복해질 수 있다는 사실은 누구나 다 알고 있는 진실이다. 성생활이 없는 부부는 다른 영역에서도 행복을 경험하기가 쉽지 않다. 그런데 놀라운 것은 모든 부부 가운데 절반 이상이 성생활에 어려움을 겪고 있다는 사실이다. 그중 일부는 결혼생활을 유지할 수 없을 정도로 문제가 심각한 경우도 있다. 성공적인 성생활을 위해서는 분명하고 건강한 성 의식과, 이의 실현을 위한 부부 상호 간의 노력이 있어야 한다. 부부 상담을 하면서 내담자의 유형을 살펴보면 거의 성 문제가 있음을 볼 수 있다. 이것은 목회자들에게도 예외가 아님을 보면서 안타까운 마음을 가지게 되었다. 거기에는 여러 가지 이유가 있겠지만 가장 기본적인 기본욕구가 충족되지 않으므로 최상의 삶을 누리지 못하는 경우가 많다.

부부의 성 문제는 매우 구체적이고 실천적인 면에서 문제를 해결해야 한다. 예를 들면, 부부가 서로 협력하여 여러 가지 준비를 개발한다든지, 남녀 간의 차이를 수용하는 것 등을 말한다. 성공적인 성생활을 준비하는 것에서부터 출발하므로 심리적인 준비와 상황적인 준비도 중요하게 다루어야 한다. 상대방에 대한 부정적인 감정이나, 강박관념, 그리고 일방통행식 성 습관은 성공적인 성을 방해하는 요소들이다. 이런 것들은 부부가 상호 노력하면서 극복해 가야 한다. 노력만으로 어려운 부분들은 왜곡된 성 경험과 이에 따라 억압된 성 심리 치료를 받는 것이 좋다. 음지에 숨어있는 어두운 그림자를 양지로 드러내는 일이 말처럼 쉬운 일은 아니지만 드러내지 않고서는 결코 변화가 일어나지 않는다. 그리고 드러내지 않음이 장기화할 때 가정은 물론 교회의 지도자라면 그 사역에도 어려움이 생길 수가 있다. 그러기에 특히 목회자 가정에서는 부부의 대화로서 가정과 교회 안에 이러한 일들 때문에 고민하는 일이 없어야 한다.

만약 생리적 욕구가 불충분하게 되면 마음속에 분노가 일어날 수가 있다. 잠을 못 이루고, 밥을 먹지 못하면 신경이 날카로워지듯 성욕도 해결이 안 되면 다른 사건으로 불같이 옮겨 간다. 그리고 결과는 가정과 교회에서 절대적인 방해 요소로 자리 잡는다. 그러기에 사소한 일에도 다른 곳으로 마음이 쉽게 끌려 영원한 죄책감으로 살고 있을 수도 있다. 부부의 성생활은 여러 가지 이유가 있겠지만 그중 한 가지는 성범죄에 빠지지 않도록 하기 위한 하나님의 예방 장치일 수도 있다. 바울은 독신생활을 하면서 정욕이 불타게 되어 원치 않는 음행의 죄에 빠지는 것보다 차라리 하나님께서 허락하신 한 남편, 한 아내를 통해 육체의 성적 긴장을 해소하라고 적극적으로 권면하였다.

부부의 성생활 중 남편(아내)에게 만족할 만한 파트너가 되어줄 때, 배우자가 성범죄 혹은 유혹에 빠지는 위험을 최소화할 수 있다는 것이다. 그리고 성적 욕구가 있을 때 배우자에게 표현하는 것이 절제하는 것보다 더 경건 생활에 가깝다. 결혼생활에 있어 성관계는 하나의 의무이다. 결혼한 사람은 자기 배우자의 성적 긴장을 해결토록 도와야 할 책임이 있다. 그러기에 성은 영성의 적이 아니다. 성적인 욕구는 무조건 억제하여야 하는 불가결한 것이 아니다. 남편과 아내의 관계에서 상호 간의 만족을 서로가 돕는 차원에서 해결하여야 한다. 남편들이 한결같은 도덕군자가 아니며 오히려 그들이 성적 욕구로 인해 타락할 가능성을 충분히 가지고 있다. 그래서 기도할 틈을 얻기 위해서라든지, 부득이한 경우를 제외하고는 부부간에 분방하지 말도록 하는 구체적인 제안까지 하는 것이다. 많은 가정에서 성을 도구로 쓰는 경우가 많이 있다. 도구란 남성들의 경우 아내를 향한 지배용 무기나, 여성들의 경우 남편을 향한 보상용을 말한다.

성은 인간이 고안해 낸 작품이 아니다. 하나님의 설계이다. 그러기에 결코 부끄러운 것이 아니다. 그런데도 인간들은 성을 부끄러운 것으로 만들어 왔다. 때문에 하나님께서 부끄럽게 창조하시지 않은 것을 부끄럽게 여기는 것을 부끄럽게 여겨야 한다. 제가 만난 여러 목회자들을 보면 이러한 성문제로 인하여 많은 유혹에 노출되어 있음을 볼 수 있었다. 이것은 교회적으로 치명적이다. 또 그 어두움의 영은 가정과 교회를 무너뜨린다. 왜냐하면 이 유혹은 끊을 수 없는 너무 매력적이기 때문이다.

폴 하버라는 사람이 꽁꽁 얼어붙은 북극에 사는 에스키모인들이 어떻게 늑대를 잡는지에 대해 이야기 해준 적이 있다. 그들은 면도칼처럼 날카로운 칼에 피를 흠뻑 묻힌 다음 그것을 얼린다. 그리고 날카로운 칼날이 위쪽을 향하게 얼어붙은 땅 속에 칼의 손잡이를 박아 놓는다. 그러면 피 냄새를 맡은 늑대들이 와서 칼날을 핥는다. 얼어서 무감각해진 늑대의 혓바닥은 어느새 날카로운 칼끝을 핥기에 이른다. 자신의 피를 흘리기 시작한 늑대는 그 피에 끌려 더욱더 빠른 속도로 계속해서 칼날을 핥는다. 유혹은 이런 방법으로 찾아온다. 어떻게 보면 이 유혹은 성에 굶주린 자를 말하고 있다고 해도 과언이 아니다.

가정에서 충분한 식사를 한 사람은 밖에 있는 음식들을 볼 때에 그렇게 유혹받지 않는다. 그러나 식사를 거른 사람은 밖의 음식에 매력이 끌리는 것은 너무나 당연하다. 아내(남편)들이여 가정에서 남편(아내)과 함께 충분한 음식을 먹자.

2장

쓴 뿌리

상처를
안고 사는
사람들

우리 몸에 아주 작은 가시가 박혀 있을 때 생각보다 더 큰 고통이 따른다. 그것이 모든 일에 장애가 되고 신경이 곤두서기도 한다. 이처럼 가시뿐만 아니라 우리 몸에 상처를 입을 때의 고통이란 이루 말할 수 없다. 그래서 그 아픔에서 벗어나려고 치료하고, 조심하면서 살아간다. 그런데 그런 과정에서 다른 사람이 상처 난 부분을 건드리면 순간적으로 분노가 나타나게 된다. 이처럼 우리 몸에 난 상처는, 삶을 피곤하게 하고, 힘들고, 고통스럽게 한다. 이렇게 육신의 상처가 우리의 생활에 지장을 주듯, 마음도 상처를 입게 되면 나답게 살지 못하게 되고, 기쁘고, 자유롭게 살지 못하게 된다. 이 마음의 상처는 내 자유에 의해서 생기는 것도 아니고, 나의 의지로 쉽게 이겨갈 수도 없는 것이다. 왜냐하면, 우리는 죄로 인해 부패하고 불완전한 인간이기 때문에 어디서나 마음의 상처를 받을 수 있으며 또 그 상처를 간직하고 살 수밖에 없기 때문이다. 심지어 서로가 도와주고, 감싸주어야 하는 관계에서조차 우리가 상상할 수 없는 다양한 상처와 아픔을 받아 가며 살기도 한다. 그리고 그 결과는 사람에 따라서 극한 상황까지도 가기도 하고 고통 가운데 사는 사람들도 있다.

어느 이야기에 나오는 고슴도치 이야기다. 고슴도치 두 마리가 서로의 외로움을 달래기 위해서 깊게 포옹하였다. 순간 두 고슴도치는 서로에게 상처를 주고받으며 그 상처가 너무 아파서 다시 떨어졌다. 그러다가 너무 외로워서 지난날의 상처의 고통을 기억하지 못하고 또다시 만났다. 역시 서로의 날카로운 침이 상대의 여리고 부드러운 맨살에 깊은 상처를 남기고 말았다. 둘은 아픔을 견디지 못하고 결국 떨어지고 말았다.

우리의 삶을 가만히 들어가 보면 갖가지 상처와 아픔의 덩어리를 가지고 살아간다. 그것은 사람마다, 환경마다, 성격마다 조금씩 다를 수 있는데 어떠하든 마음에 난 상처는 오랫동안 자리를 잡는다. 그리고 자리 잡은 그 상처는 치유되기까지 없어지지 않고 그대로 남아 수시로 생각 속에 들어와 괴롭히고, 방황하게 만든다. 어떤 아내는 남편에게 받은 여러 가지 과거의 사건들을 하나도 잊지 않고 기억하며 그 문제를 가지고 원망과 서러움으로 지낸다. 이런 모습은 아무리 세월이 흐른다 해도 그 아내의 마음속에서 지워지지 않는다. 아무리 좋은 일들로 지내다가도 그 사건만 생각하면 치가 떨리고, 온몸이 솟구

친다. 그래서 그는 현재에 살면서도 언제나 과거에 묶어 살도록 지배되어 버린다. 이러한 상처는 나의 행복을 빼앗고, 나의 인생에 커다란 짐이 되어 그 사건 속에 머물게 만들고, 미래의 비전을 지연하게 만드는 원인이 되기도 한다.

또한, 상처는 인간관계를 파괴한다. 어떤 사건이 발생하면 그것에 따르는 감정이 생기게 마련이다. 인간에게 원죄가 있어 유전되듯이 원죄로 인한 원 마음도 대대로 유전되고 있다. 원죄를 이해 하지 못하면 인간의 본성을 모르듯, 이 원 마음을 모르고는 인간의 마음을 진단할 수 없다. 그러나 인간의 마음의 병은 이 원 마음으로 끝나지 않는다. 원 마음이 죄의 일차적 결과로 주어진 병든 마음이라면, 살아가면서 이 병든 마음에서 파생된 이차적인 병든 마음이 있다. 가정에서 상처를 많이 받은 사람은 사람들과의 관계 속에서도 많은 트러블이 만들어지기도 하는 것이다. 그리고 상처는 마음 한구석에 생겼다 할지라도 거기에 머무르지 않고 마음 판 전체를 깨트려 버린다. 우리의 마음은 유리에 비유할 수 있는데 그것은 마음 어느 부분이든 상처를 받으면 그 부분만 상하는 것이 아니라 마음 전체가 상하게 되는 것이다. 이러한 상처를 안고 사는 사람들은 육신적으로도 문제의 원인이 되지만 영적으로도 성장하지 못한다.

저자도 치유를 받기 전에는 내 안에 상처가 있다고 생각해 본 적이 없었다. 열심히 사는 한 가정의 가장으로서 항상 최선을 다하는 것으로 생각하고 살았다. 그래서 언제나 아이들에게도 정직하고, 도덕적으로도 흠이 없는 그런 생활을 요구하였으며 나 또한 그렇게 살려고 부단히도 애를 쓰며 살아왔다. 단지 문제가 있다면 나와 다른 의견이든지, 나의 의견이 무시되든지 하면 생각지 못한 분노가 나와 즉각적으로 반응을 하였다. 그런데 그런 반응은 밖에서는 거의 일어나지 않고 집에 들어오면 나타나곤 하였다. 그러던 어느 날 깊은 치유의 통해 내면에 있는 나를 보게 되었고, 그 원인을 알게 되었다. 주체할 수 없는 감격과 죄스러움과 혼돈 속에 나의 막혔던 눈물샘이 열리게 되었다. 그때까지 거의 눈물을 흘려보지 않던 내가 제어할 수 없게 되는 상황이 되었다.

이처럼 상처를 갖고 있어도 알지 못하고 사는 경우가 너무 많다. 그리고 내가 상처를 치유해야 한다는 사실을 아는 것 또한 어려운 것이다. 그렇기에, 삶에는 생명력이 없고, 사랑이 없고, 진실함이 결여될 수밖에 없는 것이다. 이성훈 박사는 깨어진 마음에는 만족이나 감사가 없다. 밑 빠진 독처럼 그 허기짐을 채울 수가 없다. 사랑을 주어도 버림받은 마음의 불신과 두려움 때문에 그 사랑은 우리의 굶주림을 채우지 못하고 깨진 곳으로 모두 새어버린다. 그래서 또 굶주리고 더 두려워하게 되고 믿지 못하게 된다. 이것이 포로된 마음의 원리라고 이야기한다.

심령이 가난한 자가 복이 있다고 예수님께서도 말씀하셨다. 내가 치유 받아야 할 존재이며 그 사실을 알고 첫발을 내밀 때 치유의 역사는 시작된다. 그것은 성장의 시작이요, 생명의 시작이요, 나와 가족과 다른 사람을 살리는 놀라운 것이다.

갈등 속에서 오는 분노의 해결 방법(1)

요즈음 통계청에 따르면 이혼율이 떨어지고 있다고 한다. 특별히 숙려(熟慮)기간 재도입 후 협의이혼 접수를 한 부부들의 취하율이 약 20% 정도 된다고 한다. (참고로 숙려기간 재도입 전에는 취하율이 약 8% 내외임) 숙려기간 동안 그들이 어디에서 어떤 상황들이 있었던지, 아니면 시간을 가지고 자기들의 내면을 성찰했는지는 알 수 없지만 참으로 다행스러운 일이 아닐 수 없다. 이런 것을 볼 때 다분히 큰 일들도 어느 정도 시간이 흐르면 새로운 것을 발견하게 되고 그때의 분을 삭이다 보면 자기의 잘못을 발견할 수 있는 계기가 될 수 있는 것이다.

얼마 전에 주례를 설 기회가 있어서 결혼하는 부부에게 부부 십계명을 주례사로 이야기 해주었다. 주례사 중에서 부부 중 한 사람이

2장 쓴 뿌리

살다 보면 분을 낼 수 있으나 해가 지도록 품지 말라고 권면했다. 또 입술의 30초가 때로는 배우자에게 가슴의 30년이 된다는 사실을 기억하라고 하였다.

이처럼 부부의 관계는 전적으로 특수한 인간관계로 묶여 있다. 한 지붕 밑에서 서로의 삶을 함께 나누는 사이라 해도, 상대방으로부터 느껴야 할 욕구가 있고, 그것이 각자에게 충족되도록 최선의 노력을 기울여야 하는 책임이 있다. 또한, 건강하고 행복한 부부가 되기 위해서는 일차적으로 서로 감사와 애정과 신뢰를 주고받아야 하고 상대방의 내면의 삶까지도 피차 조심스럽게 보호해 주며 존중해 주어야 한다. 그러나 이와 같은 특수 관계성이 무너질 때 그 결과로 반응하는 감정은 소외감, 배신감, 상실감, 분노 등이 싹트게 된다. 당연히 인정받고 신뢰되어야 할 자신을 부부관계 속에서 노출하지 못하고 마음의 벽을 쌓아 올릴 때, 최소한의 자기 위치가 위협을 받게 되기 때문에 부부관계의 균형은 와해 되고 적대적인 분노가 머리를 들게 된다.

이때 우리는 자신의 감정에 접근해서 내면에 무엇이 진행되고 있는가를 깨닫는 슬기가 필요하다. 특히 배우자 및 타인의 감정을 이해하고 객관적으로 바라볼 수 있는 이성적인 노력이 앞설 때 분노의 감정을 통제할 수 있는 자제력을 갖게 된다. 솔직히 어떠한 환경에서도 분노에 대한 보상은 자신을 노출시키고 아픔과 후회만 남게 된다. 그러므로 우리가 자신의 감정을 자제할 수 있을 때 어떠한 어려움에서도 보호를 받게 된다. 외적인 수모와 무례한 비판 앞에서도 자아의식이 확고한 사람만이 분노를 균형 있게 처리할 수 있다. 그런데 분노를 자제하지 못하는 원인을 검토해보면 대부분이 분노를 일으킨 문제에 집중하기보다는 그 대상에 집중하기 때문에 분노의 에너지가 터무니없이 확산하게 되기 때문이다. 그러므로 분노의 에너지를 감소시키면서 자제력을 얻기 위해서는 분노의 대상을 문제에 귀결시켜야 한다.

몇 년 전 서울의 중형교회에서 목사님이 사찰 집사를 구타한 사실이 언론에 나온 적이 있다. 그로 인해 경찰 조사까지 받았다는 기사를 보았는데, 원인이야 어떠하든 간에 그 결과는 아름답지 못했다. 순간에 일어난 분노가 참을 수 없을 정도로 파괴력을 가지고 인내의 한계에 도달하여 폭발했을 때처럼 안타까운 일은 없다. 그리고 그 결과는 생각한 것보다 심각해지기 쉽다. 이처럼 누구나 마음속에 폭발할 분노의 자재가 있는 것을 본다. 이와 마찬가지로 이혼을 청구한 부부들의 사연들도 자세히 보면 자그마한 불씨가 시작되어 결국에는 분노의 대상에게 번져 걷잡을 수 없는 지경까지 가는 것을 본다. 조금만 짚어보고 서로 솔직한 대화를 하든지, 자기 내면의 성찰을 하다 보면 참으로 그것이 그렇게 화 날 일이 아닌 것을 알게 된다. 별것이 아닌 사건이 자존심 때문에 결국에는 문제가 커지는 것이다.

그러면 결혼생활에서 분노가 일어나서 곪게 될 만한 복합적인 원인과 상황들을 생각해 보자. 결혼한 사람들은 자기 배우자가 시간이 흐르면서 자기가 생각하는 대로 당연히 그래야 하는 것처럼 생각하는 경향이 있다. 따라서 자기 배우자에게 높은 기대를 걸다가 그 기대에 미치지 못하면 이내 실망을 하고 만다. 특히 신혼부부는 분노를 가질 만한 이유가 생기게 된다. 그들은 자기 자신에 대해 기대가 높고 그들의 결혼생활에서 가장 훌륭하고 행복한 사람이 되기를 원한다. 특히, 그리스도인일 경우에는 보통 이타적인 사랑을 보이고 분노의 죄를 피하고자 하는 부가적인 기대를 한다. 결혼 전에 그들은 아마도 제한된 환경에서 서로를 보았을 것이다. 그러나 결혼 후에는 삶에서 일어나는 온갖 짜증스럽고 실망스러운 일들이 서로 앞에 그대로 드러나게 된다.

갈등 속에서 오는
분노의
해결 방법(2)

마크 코스그로브Mark P. Cosgrove는 분노를 원인과 치료의 두 층으로 보아야 한다고 말하고 있다.

첫째, 표면층으로서 그 사람의 성격적 특성과, 배워서 익숙해진 의사소통의 방식과 관련되어 있다. 부부는 분명히 마음을 열어 정직하고, 건설적인 의사소통의 분위기에서 서로 대화를 나누고 분노 감정을 해결할 필요가 있다. 우리 중에 성장 과정에서 부모에게나 친구들에게서 결혼 생활에 필요한 의사소통의 기술을 배운 사람은 극히 드물다. 결혼 자체 말고는 결혼 생활을 준비시켜 주는 것이 별로 없다. 그러므로 결혼 초기에 부부는 화나게 만드는 일들을 잘 다루고 서로 간에 원활히 의사소통하는 법을 배울 필요가 있다.

둘째, 우리가 짚고 넘어가야 할 또 다른 층은 내면적 문제이다.

우리는 모두 아담 안에서 함께 타락하여 자기중심적인 본성을 갖게 된 인간들이다. 우리는 우리 자신의 관점에서 그 현실을 대한다. 타락의 결과 우리는 이기적인 존재가 되었다. 이기적인 태도가 계속해서 우리 자신을 지배한다면 의사소통의 방식과 말하기, 듣기, 자신감 있는 말, 비방어적인 자기방어nondefensive selfdefense가 별로 도움이 될 수가 없다. 인간의 분노 문제를 단순히 이해 부족이나 의사 불통으로만 본다면 분노를 다루는 절차나 방법론을 담은 요리책을 편집하는 것으로 그치게 될 것이다.

일반적인 분노에 대한 원인을 보면 첫째, 모욕감을 느꼈을 때다. 사람들은 자존심이 상처를 받았을 때, 다른 사람들에 의해 나의 험담이나 부당한 말을 들었을 때, 무시당할 때 우리는 자존감이 위협받기 때문에 화를 낸다. 또 거절당하거나, 제지당하거나 창피를 당했을 때 분노를 느낀다. 그리고 안정감이 위협받았을 때도 분노를 느끼게 된다. 둘째, 소원이나 기대가 좌절되었을 때 분노한다. 즉 실망할 때 화가 난다는 것이다. 원하는 것이 뜻대로 되지 않았거나 상대방에 대한 기대가 좌절되었을 때 분노가 일어나는 것이다.

그런데 분노가 치미는 순간에 우리는 대개 그 원인을 타인에게 돌리기 쉽다. 자신이 당하는 모든 고통이 다 남들 때문에 빚어진 것이라고 믿으려 한다. 그러나 자세히 들여다보면 바로 자기 안에 들어있던 어떤 분노의 근원이 고통을 일으킨 주요 원인이라는 것을 이내 알 수 있다. 왜냐하면, 똑같은 상황에서도 전혀 분노를 일으키지 않는 경우도 있기 때문이다. 똑같은 말을 듣고 똑같은 일을 당했어도 이성을 잃지 않고 흥분하지 않는 사람들이 있는가 하면 너무도 쉽게 분노를 나타내는 사람들도 있다. 이유는 그 사람 안에 해결되지 않은 분노의 찌꺼기가 있기 때문이며 분노의 해결을 위해 훈련하지 않고 계속 쌓아왔기 때문이다.

그러나 많은 그리스도인은 화를 내서는 안 된다는 고정관념 때문에 화가 났을 때도 그것을 무시하고 인정하기를 거부한다. 이와 같이 분노는 억누르다 보면 억압된 감정이 정신 신체 질환으로 나타나기도 한다. 정신과 의사들은 마음이 침묵하면 몸이 부르짖는다고 주장한다. 그래서 억압된 분노는 위산과다를 촉발해 소화가 안 되게 하거나 위계양으로 나타난다. 또 억압된 분노와 스트레스가 편두통, 알레르기, 근육통, 심장병, 당뇨병, 암 등의 원인으로 나타나기도 한다. 그리스도인들은 때로 억압된 분노를 거룩한 인격으로 혼동하기도 한다. 그래서 그것을 억지로 참으며 괴로워하기도 한다.

그러면 분노의 해결방법을 알아보자. 먼저 분노를 인정해야 한다. 그리고 분노가 정상적인 인간 정서 중의 하나라는 것을 인식해야 한다. 화를 내지 않는 사람은 아무도 없다. 분노 자체가 악은 아니다. 그래서 분노를 인식하고 이것을 적절히 표현하는 방법을 익혀야 한다. 상대방에게 자신의 분노와 그 동기를 정확히 전달해야 하며 상대방의 의도를 파악하려고 노력해야 한다. 왜냐하면, 어떤 대상에 대한 우리의 분노가 사실은 그 사람 때문이 아닐 경우도 있기 때문이다. 교회 내에서도 이런 문제 때문에 교회를 옮기려는 마음을 가지는 사례도 여러 번 본다.

두 번째는 생각을 자제해야 한다. 분노의 문제들은 자기 동정이나 낙심, 시기 혹은 그 밖의 부정적인 생각의 근원으로부터 시작된다. 사람의 생각이 어떤 결정을 하느냐가 행동과 감정을 자제하는 핵심적인 요인이 된다. 그러므로 분노하기 직전이나 분노하고 있는 동안에 어떤 생각이 진행되고 있느냐가 중요하다. 그러나 조금만 냉철하게 생각한다면(인내를 가지고) 큰 실수나 나쁜 결과에 대한 부담감은 많이 줄일 수 있다.

세 번째는 분노의 원인을 분별해야 한다. 분노의 구체적인 원인을 알아내는 것은 단순한 것이 아니라 어느 정도의 자기 분석과 정직한 태도를 요구하는 일이다. 남들이나 사건들이 항상 분노의 원인이 되는 것은 아니다. 개인적인 두려움이나 열등감이 될 수 있고, 불합리한 신념이나 기대도 될 수가 있기 때문이다.

감정적(感情的) 표절(剽竊)

안타깝게도 작금의 한국 교회는 설교 표절(剽竊)로 몸살을 앓고 있다. 대부분의 목회자는 표절 문제가 이미 오래전부터 있었던 일이라고 했다. 다만 예전에는 교인들의 의식 수준이 높지 않았고, 언론에서도 관심을 두지 않았기 때문에 알려지지 않았던 것뿐이었다고 한다. 그뿐인가? 몇 년 전 뉴스를 한참 뜨겁게 했던 젊은 국회의원 당선자의 논문표절 문제로 사회가 시끄러워진 때도 있었다. 올림픽에서 금메달을 따서 국민적 영웅이 되었던 젊은이가 남의 논문을 표절하여 박사학위를 받았고 그것을 근거로 하여 대학교수가 되었을 뿐만 아니라 국제올림픽 위원까지 되었다는 것이다. 이러한 논문 표절이 지금은 잠잠하지만 언제 또다시 수면 위로 올라올지 모르는 상황이다. 이렇게 표절이라는 것은 남의 것을 자기의 것으로 나타내는 거짓의 일종이라고 할 수 있다. 다만 자기가 그것에 대해 정당성을 부여하고 합리화하기 때문에 쉽사리 없어지지 않고 있다는 것이다. 그러므로 계속 사회에 이슈가 되고 문제가 되지만 그에 반해 그 뿌리는 더욱 깊숙이 내려갈 수가 있을 것이다.

그런데 이렇게 열거한 표절들보다 더욱 조심할 것이 있는데 바로 감정적感情的 표절剽竊이다. 자기의 마음에 있는 것과 표정과 말이 다른 것이다. 속으로는 미워해도 겉으로는 아주 친한 척한다. 표정으로는 미소를 띠고 온화한 모습으로 좋은 말을 하지만 그 속에서는 욕심과 시기猜忌와 미움으로 가득 차 있다. 많은 대중 앞에서는 인정하고 있지만, 속으로는 우습게 보고 비하卑下하는 모습도 얼마든지 볼 수 있다. 설교의 표절, 논문의 표절도 근절根絶되어야 하지만 감정적인 표절도 위험할 수 있음을 보여 주는 것이다. 이것은 다른 사람의 마음을 멍들게 하고 상처를 주는 행위이기에 다른 것 못지않게 그 심각성深刻性이 크다고 볼 수 있다. 이들은 자기의 교만과 자기의 욕심을 가지고 있는 사람들이다. 이들은 사회에서도 기피忌避 대상이지만 더욱 목회자들은 이러한 것에서 멀어져야 하지 않을까 한다.

일찍이 예수님은 우리에게 이러한 모습을 보여주셨다. 예수님은 간음한 자, 조국의 피를 빨아 먹는 세리, 나병환자, 가난한 자, 소외계층 등 모두를 용서하고 가까이 하셨지만 외식하는 자들과는 그렇지 않으셨다. 그들을 호되게 질책하시고 나중에는 독사의 새끼들이라고 경멸輕蔑하셨다. 그런데도 지금도 그러한 외식하는 모습을 가지고 있다면 이는 표절보다 위험하다고 볼 수 있지 않을까?

이런 예화가 있다. 여우 한 마리가 사냥꾼에게 쫓기다가 나무꾼을 발견하고는 그에게 도움을 청했다. 나무꾼은 여우를 그의 오두막에 숨겨주었다. 잠시 후 사냥꾼이 와서 나무꾼에게 여우 한 마리를 보지 못했느냐고 물었다. 나무꾼은 말로는 보지 못했다고 하면서, 손으로는 여우가 숨어 있는 오두막을 가리켰다. 그러나 사냥꾼은 나무꾼이 가리키는 것을 보지 못하고 떠나버렸다. 여우는 사냥꾼이 멀어져 가는 것을 보고 곧바로 뛰어나와 고맙다는 말 한마디 없이 떠나려 했다. 나무꾼은 여우가 은혜도 모른다며 나무랐다. 그때 여우가 대답했다. "당신의 겉과 속이 같았다면 나도 당신에게 고마워했을 거예요" 이처럼 언행이 일치하지 않는 사람은 앞에서는 웃는 얼굴이지만 뒤에는 칼을 숨기고 있는 것이다.

감정적 표절을 좀 더 익숙한 단어로 말한다면 위선이라고도 할 수 있다. 위선은 한자로 '거짓 위(僞)'에 '착할 선(善)'을 쓴다. 즉, 선한 것인 양 위장하는 것을 의미한다. 속초에 가면 초당이라는 곳이 있다. 그곳에 가면 두부 전문 음식점들이 모여 있고 그 많은 음식점이 저마다 '원조'임을 내세우고 있다. 여기뿐인가 서울 곳곳에도 음식점이 잘된다 하면 그 옆에 원조라는 간판을 거는 경우를 여러 번 보았다. 그래서 처음 방문한 사람들은 '어느 집에 들어가야 제 맛을 볼 수 있을까?'라며 고민하게 된다. 이곳에도 건물들이 번듯번듯하고 훌륭하게 인테리어 한 집도 여럿이 있다. 그런데 그 사이에 유난히 볼품없는 집이 하나 있는데 주변의 잘 지은 현대식 건물이 그 오두막집을 더욱 초라하게 한다. 그런데 그 집의 간판이 다른 곳과 다르다. 그냥 '맛있는 집'

이라고 되어 있다. 주변은 모두 무슨 원조라고 쓰여 있는데 이 집만 그런 문구를 사용하지 않았다. 그런데도 그 집에는 사람들의 발길이 끊이지 않았다. 버스가 손님을 단체로 태워 오기도 한다. 비록 겉모습은 초라하지만 당당한 오두막집이다. 위선과 표절이 없는 순수하고 소박한 그런 집이었다.

스펄전 목사Charles Spurgeon는 위선적 신앙을 빗대어 "비 없는 구름과 같고 물이라고는 한 방울도 없이 바짝 말라버린 개울과도 같다"고 말했다. 그리고 "그것은 마치 연극배우가 왕의 복장으로 분장하여 무대 위를 늠름히 거닐다가 연극이 끝난 후에는 평복으로 갈아입고 가난한 자신의 삶으로 돌아가 부끄러움을 느끼는 것과 같은 것"이라고 비유하여 설교하였다. 위선자는 말과 행동이 일치하지 않을뿐더러 명예를 사랑하고 사람들에게 존경받기를 좋아한다. 그리고 외양은 마치 미려한 양장본으로 되어 있으나 내용은 형편없는 책들처럼, 내적인 면을 소홀히 하고 외적인 면에 더욱 관심을 쏟는 사람이다. 이러한 사람은 듣기 좋은 말로 상대방을 속여서 안심시켜 놓은 다음, 기회를 엿보아 보복한다. 그러나 이들의 사악한 감정과 위선은 결국 드러나고 만다. 이들은 완벽하게 감정을 감추고 아무도 모르게 보복했다고 자축하더라도, 그 속의 썩은 냄새는 결코 감추어지지 못하고 만인 앞에 드러나고 마는 것이다.

이제 표절剽竊의 가면假面을 벗어버리자. 세상의 빛과 소금은 마음에 있는 것들이 정직하게 드러낼 때 가능하고, 그때 복음의 변화가 이루어지는 것이다.

상한 마음

얼마 전 광주에 있는 인화학교를 배경으로 상영한 영화가 큰 뉴스거리가 되었다. 그 내용은 장애우들을 가르치는 교사들이 오랫동안 그들을 성폭행했다는 것이다. 신체가 자유롭지 못해 도와주어야 할 교사들과 책임자들이 오히려 그것을 이용해 몹쓸 짓을 했다는 것이다. 정부에서는 다시 조사가 이루어져 가해자는 징계를 받고 학교는 폐교 되었다. 사실 이러한 일이 그곳에서만 있다고 생각하는 사람은 드물 것이다.

아직도 음지에서 이러한 일들이 일어날 수 있음을 우리는 알 수가 있다. 그런가 하면 대구에 있는 어느 중학생이 동료들의 집단 학대로 인하여 유서를 써놓고 자살을 택했다. 이러한 사건들은 뉴스를 통해서 아주 심심치 않게 보도되고 있다. 그 일을 당한 가정의 아픔은 이루 말할 수 없을 것이다. 몇 사람이 자기 만족을 위한 장난으로 한 가족을 슬픔으로 내몰았고, 이는 다시금 씻을 수 없는 고통이 되어 버렸다. 왜 그럴까? 인간은 모두가 상처를 안고 살아간다. 그 상처는 어린 시절부터 시작된다. 때로는 부모, 형제나 자매, 친구로부터 상처를 받는다. 그러한 상처는 나와 이웃의 관계 속에서 갖가지 증상으로 나타난다. 그리하여 우리의 영혼과 육체를 병들게 하고 우리의 삶을 불행하게 만드는 것이다.

사람의 기억은 행복하고 아름다운 것보다 사랑받지 못한 아픈 상처를 더 오랫동안 기억하게 된다. 이러한 아픈 기억은 성인이 된 후에도 고통과 분노를 일으키게 하는 원인이 되기도 한다. 오늘날 많은 사람이 과거에 겪었던 감정의 고통으로 인해 괴로움을 겪고 있다. 현실요법의 주창자 윌리엄 글래서William Glasser는 정신질환으로 고생하는 모든 사람의 한 가지 공통점은, 그들이 진실을 회피하는 것이라고 말한 적이 있다. 현재의 나는 과거의 시간에 의해 결정된 모습이며 또한 현재의 내가 미래의 나를 만들어가는 것이다. 이 말의 의미는 인간은 미래의 소망을 갖고 살지만, 과거의 영향력 속에서 산다는 말이기도 하다. 어린 시절에 겪었던 아픈 상처와 불행한 사건들은 모든 사람의 마음속에 억눌려 있던 기억 속에서 쉽게 찾아볼 수 있다.

데이빗 A. 씨맨스David A. Seamands는 이것을 자연을 통해 나타나는 예화로서 설명하고 있다. 큰 나무를 잘라 절단면을 보면 나무가 성장한 기록을 나타내주는 나이테를 볼 수 있다. 어떤 부분은 아주 가물었을 때를 표시하고 어떤 테는 아주 비가 많이 왔을 때를 표시한다. 이것은 사람에게도 마찬가지다. 사람은 누구나 자기만의 가면을 쓰고 살아간다. 그러나 가면을 쓴 것처럼 잘 감추어진 우리의 외적 모습 안에는 누구든 예외 없이 인생의 나이테가 고스란히 기록되어 있다. 따스한 봄날의 기억도, 외롭고 두려웠던 밤의 기억도 우리의 생각과 감정의 나이테 속에는 거짓 없는 기록으로 남게 된다. 그리고 그 기록들은 자신의 인생관과 가치관 그리고 대인관계에 직접 영향을 미치게 된다.

오래전 조선일보 논설위원이었던 선우휘 씨가 쓴 〈말〉이라는 칼럼이 있었는데, 어느 추운 겨울날 한 나그네가 산길을 걸어가고 있었다. 산 전체가 하얀 눈에 덮인 설경이 너무도 멋있고 아름다워 보여서 눈을 한 움큼 집어 뭉쳤다. 그런데 손이 시려 그 눈덩이를 오래 들고 있지 못하고 손에서 그냥 내려놓았다. 그리고 그 나그네는 자기의 갈 길을 갔다. 하지만 그 나그네의 손에서 떨어진 눈덩이는 그 산의 경사진 언덕길을 굴러 내려가기 시작했다. 굴러가던 그 눈덩이는 점점 커지기 시작하더니 그만 바윗덩어리만 하게 커지고 결국에는 눈사태를 일으키고 말았다. 그리고 그 눈사태는 산 아래 기슭에 있는 한 오두막집을 덮쳤다. 그리하여 오두막집에서 평안하게 쉬고 있던 한 가족이 영문도 모른 채 그 눈사태에 몰살당하는 어처구니없는 사건에 대한 이야기다. 그러면서 선우휘 씨는 우리가 별다른 의미 없이 한 마디의 말이 이렇게 한 가족을 몰살시킬 수도 있을 만큼 엄청난 위력이 있음을 경고하면서 글을 맺었다. 하물며 행동으로 옮겨 지울 수 없는 상처를 남겼을 때 그 참혹함이란 이루 말할 수 없을 것이다.

해리 스택 설리반Harry Stack Sullivan은 사람들은 두 가지 범주의 '욕구들'needs을 가지고 있다고 말한다. 그 하나는 만족의 욕구이고 다른 하나는 안정의 욕구인데 이 욕구 사이에 균형은 삶의 정서 풍요와 건강을 가져오고, 이 욕구의 갈등은 삶을 제약하는 어려움을 가져온다고 말한다. 부모에게서 사랑을 받아야 할 자녀가 그 사랑 대신에 부모로부터 받은 폭행이나 언어폭력, 또는 자식에 대한 무관심에 의해 상처를 받게 되는 경우, 그것은 이중의 상처가 된다. 즉 사랑을 받아야 하는데 받지 못함으로 인한 마음의 상처와 부모로부터 물려받은 상처, 이 두 가지가 겹치게 되는 것이다. 또한, 부모가 그 자녀를 사랑하고 돌보는 방식이 마음의 상처로 인해 왜곡된 경우 그것은 그 자녀에게는 가장 치명적이고 직접적인 불행의 원인이 된다.

부모는 자녀에게 거의 모든 것이다. 자녀는 부모를 통해서 사랑과 보호, 그리고 훈련을 받는다. 그러므로 자녀의 내면을 먹이고, 채우고, 다듬을 수 있는 것은 부모뿐이다. 부모란 어린 시절 내 마음의 눈이 만들어질 때 가장 결정적인 역할을 하는 존재이기 때문이다. 그렇기 때문에 만일 그 부모가 상처가 많은 사람일 경우 자녀는 그 부모로부터 상처를 받을 수밖에 없다. 그리고 이러한 상한 마음의 결과는 크든, 작든 어느 곳에서든지 자기와 다른 사람들에게 피해를 준다. 그리고 그 피해는 눈덩이처럼 커지면서 한 사람, 한 가정을 무너뜨리게 되는 것이다. 그러므로 나와 내 주위를 살펴서 이처럼 상처가 있는 사람들을 돌보아 주어야 한다. 부모가 배우자가 조금만 관심을 가진다면 나와 내 주위는 건강하고 죄책감 없는 삶을 살 수가 있을 것이다.

새 술은
새 부대에

새해가 밝았다. 해는 언제나 제자리에 있는데 우리는 언제부터인지도 모르게 '해가 떠오른다', '밝았다' 하면서 해가 움직이는 것으로 표현하고 있다. 새해에는 모두가 새로운 계획을 세우고 결심한다. 지금까지 하지 못했던 것들을 후회하며 다시는 그런 전철을 밟지 않겠노라고 다짐을 한다. 그러나 이러한 결심을 통해 성공하는 사람이 있는가 하면 실패하기도 한다. 사실 성공과 실패에는 큰 차이가 있는 것은 아니다. 자기 마음속에 가지고 있는 것을 실행하느냐 하지 않느냐에 따라 결과가 정해지기 때문이다.

영국의 청교도들이 아메리칸드림을 꿈꾸며 배를 타고 고난을 헤치며 미지의 대륙에 들어갔을 때 가장 먼저 한 것은 자기들이 타고 온 배를 불태우는 것이었다. 그것은 고국에 대한 미련이 있는 한 '올인' 할 수 없기 때문이다. 또 미국에 이민하여서 성공하는 자들과 실패하는 자들의 차이가 있는데 그것은 고국에 있는 마음을 버리느냐 아니면 그대로 과거를 가지고 있느냐가 성공의 열쇠가 되는데, 미국에 가서도 고국에 마음이 있는 한 어려움이 닥칠 때 그대로 포기할 수 있기 때문이다.

빅터 프랭클Viktor Frankl이라는 심리학자는 2차 대전 당시 아우슈비츠 수용소 생활의 경험을 통해서 의미요법이라는 심리치료방법을 발견했는데 그는 수용소 생활을 하면서 극한 상황에서도 삶의 의미를 간직하는 사람은 죽지 않고 살아갈 수 있지만, 삶의 의미를 상실한 사람은 상황을 극복하지 못하고 죽어간다는 사실을 발견했다.

이제 우리는 다시 시작하여야 한다. 과거의 실패에 대한 두려움을 떨쳐버리고 담대하게 나아가야 한다. 억지로, 의도적으로 일어서야 한다. 다시 그 자리에 머물러서는 안 된다. 하고 싶어서 하는 것이 아니라 내 의지가 약해도 딛고 일어설 때 앞으로 나아갈 수 있기 때문이다.

마태복음 27장에 등장하는 구레네시몬은 예수님의 십자가를 대신 졌다. 아무런 관련도 없이 지나가다가 로마병정에 의거 피로 물든 십자가를 지게 된 것이다. 억지로 십자가를 진 결과 사도바울은 로마서16장을 통해 그의 아내에게 곧 내 어머니라고 가까움을 표하는 것을 기록하고 있다. 또 누가복음 5장에서도 베드로는 밤이 맞도록 고생을 했지만 한 마리도 잡지 못하고 그물을 깁고 있는데 예수님이 나타나셔서 깊은 데로 가서 그물을 던지라고 했다. 기운이 빠진, 기분도 많이 상해있던 그에게 바다의 전문가도 아닌 목수의 신분으로서 실패한 자기에게 이른 아침에 훈계하다니 베드로의 성격으로서 그냥 큰소리 한번 칠만 할 터인데 그는 아무 소리 없이 순종하여 깊은 바다에 던지니 그물에 올린 고기들이 너무 많아 자기 배뿐 아니라 동료의 배까지 채워주는 역사를 보여주고 있다. 내 마음에는 맞지 않고, 해보고 싶은 마음도 없지만 그래도 억지로 순종하다 보니 거기에는 기적이 따르는 것이다.

우리는 어려운 일에 부딪히면 맥이 풀리고 낙심되고 두려움이 찾아오지만, 이것들을 극복하지 않고서는 새 부대에 새 포도주를 담을 수 없다. 느헤미야 선지자와 이스라엘 백성들이 성벽공사를 하면서 장애물을 극복했을 때 그 목표와 꿈을 이룰 수 있었다. 뉴욕에서 알바니라는 도시까지 처음으로 증기선이 운행되었을 때는 무려 32시간이 걸렸다고 한다. 당시 이것을 보고 많은 사람이 마차를 타고 가면서 조롱과 야유를 보냈지만, 오늘날에는 불과 며칠 만에 태평양을 횡단할 수 있을 정도로 선박기술이 발달하였으며 오늘날의 초음속 비행기도 처음에는 단지 59초 동안 공중에 떠 있었던 초기의 비행기에서 비롯되었다. 마찬가지로 끝까지 인내하며 소망을 버리지 않고 기도하고 최선을 다하는 자에게 하나님의 복이 주어진다.

우리는 흔히 올바른 일, 특히 하나님이 기뻐하시는 일을 할 때 모든 일이 순조로울 것이라는 잘못된 기대를 하기 쉽다. 그래서 나쁜 일을 하다가 실패하면 벌 받아서 그랬다고 생각하며 쉽게 정리를 하지만, 바로 살아보려다가 어려움을 당한 경우에는 크게 상심하여 포기해 버리게 된다. 그러나 하나님은 정말 가치 있고 아름다운 것일수록 쉽게 주시지 않는다. 끝까지 인내하며 최선을 다한 사람에게만 그것을 주신다. 장애물과 어두운 터널을 통과하지 않고 자기의 꿈을 이룬 사람을 보았는가? 아브라함이 이삭을 얻을 때도 무려 25년을 기다려야 했다. 노아도 하나님의 명령을 받고 120년 동안 온갖 노력과 땀을 통해 자기 가족 모두를 구원의 방주로 이끌었다. 이처럼 끝까지 포기하지 않고 의도적이라도, 아니 억지로라도 마음을 잡고 나간다면 반드시 그 꿈은 이루어지는 것이다.

　　예수님도 나를 따르려면 자신의 권리를 포기하고 자기의 십자가를 져야만 한다고 말씀하셨다. 자기의 것을 포기하고, 무겁고 어려운 십자가를 진다는 것은 절대 쉽지 않다는 것을 예고한다. 그러나 예수님의 말씀을 순종할 때 그분의 제자가 되는 것이다. 이제 시작이다. 연말에 결산할 때에는 후회함 없이 열매를 맺고 추수의 결실을 기쁨으로 누리는 그래서 새 부대에 담는 풍성함이 오래오래 지속되기를 기도한다.

생각의 차이

미국의 최대 교회를 설립한 로버트 슐러Robert Schuller 목사는 "사람이 성공하는 첫 단계는 소극적인 사고를 적극적인 사고로 바꾸는데 있다. 하나님의 무한하신 가능성은 오로지 여러분의 마음을 열고 주님의 뜻이 성취될 수 있는 방법을 받아들이는 마음이다. 나는 아니요 라는 부정의 언어를 모른다"라고 하였다. 이스라엘을 애굽 땅에서 인도하여 낸 모세는 가나안 땅이 지척에 있던 가데스바네아에서 각 지파에서 선발한 열두 정탐꾼을 가나안 땅에 파견하여 40일 동안 그 땅을 탐지하게 하였다. 똑같은 땅을 탐지하였으나 여호수아와 갈렙은 진취적이고 긍정적인 말을 했지만 다른 열 정탐꾼은 부정적이고 절망적인 말을 했다. 그리고 그 결과가 얼마나 판이한지는 얼마가지 않아 확인이 되었다.

사람의 자아상이 형성하는데 가장 영향을 많이 받는 것은 가정이다. 긍정적 자아상은 부모로부터 받은 칭찬으로 많이 형성되고, 부정적 자아상은 그 외의 말들로 형성 된다. 한 통계자료에 따르면 우리는 부모로부터 한 번의 칭찬을 들을 때 열 번의 부정적 말을 함께 듣는다고 한다. 여기에서 받은 부정적 말을 듣는 상처의 회복을 위해 사십 번의 긍정적 말이 필요하다고 한다. 가정 다음으로 영향을 받는 것은 또래 집단이다. 그곳에서 소속감을 가지고 있느냐, 거절되었느냐에 따라 자아상에 영향을 받는다. 친구들의 평가에 의해 나 아닌 나를 형성하기도 한다. 많은 사람이 수시로 그들 자신에 대한 부정적인 생각과 느낌을 경험한다. 그러나 부정적인 자아상은 항상 부정적인 가치판단과 연관된다.

어떤 영역에서 육체적으로 정신적으로 또는 사회적으로 부족하다고 그들 스스로를 간주하는 모든 사람이 이러한 것을 문제로 여기는 것도 아니고 그것들로 인해 반박당하는 것도 아니다. 그리고 그들의 일부는 한계를 받아들이거나 그것들을 변화시키려고 노력한다. 그러나 어떤 사람들은 그들의 결점에 대하여 부정적인 가치판단을 한다. 그들은 스스로 "나는 부족하고 가치 없음이 틀림없어"라고 말한다. "오직 못난 사람들이 이런 특징을 가지고 있지. 그것이 내가 가지고 있는 결점이야. 나는 항상 이런 식일 거야. 변화될 희망이 없어."라고 생각한다.

맥스웰 말츠Maxwell Maltz에 따르면 사람마다 자아상이 있으며 성공적인 자아상과 실패하는 자아상에 의해 성공과 실패가 좌우된다고 한다. 실패하는 자아상을 가진 사람은 다른 사람들이 자신을 업신여기고 싫어하며 무시한다고 생각하기 때문에 잠재의식 속에서 다른 사람을 적으로 인식한다. 따라서 대인관계에 어려움이 있다. 다른 사람 앞에 서면 행동이 굳어지고 어색하고 긴장한다. 이런 태도 때문에 건방지고 거만하며 차가운 사람이라는 오해를 받을 때가 많다. 경직된 표정을 가진 사람의 내부에는 실패하는 자아상이 자리 잡고 있다. 이런 사람은 자아상을 바꾸기 전에는 표정 하나 바꾸기 힘들다. 대개 실패의 자아상은 실패의 경험에 의해 자리 잡게 된다. 이 자아상을 바꾸려면 그만큼 성공적인 경험이 필요하다. 더 어린 시절의 경험이 영향력이 크다.

보육원의 아이들이 울지 않는 것은 아무리 울어도 응답이 없기 때문이라고 한다. 아무리 울어도 반응이 없으니 아예 울기를 포기해 버린다. 이런 자아상을 가진 사람은 "내가 아무리 노력해도 세상은 나를 알아주지 않아"라는 사고방식을 갖게 된다. 플라톤은 똑같은 조건에서 공부를 해도 월등히 우수한 학생과 처지는 학생이 있다는 사실에 관심을 가졌다. 또 수많은 제자를 길러낸 후 사회에서 성공적으로 적응하는 제자와 그렇지 못하는 제자가 있음에 주목했다. 그리고 그 원인을 어린 시절의 인간관계 특히 부모와의 관계에서 찾았다. 부모는 가정의 두 기둥과 같아서 그중 하나만 불안해도 그 가정에서 자란 아이는 정상적인 자아상을 갖기 힘들다. 부모가 싸우는 것을 보는 순간 어린아이는 수만 개의 세포가 뒤흔들린다고 한다. 부모가 싸우는 것을 보고 자란 아이, 어른으로부터 학대나 심한 억압을 받은 아이는 그 재능의 일부가 심하게 훼손될 위험이 있다. 나쁜 자아상을 가진 사람의 공통적 특성은 성격이 급하고 남의 등 뒤에서 비난하기를 일삼으며 진한 유머로 자기를 유머러스한 사람으로 포장해 보이려고 지나치게 애를 쓰며 타고 난 여러 가지 재능 중 한 두 가지 재능, 특히 인간관계에 관한 재능이 유달리 뒤떨어진다.

그러나 자아상은 바꿀 수 있다. 자아상이 올바르게 바뀌면 마음 속에 성공적인 기제(機制)가 자리 잡아 인생을 성공적으로 살아갈 수 있다. 자아상이 바꾸면 전에는 자기를 미워한다고 여기던 사람들도 자기를 좋아한다고 여기게 된다. 이런 생각 때문에 편안한 마음을 갖게 되고 언제나 너그러운 표정을 짓게 된다. 건전한 자아상을 가지고 있는 사람은 자신을 가치 있게 생각한다.

그는 또 자신에 대하여 좋게 느끼고 그 자신을 좋아하며, 그의 적극적인 자질과 그의 약점을 모두 받아들인다. 자신만만해 하지만 또한 현실적이기도 하다. 그리고 그는 다른 사람의 반응을 긍정적으로도 또 부정적으로도 다룰 수 있다. 할 수 있는 일을 착수하고 다른 사람이 그에게 응답할 것을 안다. 그는 자기 지각이나 능력 그리고 판단력에 자신감을 느끼고 있다. 또한 다른 사람들의 삶 속에 얽혀 들어가는 것을 두려워하지 않고 다른 사람이 그의 생활 속에 포함되는 것도 마다하지 않는다. 이처럼 어떤 마음과 표현을 하느냐 따라서 그 결과는 많이 달라진다.

영국에서는 7~14세의 어린 학생들의 성적표에 '낙제'(Fail)를 의미하는 'F'대신 'N'을 사용하기로 했다. 'N'은 nearly의 이니셜을 딴 것으로 완벽하지는 않지만 거의 목표에 도달했다는 긍정적인 뜻이다. 또한 수학 과목에서도 '맞다'Correct, '틀리다'Incorrect 대신 '믿을만하다'Credit worthy, '믿을 만하지 않다'Not Credit worthy 로 표시하기로 했다. 보다 긍정적 가치관을 심어주기 위한 교육적 배려인 것이다. 자아상이란 두 개의 거울로 자신을 보는 것이라고 설명할 수 있다. 하나의 거울은 어둡고 부정적인 면을 비추고, 다른 하나의 거울은 밝고 긍정적인 면을 비춘다. 문제는 자기 자신을 어떻게 들여다보느냐 하는 것이다.

'마녀'와 '미녀' 차이는 딱 하나이다. 마녀에다 점 하나만 빼면 금방 '미녀'가 되고 만다. 또 '남'에서 점 하나를 빼면 '님'이 되기도 한다. 그런가 하면 점 하나가 인생을 절망에서 희망으로 바꾸기도 한다. '고질병'도 점 하나로 '고칠병'으로 바뀌게 된다. 그러기에 모든 것은 생각하기 나름이다. 햄릿은 이렇게 말했다. "선한 것도 없고 악한 것도 없다. 생각이 다 그렇게 만든다." 이제 나에게 필요한 것은 딱 한 가지이다. 나 자신을 향한 굳센 다짐이다.

선택의 중요성

세계 역사를 보게 되면 전쟁이 없던 시대는 없는 것 같다. 우리나라 역사나 세계 역사나 모두가 전쟁으로 얼룩진 모습을 보여주고 있다. 지금도 지구상 곳곳에는 보이는 전쟁과 보이지 않는 전쟁이 끊임없이 일어나고 있다. 이러한 전쟁의 이면에는 좀 더 많은 것을 소유하려는 욕심이 있다는 것을 볼 수 있다. 이것은 굳이 우리나라 역사나 세계 역사를 들출 필요가 없다. 왜냐하면, 우리의 모습이 바로 여기에 해당하기 때문이다. 우리들도 조그마한 이권이나 유익이 있다면 그것을 얻기위해 서로 다투고 싸우기 때문이다.

만약 인간이 아닌 동물들에게 욕심이 있었다면 지금까지 남아 돌아가는 동물들이 얼마나 있을까? 맹수들이나 육식동물들은 자기들의 한 끼의 배를 채우면 더이상 다른 것을 취하지 않는다. 약한 동물들이 아주 가까이에 있다고 할지라도 조금도 눈길을 주지 않는다. 만약 우리 주변에 평생을 먹을 수 있는 식량이 덩굴째 있다면 어떠할까? 그렇다. 유독 인간들만이 상상할 수 없는 욕심을 가지고 있다.

그런가 하면 어느 나라를 막론하고 재벌들은 자기와 온 가족이 평생을 먹고 살 수가 있는데도 더 많은 것을 소유하려고 애쓰는 것을 본다. 그리고 거기에서 부정한 방법이 나오고, 해서는 안 될 일들이 만들어지기도 한다. 또, 얼마간의 돈 때문에 부모님을 혹은 형제를 죽이고, 작은 몇 푼의 돈 때문에 무고한 생명을 죽이는 일들이 지금도 심심치 않게 우리 주변에서 일어나고 있다. 국가나 재벌이나 할것 없이 욕심을 가지고 있는 사람들은 결코 행복할 수가 없다. 사람에게 탐욕이 들어가면 눈이 멀고 귀가 닫힌다. 그들에게는 끝없는 욕망만이 자리 잡게 된다. 전쟁을 통해서 많은 영토를 확보한 나라가 행복하다면 통계로 나온 행복지수가 가장 높은 방글라데시는 말이 되지 않는다. 돈 많은 재벌들이 행복하다면 재벌들이 자살하는 것도 말이 안 된다. 돈 때문에 부모 형제를 죽인 살인마들이 행복하다면 그의 인생이 결말들이 그렇지 않을 것이다. 많은 사람들이 진정한 행복을 모르는 것은 아닐 것이다. 다만 그것을 지키지 못할 뿐이다. 하나님이 가장 싫어하시는 것이 있다면 그것은 우상숭배일 것이다.

골로새서 3장 5절에서는 '탐심은 우상숭배'라고 기록하고 있다. 무엇인가? 탐심은 결코 행복의 길로 갈 수 없음을 말하고 있다. 그래서 주님은 제자들을 부르실 때 모든 것을 포기하고 나를 따르라고 하

2장 쓴 뿌리

셨다. 제자들과 삭개오는 잘 지켰지만, 부자 청년은 이것을 지키지 못했다. 그뿐인가? 지키지 못한 더 많은 사람이 기록되고 있다. 대표적으로 에덴동산에서의 욕심부린 하와, 여리고 성에서의 탐심을 가진 아간, 외투와 은 덩어리에 눈이 먼 엘리사의 사환 게하시, 그리고 세상의 욕심 때문에 가장 귀중한 것을 놓친 가룟유다. 이 모두가 도를 넘는 욕심으로 인생을 망친 사람들이다. 그렇다면 이것을 가르치는 목회자들은 어떠한가? 재벌들과 다른 모습이 있어야 함은 너무나 자명한 일이다. 목회자가 살아야 교회가 산다는 말을 들었다.

요즘 결혼시즌인 것 같다. 결혼은 가장 기쁘고 행복한 날이다. 그래서 모두가 기뻐하며 즐거워한다. 아마 인생에서 이 시간보다 더 행복하고 기쁜 날이 있다면 얼마나 있을까? 그런데 요즘 오히려 가장 불행한 날이 되기도 한다. 이것 역시 한 몸이 되는 것으로 보지 않고 물질에 척도를 가지고 비교를 하기 때문이다. 더 많은 것을 요구하여 소유하려고 하며 또 그만큼을 준비하지 못할 때는 부끄러워하는 시대에 살고 있다.

얼마 전에 결혼비용 때문에 스트레스를 받아 결혼한 지 한 달 된 새신랑이 스스로 목숨을 끊은 일이 있었다. 그 이유는 1억짜리 전셋집 잔금 9,000만 원을 치르지 못했기 때문이었다. 직장 동료들은 "꾀부릴 줄 모르는 성실한 사람이었다"고 전했으며, 담당 경찰관은 "그런 사람이 마흔이 가깝도록 전셋값을 못 모았다는 게 처음엔 의외였다"고 했다. 알고 보니 누나들 많은 집에서 막내이자 장남으로 실질적인 가장 역할을 했으며, 아버지는 10여 년 전 퇴직해 수입이 없었다고 한다. 전세자금 대출을 받아도 앞날이 캄캄하다고 느꼈으며, 또 수입이 수당까지 다 합쳐도 200만 원 남짓인데, 1억을 대출받아 이자 내고 원금 갚고 부모님 드리면 남는 게 없었다. 누나가 조사받다가 목놓아 울었다. "이럴 줄 알았으면 나이 많다고 결혼하라고 잔소리하지 말 걸 '남자라면 당연히 집을 책임져야 한다'고 끝까지 혼자 고민하다 결국…" 부인은 연락이 닿지 않았다. 2년 열애 끝에 결혼한 아내에게 마지막으로 남긴 문자는 "미안해. 정말 미안해. 행복하게 살아줘"였다. 행복은 소유에 있지 않다. 누리고 있는 것에 있는데 지금은 모두가 소유에 혈안이 되어 있다. 주님은 무엇을 먹을까? 입을까 마실까 걱정하지 말라고 하셨는데 그 말씀에 아랑곳하지 않는다. 누구를 막론하고 더 많이 가지고 더 많은 것을 소유하려고 한다. 그리고 이렇게 많이 갖고 있는 사람들이 대우를 받는다. 이것은 목회 현장에서도 마찬가지이다.

큰 교회, 많은 성도, 많은 헌금 이것이 우리에게 초점 되고 있는지도 모르겠다. 일부이겠지만 말이다. 자기 것을 버린다는 것은 무척 어렵다. 그래서 부자청년이 근심하며 돌아섰고, 결국 주님을 떠나버리고 말았다. 그런가 하면 삭개오는 비록 부정한 방법으로 돈을 모았지만 주님을 만났을 때 모든 것을 포기했다. 그리고 주님이 그의 집에 머무셨다. 지금 우리들은 부자청년을 따르겠는가? 아니면 삭개오의 모습을 닮을 것인가? 선택은 순간이지만 그 결과는 하늘과 땅 보다도 더 클 수가 있다.

소돔성의
그림자

며칠 전 서울 중심인 시청 앞에서 동성애자들의 모임인 퀴어 문화 축제가 열렸다. 그곳에서 차마 입에 담을 수 없는 비이성적인 말들이 고스란히 유튜브를 통해 생중계 되었다. 특히, 서울시 인권위원장은 온갖 선정적 말로 근거 없이 기독교를 비판했다. 지금 한국 사회를 보면 상식을 벗어나는 일들이 참 많다. 1년 전 지방에 있는 검찰 지검장이 길거리에서 음란행위를 하는 추태를 벌이다가 결국 언론에 못 이겨 옷을 벗었는가 하면 전직 국회의장, 군 부대 장성, 대학교의 교수 등 사회 지도층 인사들의 말할 수 없는 추태가 언론에 그대로 노출돼 사람들의 마음을 상하게 했다. 하지만 불행한 것은 이렇게 성적으로 도를 넘는 노골적인 모습들이 사회 저변에 깔려 있다는 것이다.

지금도 일탈(逸脫)을 꿈꾸는 자들이 마음만 먹으면 얼마든지 즐길 수 있는 곳이 우리 주변에 널리 퍼져 있는 것이 사실이다. 이런 것은 많은 그리스도인도 끊임없이 유혹에 노출이 될 수밖에 없다. 그리고 이러한 유혹은 지위고하를 막론하고 어디든 도사리고 있다. 그래서 고린도전서 6장 18절에서는 "음행을 피하라"고 했다. 모든 마귀는 다 대적하되 이 음행만큼은 대적해서 실패할 수 있는 확률이 높기 때문이다.

로마교황청에 따르면 지난 10년간 가톨릭 사제 848명이 성범죄에 연루되어 사제복을 벗었고, 3,200여 명이 수도원 등에서 근신하도록 처벌을 받았다고 한다. 기독교도 예외는 없는 것 같다. 얼마 전 강남의 대형교회 목사가 지하철역에서 젊은 여자의 하체를 촬영하다가 적발되어 불구속되기도 했으며, 서울의 유명한 목사가 여신도들과 부적절한 관계를 맺음으로 그 교회에서 사직하고 또 다른 곳에서 목회하고 있다. 이것뿐이겠는가? 그렇다면 왜 이러한 일들이 가장 본이 되어야 할 목회자에게 나오는 것일까? 이유를 본다면 사람들의 의식구조는 모두가 다 달라서 무엇이라 정의할 수 없지만, 보편적으로 식욕도, 성욕도, 수면욕도 모두 다르다. 그러므로 무엇이 기준이라고 말할 수 없다. 다만 본인이 자기의 양(量)을 가장 잘 알 수 있다고 본다. 그러기에 자존심 때문에 참는 것이 대수가 아니고 슬기롭게 대처해야 한다.

예를 들어, 가정에서 식사를 맛있고 배부르게 한 사람은 밖에 있는 음식이 아무리 맛있어 보여도 그다지 마음을 빼앗기지 않는다.

그러나 반대로 집에서 식사가 부실한 사람은 밖에 있는 음식에 끌릴 것이다. 마찬가지로 목회자와 그리스도인은 하나님이 짝지어 주신 아내와 행복하고 만족스러운 관계를 유지해야 한다. 그러기 위해서는 솔직한 대화와 진솔한 마음을 가져야 한다. 이때 자기 욕심만을 내세우며, 고집을 부린다면 오히려 심각한 갈등으로 돌아올 수 없는 상황으로 만드는 경우도 있다. 이것은 결코 단순한 결정사항이 아니다. 어떤 기분으로 결정되는 것도 아니다. 상대방의 입장을 헤아려 배려하고, 이해하고 공감해 주어야 한다. 이렇게 부부관계를 잘 유지할 때 이 세상의 유혹에서 이길 수 있다.

목회자의 성적 타락은 무엇으로도 정당화될 수 없으며, 그 책임은 목회자인 당사자의 몫임을 잊지 말아야 한다. 성적 타락은 하나님 앞에서 범죄한 것이다. 성적인 범죄는 대개 다른 죄들을 동반한다. 간음한 사람은 최소한 십계명 중 다섯 가지 이상을 범하게 된다. 그는 하나님보다 자신의 욕망을 더 우위에 두고, 도적질하고, 탐하고, 거짓 증거하고, 간음하지 말라는 분명한 계명을 깨트리는 것이기 때문이다. 그래서 무엇보다도 목회자는 자신의 결혼생활에 우선순위를 두고 가정에 열정이 식지 않게 해야 한다. 추문 거리를 만들지 않기 위해 스스로 적절한 울타리를 만들어야 한다. 하나님 앞에서 자신의 영적 상태를 정직하게 점검해야 한다. 목회자이자 베스트셀러 작가인 고든 맥도날드Gordon MacDonald는 목회자가 성적으로 타락하게 되는 원인을 '첫째, 자신에게 조언하거나 충고해줄 사람이 없었다. 둘째, 생활이 너무 바빠서 자신에게 다가온 위험을 감지하지 못했다. 셋째, 자신을 실제보다 더 중요한 사람으로 과대평가하는 교만에 빠졌다. 넷째, 어떠한 윤리적 갈등 상황에서도 유혹을 이겨낼 수 있을 만큼 자신이 충분히 강하다고 착각했다'고 정의했다. 성범죄는 충실하고, 진실한 부부관계, 책임을 다하는 사랑의 관계를 일순간에 깨뜨려 버린다. 필자는 이런 문제로 고민하는 부부들을 여럿 만났다. 그리고 그들의 모습을 볼 때 대부분 부부간에 자존심 문제와 진솔한 대화의 부족이라고 생각한다. 부부는 자존심으로 사는 것이 아니다. 사랑으로 맺어지고, 신뢰로 쌓아가는 것이다. 또한, 중요한 것은 예수님은 행동으로 아니할지라도 마음으로 이미 그러한 마음을 가지고 있다면 곧 간음이라고 말씀하셨다. 지금 이 나라는 소돔성의 유황이 곧 떨어질 것 같은 위기 상황이다.

그림자가 짙게 드리워져 있다. 소돔성은 타락한 성범죄로 인해 멸망하고 말았다. 목회자는 폐쇄된 공간에 너무 오래 있지 말고 적당히 운동시간을 갖는 것도 좋다. 특별히 아내와 친밀한 관계를 유지해야 한다.

실패자의
열등의식

지난해 우리나라 성형수술은 국내뿐 아니라 세계 여러 나라에서 선호할 정도로 인기가 많았다. 그래서 긴 휴가철이나 명절 때면 성형외과가 호황을 맞는다. 이제 이러한 수술은 젊은 사람만의 몫이 아니다. 나이가 들어 중년이 넘는 데도 많은 관심이 있으며 또 효도상품으로 인기가 많다고 한다. 의료계에 따르면 실제 자녀의 손에 이끌려 성형외과를 찾는 50~60대 여성이 해를 거듭할수록 증가하는 추세라고 한다. 아마 몇 년 전만 해도 얼굴에 손을 댄다는 것이 비밀이고 수치였고 창피한 일이었는데 이제는 매스컴에 자랑하기도 한다. 그렇다면 왜 자기 외모에 자신감을 갖지 못하는 것일까? 미국에 어떤 여성은 수백 번이나 성형했다는 기사를 본 적이 있다. 거기에는 아주 깊은 열등감 inferiority complex이 숨어있기 때문이다.

열등감이란 '자기 자신이 다른 사람들에 비해 못하다거나 뒤떨어져 있다는 만성적인 의식이나 감정'을 말한다. 너무 자기를 비하해 자신에 대해 아주 낮은 개념과 평가를 갖는 경우이다. 자기평가는 살아가는 데 가장 기초적인 자기감정인데 이에 따라 일상생활과 신앙생활의 모습이 상당히 달라진다. 열등감에 빠진 사람은 자기 자신을 무능하고 무가치한 존재로 여기며 무의식 속에서 자기를 부정하기도 한다. 합리적이거나 이성적이지 못하고 불안 심리를 동반한 이상 행동을 보이며, 항상 경쟁에서 자기는 실패할 거라는 생각에 사로잡혀 있기도 한다. 이런 사람들의 증세를 보면 자기의 단점(약점)이 폭로될 상황에 직면하면 불안과 공포를 느끼고, 따라서 그러한 상황에 직면하는 것을 회피한다.

예컨대, 다른 사람의 눈에 띄지 않는 구석에 서게 되며, 학력에서 열등감을 가진 사람은 학교 이야기가 나오면 피한다. 또 다른 사람이 자기 이야기를 하지 않는가 하고 항상 걱정한다. 성격은 소극적이고 주저주저하며, 겸손하고 고독을 사랑하며 내성적이다. 그러나 반대로 매우 공격적으로 되는 사람도 있다. 열등감을 가지고 있는 사람은 의식적·무의식적으로 그 보상을 받으려고 한다. 학력에 대하여 열등감을 가진 사람이 부자가 되어 여봐란듯이 행동하는 경우나, 학교 성적이 나빠 교사로부터 무시당하는 학생이 범죄행위를 하여 주변에 노출되려고 하는 것은 그 보기이다.

사실 우리는 다른 사람이 나를 어떻게 보느냐에 신경을 많이 쓴다. 반면에 내가 나를 어떻게 보는지에 대해서는 별로 생각하지 않는 것 같다. 사실 또 내가 나를 보는 판단은 무의식 속에 깊이 숨어 있기 때문에 판단하기 어렵다. 하지만 이것이 우리의 행동을 결정한다. 그러면 누가 많은 열등감을 느끼는가? 오히려 많이 배우고 남들이 동경하는 엘리트들이 더 많은 열등감을 누린다고 한다. 그런데 이처럼 지능지수가 평균치에서도 훨씬 이상인 학생이 열등감을 가지고 있을 때 그 학생은 자기 실력을 제대로 발휘할 수 없다고 한다. 그 이유는 불안감 때문에 집중이 되지 않아서이다. 지적인 능력은 마음이 안정되어야 제 실력이 발휘된다. 집중이 안 되는 상황에서는 아무리 좋은 머리가 있더라도 좋은 성적은 기대할 수가 없는 것이다.

　자녀의 교육에 관심이 있어서 강남으로 이사하는 부모들이 있다. 좋은 학교에서 수준 있는 교육을 받게 하려고 이사를 하지만 정작 가장 중요한 것은 교육의 환경이나 여건보다 자녀의 열등감이 문제인 것을 잊어버리는 학부모들이 많다. 공부하는 데 있어 인간의 두뇌는 그렇게 차이가 나지 않는다. 중요한 것은 집중력이고 마음의 안정이다. 할 수 있다는 자신감이다. 머리는 뛰어나지 않더라도 꾸준히 자신감을 가지고 열중하면 어떤 부분에든 성공한다. 성공한 사람들은 모두 머리가 남보다 비상해서만은 아니다. 자신감과 용기를 갖고 노력하는 사람이 성공하는 것이다.

　그런가 하면 부모의 과잉보호에서 열등감이 나온다. 아이들을 위해서 물질적으로나, 심적으로 모든 정성을 쏟고 있는데 무슨 열등감을 느끼겠느냐고 반문할지 모르지만, 열등감은 바로 여기에 숨어 있음을 알아야 한다. 이성훈 박사는 과잉보호에 대해 이렇게 말한다. 과잉보호란 부모가 아이를 대신해서 모든 것을 선택해 주는 것을 말하는데 피아노를 가르치고, 체육관에 보내고, 속셈 학원에 보내는 것과 같이 다 잘해 주는 것이 과잉보호가 아니라 잘해 주든, 못해 주든, 많이 하든, 적게 하든 아이의 의사가 개입되지 않고 부모가 아이의 일거수 일투족을 선택해 주는 것을 말한다.

과잉보호는 무척 중요한 문제이므로 이것에 대해 신앙적으로 깊이 이해하고 있어야 한다. 어떤 이유에서 과잉보호가 열등감을 낳겠는가? 자라날 때 우리는 선택을 통해서 스스로 자신감을 느낀다. 아이들은 성장기에 무언가를 자기 힘으로 성취를 해봐야 한다. 판단과 계획과 결정과 실행의 그 과정을 통해서 스스로 자신감을 갖든지 반성을 하든지 경험해야 한다. 이러한 기회는 아이의 자아감을 성장시키는 데 아주 필수적인 과정이다. 과잉보호는 일단은 편하지만, 그 속에는 자신이 인정과 사랑을 받지 못한다는 인식이 있기 때문에 결국 열등감으로 작용하게 된다. 이러한 과잉보호가 계속될 때 아이는 커서도 독립하지 못한다. 자기가 없고 엄마의 부속품으로 성장하게 된다. 그러기에 군대 가서도 혼자 결정하지 못하고, 또 결혼 후에도 사소한 일로도 집으로 전화를 걸어 도움을 받아야 한다. 그러나 때로는 열등감이 오히려 보통 이상의 일을 해낼 수도 있다.

나폴레옹Napoléon Bonaparte은 키가 작고 또한 프랑스의 변방(코르시카섬) 출신이었다. 그것에 관한 열등감은 나폴레옹의 극적인 일생을 만들어냈다. 프랭클린 루즈벨트Franklin Delano Roosevelt는 소아마비로 보행에 어려움이 있었다. 그러나 라디오를 통하여 국민에서 호소하고 상반신 사진만 찍게 함으로써 오히려 위대한 대통령이라는 이미지를 만드는 데 성공하였다. 대부분의 사람은 키가 작아도 전혀 열등감을 느끼지 않지만 때로는 강한 열등감을 느끼는 사람도 있다. 그중에 열등감을 보상하기 위해 목표달성, 명예, 부 등을 추구하는 강한 충동을 갖는 사람이 있다. 열등감은 불가사의한 것이다. 그러므로 이제 하나님의 형상을 회복하여 자신감을 가지고 계획하는 일에 성공하자.

○
쓴 뿌리의
용서 1

○

한 TV 방송사에서 오랜 기간 사랑받았던 〈사랑의 리퀘스트〉라는 프로그램이 있다. 소외된 계층을 돕기 위해 만든 프로그램으로 나 역시 많은 이들처럼 가슴 찡한 감동을 느끼며 시청한 것이 한두 번이 아니다. 그야말로 눈물 없이는 볼 수 없는 방송이었다. 듣도 보도 못한 희귀병에 걸려 사투를 벌이는 환자들, 전 재산을 치료비로 쓰고도 모자라 쉽게 낫지 않는 병으로 인해 마음의 병까지 얻게 된 이들. 더욱이 환자가 어린아이라면 그 고통은 눈을 뜨고 볼 수 없을 만큼 처참하다. 병은 이렇게나 두렵고 무서운 것이다.

그중에서 특히 두려움에 떨게 하는 병이 있는데, 바로 종양이다. 사전에서는 '종양'을 '세포가 비정상적으로 증식해 생리적으로 무의미한 조직을 만드는 병'이라고 정의하고 있다.

종양에는 양성과 악성이 있는데 양성인 경우 간단한 수술로 낫기도 하지만, 문제는 악성이다. 악성 종양은 상황에 따라 인체에 치명적일 수 있다. 그런데 이 종양이 우리의 몸뿐만 아니라 우리의 마음에도 생길 수 있다. 성경에서는 이것을 '쓴 뿌리'라고 말하는데, 이 '쓴 뿌리'는 우리의 마음속에서 오랜 시간을 두고 보이지 않게 자라나는 나쁜 생각과 습관이다. 인간의 쓴 뿌리는 거절rejection당한 경험이 반항rebellion하는 행동으로 나타나거나 실망disappointment이 분개resentment로 자라도록 버려둘 때, 쌓인 상처hurts가 깊은 원grudges으로 자라나며 생겨난다.

부모로부터 어릴 때 받은 상처가 마음에 깊이 새겨지거나, 열악한 환경으로 인해 생긴 열등감을 적절히 치유하지 못해 마음속에 상처가 자리 잡을 때, 그것이 자라나 마음속에 깊은 뿌리를 내리는 것이다. 그리고 결국 스스로를 파괴하는 것은 상처가 아니라 바로 그 쓴 뿌리이다. 이로 인해 사람들은 괴로워하고, 가정이 깨지고, 인격의 파탄을 맞는다. 원하는 좋은 것을 다 가져도 절대 행복에 이르지 못하게 된다.

오스월드Lee Harvey Oswald라는 이름의 한 미국인 청년이 있었다. 불행한 가정에서 태어난 오스월드는 어릴 때부터 부모의 불화를 지켜보아야 했다. 알코올중독에 폭력까지 일삼았던 아버지, 이혼과 결혼을 반복했지만 늘 불행했던 어머니를 지켜보며 오스월드는 마음속에 증오를 품었고, 공격적인 성격으로 자라게 된다.

'누구라도 나를 건드리기만 하면…….' 마음속에 증오를 가득 품은 오스월드는 고등학교에 들어가서도 싸움을 일삼았고 결국 퇴학을 당한다. 방황하던 오스월드는 미군 해병대에 지원하지만 그곳에서도 적응을 하지 못하고 동료들과 불화를 겪다가 결국 불명예 제대를 하게 된다. 그러던 어느 날 한 여인을 만나 사랑에 빠지고 결혼까지 하게 된 오스월드는 '완벽한 결혼생활을 할 거야. 절대 아버지처럼 되지 않을 거야.' 하고 결심한다. 그러나 이미 쓴 뿌리로 가득 찬 마음 때문일까. 그들은 날마다 부부싸움을 했고, 그러던 어느 날 아내와 크게 다툰 오스월드는 총 한 자루를 집어 들고 얼마 전 취직한 회사의 옥상에 올라가 누군가를 기다리게 된다. 1963년 11월 12일, 시곗바늘이 정오를 가리킬 때 달라스 다운타운의 오스월드는 방아쇠를 당겼다. '탕!' 하는 총성이 울렸고, 위대한 거인 존 F 케네디가 숨을 거두었다.

식물인 독초와 쑥의 뿌리는 건강한 자연생태계를 파괴한다. 농장에 곡식이 잘 자라야 하는데 독초와 쑥이 생겨나면 그 농장은 곡식이 잘 자랄 수 없다. 이 쓴뿌리는 땅에 깊이 뿌리를 내리고 빠르게 번식해서 농장 전체를 쉽게 망가뜨린다. 독초와 쑥의 쓴뿌리가 농장을 망가뜨리는 것처럼 사람의 마음에도 이러한 쓴뿌리가 생겨서 깊이 뿌리를 내리면 그 사람의 전 인격과 삶을 망가뜨린다. 어린 시절 부모로부터 받은 수많은 상처, 주위 사람들로부터 받은 수많은 쓰라림, 그 모든 것을 적절하게 치료하지 못하고 그것이 마음에 자라도록 내버려 두었기 때문이다. 그 상처가 마음에 깊게 뿌리를 내려 마음의 종양이 되어 버렸고, 쓴 뿌리가 된 것이다. 이것이 오스월드 뿐이겠는가? 오스월드만 마음에 쓴 뿌리를 가지고 살아갈까? 아니다. 우리도 마음에 어느 정도의 상처를 안고 살아간다.

    얼마 전에 연쇄살인사건이 매스컴을 떠들썩하게 만든 적이 있다. 경기대 권성훈 교수는 유영철이 외할머니가 생활고에 못 이겨, 옹알이하는 자신을 죽여 버릴 생각을 했으며, 평생 딸(유영철의 어머니)에게 짐이었다고 회고한 글을 보고 유년 시절 외할머니와 어머니가 자신을 짐처럼 여긴 것이 유영철 마음속에 무의식적으로 투영돼 성장기 정체성에 악영향을 주었을 것이라 추정했다. 이 사건은 자라난 환경에서 많은 상처와 거절감으로 상처를 받고 그것을 적절하게 치료하지 못해 일어난 비극이다. 지금도 이러한 것을 적절히 예방하지 않으면 제2의 유영철이 나오지 말하는 법은 없다. 그리고 어쩌면 우리 역시도 마음에 쓴 뿌리를 감추어두고 있는지도 모른다. 아무 일 없이 교회에 나와 예배드리고 봉사하고 찬양하지만, 그 누구도 모르게 내 마음에서 쓴 뿌리가 자라고 있는지도 모르겠다.

쓴 뿌리의 용서 2

우리 안에 있는 쓴 뿌리를 제거하지 않으면 우리 인생에 괴로움이 찾아온다. 돈이 많고 몸이 건강하다고 해도, 마음속에 어릴 때부터 받은 상처로 말미암은 쓴 뿌리를 가슴에 지니고 살면 아주 괴롭다. 거기에는 화평함도 없고 행복도 없고 기쁨도 없다. 그러나 문제는 자신만 괴로운 것이 아니라 다른 사람도 괴롭게 한다는 것이다. 교회 안에 어떤 한 사람이 쓴 뿌리의 노예가 되면, 그 사람이 쓴 뿌리가 되어 온 교회를 더럽힐 수 있다. 마음속에 쓴 뿌리를 치유하지 않고 방치하면 주위 사람이 고통받게 된다. 지금 교회마다 분열과 갈등이 심화하고 있다. 사회적인 저항 운동의 상당수와 교회의 문제를 일으키는 상당수가 열정에서 비롯된 것이 아니라 쓴 뿌리에서 나온다는 것을 알아야 한다. 그런 가정에서의 배우자와 자녀들은 극심한 해를 입게 된다. 그 부모의 마음속에 누구를 향한 원한 때문에, 과거에 받은 상처 때문에, 어릴 때 받은 열등감 때문에, 돈에 대한 극한 시달림 때문에, 무엇이든 간에 그 마음속 깊이 쓴 뿌리를 가지고 가정생활을 하면 그들 밑에 있는 자녀들이 고통을 받게 된다. 행복한 인생을 원하고, 자녀들에게 참으로 기쁜 인생을 선물하고 싶다면 쓴 뿌리를 하나님의 말씀으로 치유해야 한다. 마음에 쓴 뿌리가 있게 되면 영적으로 성장하지 못한다. 마음이 청결해지지 않는다. 음행하게 된다.

음행이란 성적인 타락이다. 상담학자들이 성적인 것에 지나치게 집착하는 사람들을 관찰해 보면 그 원인의 대부분이 어릴 적 마음의 상처라고 한다. 어떤 남자들은 계속해서 다른 이성을 찾아다닌다. 상담학자들은 이것을 하나의 질병으로 취급한다. 그렇다면 무엇이 원인일까? 어릴 적 받은 마음의 상처로 인한 쓴 뿌리가 남아 있으면 음행하게 된다. 예를 들어, 어머니의 사랑을 충분히 받지 못한 남자아이가 커서 그것을 어떻게 표현하는가 하면 수많은 여자와 관계를 맺음으로 그 사랑을 보상받으려고 한다. 또 지나치게 어려운 환경 가운데서 자란 사람은 돈에 대해 집착하게 된다. 부모가 지위가 없고 늘 남의 집의 심부름을 하며 살았을 때, 그런 사람들이 적절하게 마음의 쓴 뿌리를 치유하지 못하면 성공과 지위에 대해 늘 집착하게 되는 망령된 사람이 될 수 있다는 것이다. 제가 아는 목사님이 계셨는데 그 목사님의 아버지가 큰아버지 집에 거의 머슴으로 사셨다. 그런 것을 보고 자란 그 목사님은 아버지의 무능함, 큰아버지의 매정함 때문에 분노가 충천하여 늘 사모와 다투었다. 그러면 쓴 뿌리가 마음에 자리 잡고 있을 때 어떻게 상처를 인식할까? 그 특성을 마틴 베넷Martin Bennett, 멜로디그린, 윈키 프레드니는 10가지로 요약해주고 있다.

> 1. 그들은 다른 사람들에 대한 관심이 별로 없다. 쓴 뿌리가 있는 사람은 다른 누군가에 거의 관심이 없다.
> 2. 그들은 매우 예민하고 다루기 어렵다.
> 3. 그들은 몇몇 친구들에게 소유욕을 갖고 있다. 그러나 실제로 가까운 친구는 거의 없다. 그들은 또한 친구를 잃어버리는 것에 대해 자연스럽지 못한 공포가 있다.
> 4. 그들은 새로운 사람을 만나는 것을 피하는 경향이 있다.
> 5. 그들은 모든 것에 거의 혹은 전혀 감사하지 않는다.
> 6. 그들은 보통 마음에 없는 칭찬이나 거친 비평의 말을 한다.
> 7. 그들은 종종 사람들에 대해 못마땅한 감정을 지니고 있다. 그들은 다른 사람을 용서하는 것이 어렵다.
> 8. 그들은 종종 고집스러운 태도를 보인다.
> 9. 그들은 보통 다른 사람과 나누거나 돕는 것을 좋아하지 않는다.
> 10. 그들은 극단적인 기분을 경험한다.

또 한순간에 고조되고 행복하고, 다음 순간 아주 느리게 바닥까지 다다른다. 이러한 것들이 보일 때 쓴 뿌리의 상처가 있다고 본다. 그리고 작은 상처라고 해서 등한시하면 안 된다. 그 작은 상처가 쓴 뿌리로 자라날 수 있다. 그러나 중요한 것은 모든 상처가 다 쓴 뿌리가 되는 것은 아니라는 것이다. 똑같은 어려움 가운데서 어떤 사람은 마음에 쓴 뿌리가 자라는 반면, 다른 이는 그 어려운 환경 속에서도 하나님의 축복을 받아내는 사람들이 있다.

　수줍음을 잘 타는 여학생이 있었다. 아버지는 개척교회 목사였다. 단칸방에서 가족과 함께 행복하게 지내던 중 고향집을 다니러 갔던 어머니와 두 동생이 교통사고가 나서 어머니는 그 자리에서 숨을 거두셨고 두 동생은 전치 50주의 중상을 입게 되었다. 그 여학생은 양궁에서 골프로 전공을 바꾼 상태였는데 졸지에 어머니를 잃고 병원에 있는 두 동생을 뒷바라지를 해야만 했다. 그 학생은 이러한 상황에 굴복하지 않고 네 가지 결심을 했다. 첫째, 아빠가 사모 없는 목회자가 되었으니 더욱 열심히 보필해야겠다. 둘째, 병상의 두 동생에게 최선을 다해 엄마 노릇 해야겠다. 셋째, 운동할 시간이 없으니 엘리베이터 대신 계단을 이용하겠다. 넷째, 훌륭한 선수가 되었을 때 인터뷰를 준비하기 위해 영어를 열심히 배우기로 했다. 이 여학생이 5년 후 미국에서 가장 권위가 있는 골프대회에서 우승을 했다. 이 여학생의 별명이 미소 천사 신지애였다.

　상처가 있었느냐 없었느냐, 불행한 과거를 가졌느냐 안 가졌느냐, 훌륭한 부모님을 만났느냐 안 만났느냐, 가난하게 살았느냐 아니냐가 문제가 아니라 그 모든 환경으로부터 그 상처를 치유하는가, 아니면 쓴 뿌리를 키우는가가 문제다. 사람은 누구나 상처가 있다. 사람 앞에 내놓을 수 없는 부끄러운 상처가 있고, 죄의 유혹으로 생긴 상처가 있다. 그렇다면 우리의 마음속에 있는 이 쓴 뿌리를 어떻게 치유할 수 있을까? 다른 방법이 없다. 참는다고 되지 않는다. 하나님의 은혜만이 우리 마음의 쓴 뿌리와 상처를 치유할 수 있다.

쓴 뿌리의 용서 3

　행복은 누가 가져다주는 것이 아니라 내가 만들어 나가는 것입니다. 중국속담에 '복수하기로 마음먹은 자는 무덤을 두 개나 파는 격'이라는 말이 있다. 용서는 평화와 행복으로 가는 길이다. 그리고 용서는 하나의 신비이다. 우리가 용서를 추구하지 않으면 용서는 우리에게서 숨어버릴 것이다. 그러기에 쓴뿌리는 단지 삶에 대한 부정적인 시각이 아니다. 그것은 남을 해치며 또한 자신까지도 해칠 수 있다. 사람들은 상처를 받으면서 때로는 상처를 주면서 살아간다. 받은 상처나 준 상처가 대수롭지 않을 때는 곧 잊어버리지만 어떤 상처는 쉽게 아물지 않고 사람들의 마음을 상하게 하여 오랫동안 남아있게 된다. 받은 상처 중에 어떤 것은 쓴뿌리가 되어서 상처를 준 사람에 대해서 분노하거나 적개심을 품기도 한다. 사람들에게 상처를 주는 경우 어떤 것은 심각한 죄의식을 갖게 해서 상처를 준 사람은 죄의식이 주는 어두운 그림자 속에서 살게 되기도 한다. 그러나 의도적으로 다른 사람에 대해 원한을 품는 것은 자신의 영혼에까지 파괴적인 영향을 끼치게 된다.

그뿐 아니라, 분노의 쓴 뿌리는 우리의 영혼을 파괴하고, 우리의 육체까지도 해칠 수 있다. 불평과 불행이 다르듯, 편한 것과 행복도 다르다. 가지면 편하지만, 못 가지면 불편할 뿐 불행한 건 아니다. 가지는 게 행복이라면, 많은 부자나 연예인들이 왜 불행하며 자살을 선택하겠는가? 유대인의 탈무드에도 '당신이 남에게 복수하면 그 기쁨은 잠깐이지만, 당신이 남을 용서하면 그 기쁨은 영원하다'라고 했다. 빅토르 위고 Victor-Marie Hugo의 〈레미제라블〉에는 주인공 장발장을 따라다니며 괴롭히는 자벨 경사가 있다. 그는 장발장이 어느 소도시의 시장이 되었을 때도 그의 과거를 폭로하려고 했다. 그때 프랑스 혁명이 일어났다. 장발장을 존경하는 청년 대원들은 이 악질 경사를 잡아 총살하려고 계획했다. 이를 안 장발장은 사형을 중지시키고 자유인이 되게 해주었다. 그러자 자벨은 그를 향해 "당신이야말로 나를 가장 죽이고 싶을 텐데요?"라고 외쳤다. 그때 그는 "이 세상에는 넓은 것이 많이 있소. 바다가 땅보다 넓고 하늘은 그 바다보다 더 넓소. 그러나 그보다 더 넓은 것이 있지요. 그것은 바로 용서라는 관대한 마음이요"라고 대답했다.

복수하는 기쁨과 용서하는 기쁨은 질적으로 다르다. 먼저 용서하면 손해인 것 같지만, 용서가 큰 기쁨을 주고, 축복이 된다는 것을 깨달아야 한다. 그리고 용서하는 법을 아는 사람은 긍정적 자아상을 갖는 것이 보통이다. 용서는 자아상을 통해 반영되고, 자아상은 용서의 능력에 영향을 받는다. 둘은 불가분의 관계를 맺고 있다. 용서하지 않는 사람은 거의 예외 없이 부정적 자아상을 갖게 된다. 배척받고, 학대받고, 상처를 받으면 우리의 자아상에 부정적 영향이 미치게 된다. 하지만 우리는 부정적 자아상을 긍정적 자아상으로 바꿀 수 있다. 긍정적 자아상을 갖는 방법은 무엇보다도 용서의 힘을 인식하는 것이 중요하다. 용서하는 법을 배워 용서를 실행에 옮기는 사람은 긍정적 자아상을 회복한다. 용서하는 순간, 자아상이 긍정적으로 변화하는 놀라운 역사가 일어난다. 용서는 담대하게 만들고, 강하게 만든다. 그리고 용서는 불가능한 일을 할 수 있게 한다. 용서는 모든 것을 변화시킨다. 용서는 우리의 삶에 새로운 활력을 불어넣으며, 우리의 삶을 변화시킨다. 그 가운데 하나는 바로 자아상의 변화다. 많은 상처와 고통을 당했던 사람들이 담대함과 능력과 사랑과 희망을 보여줄 수 있었던 이유는 바로 용서를 통해 자아상이 변화되었기 때문이다.

잘 아는 대로 성공적인 삶에 필요한 가장 중요한 요소는 바로 긍정적 자아상이다. 그러기에 긍정적 자아상을 가지면 긍정적 결과를 낳고, 부정적 자아상을 가지면 부정적 결과를 낳는다. 자아상은 자신의 신념과 매일의 삶을 통해 형성된 습관에 근거한다. 간단히 말해 자아상은 우리의 선택에 의한 결과이다. 나의 선택에 의해 미래를 결정할 수 있다는 사실을 알아야만 삶의 활력과 더 나은 미래를 위한 희망을 가질 수 있다. 그래서 용서는 때로 쉽지 않지만 모든 노력을 기울일 만한 가치가 충분하다. 용서하지 않는 마음을 버리지 않으면 우리의 삶은 방향을 잃고 만다. 다시 말해 우리 자신의 재능과 소명과 목적과 상관없는 삶을 살아갈 가능성이 높다. 하지만 용서하면 우리의 잠재력을 온전히 발휘할 수 있다. 그래서 건전한 자아상을 갖춰야 한다. 그렇다고 지금까지의 과오 때문에 스스로 힐책해서는 안 된다. 이 세상 누구도 신이 아닌 이상 완벽한 인간은 없다. 자기 자신을 공격해봤자 달라지는 것은 아무것도 없다. 아프지만 이미 일어난 일은 결코 '있을 수 없는 일'이 아니라 '일어난 일'로 받아들이고 매 순간 소중한 '지금 여기'의 삶을 살아야 한다. 그래야 지난 과거에 매달려 사는 죽은 삶이 아닌 오늘을 사는 진정한 삶을 살 수 있다.

    그렇다면 마지막으로 왜 용서해야 되는가? 용서하지 않으면 하나님이 나를 용서해 주시는 것을 내가 온전히 체험할 수 없기 때문이다. 또 용서하지 않고 내가 누군가로 말미암아 실의에 빠져있다면 우리의 생각은 주님을 바라보지 못하고 그들의 불쾌한 행동과 태도가 자꾸 생각나서 우리의 마음은 점차 나쁘게 굳어져 가고 쓴 뿌리는 더욱 깊이 뿌리를 내려 결국 우리의 마음과 육체가 병들기 마련이다. 그래서 상처를 치유하기 위해서는 무엇보다 용서해야 한다. 용서해야만이 자유 할 수 있다. 주님의 용서를 구해야 하고, 자신을 용서해야 하고, 자신을 불신하고 거절하고 학대하고 이용함으로 상처를 준 사람들을 용서해야 한다. 왜 그러한가? 그리스도인들에게 있어서 용서는 선택이 아니라 하나님이 주신 명령이기 때문이다. 용서해야만 은

혜의 통로가 열린다. 용서하지 않는 한 괴로움과 고통을 안고 살아야 하고, 다른 사람들에게 계속 피해를 끼칠 수밖에 없다. 용서할 때만이 쓴 뿌리로부터 해방될 수 있다.

아물지 않은
마음의 상처

대형병원을 가보게 되면 시장인지 병원인지 분간이 안 될 정도로 어느 과를 가나 만원이다. 어린이, 어른 할 것 없이 치료를 받기 위해 기다리는 모습을 볼 수 있다. 인간은 우주를 개발하는 최첨단의 기술을 가지고 있는가 하면 조그만 상처에도 몸부림치는 것이 인지상정이다. 사실 몸에 사소한 상처나 아픔이 있으면 몸에 영향을 주어 균형을 잃게 한다. 그러나 누구나 자기 몸에 병이 있기를 원하는 사람은 없지만 불청객처럼 찾아오는 것이 병이다. 그 병은 예고 없이 누구에게나 슬며시 다가와서 똬리를 튼다. 그러나 작은 병이나 사소한 상처들은 시간이 지나면 어느새 사라진다. 중요한 것은 마음의 상처다. 마음의 병은 시간이 지나면 좋아지기는커녕 오히려 더 나빠지기도 한다. 그리고 몸에 있는 병은 자기 한 사람 아픈 것으로 끝이지만 마음의 상처는 다른 사람에게 큰 영향을 주기도 한다. 그 영향의 범위는 칼과 창이 되기도 하고 예리한 흉기가 되기도 한다. 언어와 표정으로 다양한 공격의 모양을 지니고 있는 것이다. 이것은 교회의 책임자들도 예외가 아니다. 별것 아닌 기득권을 누리기 위해 세상의 잣대를 가지고 판단하며 공격을 하기도 한다. 그 잣대는 때로 기수(基數)가 훈장이 되어 그것이 기준이 되고, 오래된 목회 경험들이 자연스럽게 높은 자리(감투)를 만들어 준다는 것이 안타까운 현실이다. 그래서 과연 여기가 교회인가? 라는 생각이 들 때가 있다. 예수님을 따르는 자들이 해야 할 일이 있다면 그분의 행적 그분의 마음을 헤아리는 것이 바람직하지 않을까?

그분은 만왕의 왕으로 오셨지만, 서열(序列)이나 지위 고하를 헤아리지 않으셨다. 그분은 모든 것에 먼저 낮아지시고 겸손의 본을 보이셨다. 그러므로 내가 누구인지? 무엇을 해야 하는지 자기의 병을 가늠하지 않으면 그 병 때문에 또다시 다른 사람들에게 많은 상처와 흉기가 될 수 있다는 것을 알아야 한다. 우리 주변에 마음을 잘 다스리는 자가 있다면 모두가 가까이하고 싶어 한다. 그래서 사람이 생각하고 행동하는 모든 근원은 마음에 있다고 한다. 마음이 건강하고 아름답고 깨끗하면 생각도 깨끗하고 행동도 깨끗해진다. 그러므로 마음이 밝아야 한다. 마음이 밝지 않은 사람은 미련한 사람이다. 마음을 지키지 못할 때 사람들은 넘어지며 잘못된 행동을 하게 된다.

우리 인간은 누구나 마음으로 결단을 내리면 쉽게 바꿀 수 없다. 그런데 그것은 좋은 일에만 해당하는 것이 아니라 나쁜 결정에도 해당한다. 그래서 마음을 지키고 다스리는 것이 그만큼 중요하다. 마음이 무너지면 모든 것이 무너진다. 마음에서 포기하면 아무것도 할 수 없다.

지금도 상처받은 많은 사람이 신음하고 있는 모습들을 보게 된다. 그것은 육체적인 상처가 아니라 내적인 아픔이다. 육체가 찔리는 것보다 더 고통스럽고 치명적인 찔림은 인간관계에서 마음이 찔려서 내면에 상처를 입히는 것이다. 마음의 깊은 상처는 세상의 의사들이 진단해 낼 수 없는 것이다. 그래서 세상에는 인간관계에서 상처받고, 이리저리 채이고, 찢겨서 상한 마음으로 신음하는 사람들이 많이 있다. 그러면 사람들은 언제 마음이 상하게 되는가? 인간관계에서 오해를 받았거나, 부당한 대우를 받을 때이다. 우리가 믿고 존경하던 사람에게서 좋아하는 사람에게서 피해를 보았을 때 마음에 상처를 입는다. 우리는 상대방의 말 때문에 마음에 상처를 받는다.

전혀 사실이 아닌 것을 말할 때나, 우리의 자존심을 건드리는 말을 할 때 그 말은 날카로워 깊은 상처를 낸다. 말로 상처를 준 상대방은 아무것도 모른 채 살아가지만, 그 말을 들은 사람은 가슴에 피를 흘리며 고통하며 신음한다. 때로는 지난날의 마음 상처가 삶 전체를 흔들기도 한다. 과거에 받은 상처를 고스란히 끌어안고 그 상처를 준 사람에 대한 분노의 감정을 품은 채 불행한 삶을 이어가는 이들도 있다. 어린 시절 부모가 준 상처, 믿었던 누군가의 배신, 과거 연인이 준 상처 등 이미 지나간 일임에도 과거에 매여 고통을 되새김하고 있는 것이다. 그러다 보면 삶 전체가 불행하고, 몸과 마음이 병들게 된다.

특히 상처를 준 사람에 대한 '분노'는 부정적인 감정의 뿌리라고 불릴 만큼 심신에 악영향을 미친다. 분노가 인체에 미치는 생리작용을 연구한 듀크대학 정신과 레드포드 윌리암스 교수는 '분노가 사람을 죽인다.'고 단언할 만큼 심신을 파괴한다고 강조한다. 분노와 마음의 상처에 묶여 산다면, 그 부정적 감정을 없애지 않는 한 결코 행복한 삶으로 나아갈 수 없다. 다른 사람들은 절대로 우리에게 상처가 있다는 것을 모르지만 우리는 그 상한 마음이 드러나서 거부를 당할까봐 두려워한다. 그러므로 상한 마음을 치유하려면 자신의 상한 마음을 발견해야 한다.

예수님은 요한1서 3장 15절에 이렇게 말씀하셨다. "그 형제를 미워하는 자마다 살인하는 자니 살인하는 자마다 영생이 그 속에 거하지 아니하는 것을 너희가 아는 바라" 이제 마음의 상처를 치유하여 남에게 또다시 아픔을 주는 행위보다는 생명을 주는 삶으로 변화되어 가기를 기대해 본다.

어느 청년의
절규 絶叫

얼마 전, 현직 조직폭력 단체에서 상당 기간을 몸담았던 청년이 상담받으러 왔다. 건장하고 우람한 체구에 누가 봐도 예사롭지 않은 사람인 것을 알 수 있었다. 그런데 눈빛은 무엇인가 애처롭고 슬픈 모습이 엿보였다. 그는 조직폭력으로 유명한 단체에서 중간급의 직책을 가지고 있는 30대의 청년이었다. 그의 고민은 다른 게 아니고 얼마 전에 꿈을 꾸었는데 자기가 무릎을 꿇고 기도하는 꿈이었다는 것이다. 그런데 놀라운 것은 그때부터 머리털을 민 삼손처럼 힘을 쓸 수 없다는 것이다. 싸움도 할 수 없고 적을 향해 늘 일삼던 그런 욕도 나오질 않는다는 것이다. 그러니 조폭으로서 점점 낙오되는 것 같은 느낌이 든다는 것이다. 그래서 선배에게도 꾸지람을 받고, 후배들에게도 눈총을 받게 된다는 것이다. 그런데 어느 날

싸움으로 인해 몸에 상처가 나서 병원에 갔는데 의사가 상처를 다 치료한 후 무엇인가 이상 징후를 발견했는지 정밀 검사를 요구했다. 검진을 해보니 간암 2기라는 진단이 나왔다. 하기야 벌써 몸에는 해독이 되지 않음으로 이상이 있는 것을 알기는 했었다. 고민하는 가운데 아주 큰 결심을 했다. 그것은 이제 조직을 떠나는 것이다. 여기 더 있다가는 아주 초라하게 될 것이므로 이참에 떠나기로 했는데 그 조직의 우두머리가 쉽게 놓아 주지 않았다. 그는 청년에게 이렇게 요구했다. 몸의 일부를 절단하든지 아니면 다른 조직원에게 치명적인 상처를 주고 교도소에 가면 뒤를 봐주고 그때 놓아주겠다는 것이다.

그렇다면 그가 왜 그러한 꿈을 꾸었을까? 그 이유가 있는데, 그가 7살 때 그의 부모는 선교사였다. 그래서 부모를 따라서 아프리카로 향했다. 그런데 그곳에서 뜻하지 않는 풍토병으로 어머니를 잃게 되었다. 어린 나이에 그는 견딜 수 없는 슬픔에 잠겼다. 어린 나이에 가장 의지할 엄마를 잃었으니 얼마나 외롭고 힘들었겠는가? 비록 아버지는 계시지만 사역으로 인해서 자녀를 돌볼 여유를 가지고 있지 못했다. 그는 미지의 나라에서 외톨이 같은 느낌으로 살았다. 그는 하나님을 원망했다. 또 마음으로 다짐을 했다. "내가 이제부터 하나님이 가장 싫어하는 것을 해야겠다." 하며 중학생 때 혼자 한국에 들어왔다. 시골에 조부가 살고 있었는데 그를 돌보기에는 역부족이었다. 그는 할아버지의 헌금을 훔쳐서 무작정 서울로 왔다. 방황하는 그를 조직의 리더가 데리고 가서 함께 생활했다고 한다. 조직에 들어간 후 그는 이루 말할 수 없는 악을 행하였다. 그런데 무엇이든지 끝이 있었다. 그도 때가 되었는지 하나님이 그를 부르셔서 탕자에게 말씀하듯이 기다리고 있는 아버지에게 가라고 부르신 것 같다. 상담한 후에 회개 기도를 시키고 같이 눈물을 흘리며 기도했다. 그리고 그는 먼저 할아버지에게 가서 아버지에게로 가는 방법을 찾겠노라고 하며 떠나갔다.

세 살 버릇이 여든까지 간다는 속담이 있다. 어릴 때의 상처는 매우 중요하다. 꼭 선교사의 자녀뿐 아니라 목회하는 가정에서도 마찬가지이다. 목회도 중요하지만 자녀 역시 부모의 돌봄이 필요하다. 부모의 사랑을 공급받지 못한 자녀가 때로는 심한 마음의 아픔으로 성격이 부정적으로 바뀌는 경우가 있다. 그 예를 우리는 다른 나라에서도 얼마든지 볼 수 있다. 학교에서 어린 학생들이 아무런 이유 없이 동급 학생들을 향해 무차별 총을 난사하는 것을 우리는 매스컴을 통해 본 적이 있다.

우리나라에서는 여학생들이 자기 친구들을 성매매시키는 사건들도 들을 수 있다. 어떤 가정에서든지 자녀에게 관심이 없다든지, 눈높이 교육이 없는 이상 이러한 일들은 반복되어 우리의 마음을 아프게 할 것이다. 상담하다 보면 믿음의 가정에서 일어나지 말아야 할 일들이 너무 많이 일어나는 것을 본다. 사랑과 행복이 있어야 할 가정이 폭력과 폭언이 난무한 가운데 눈물로 지새우는 가정도 많이 있다. 필자는 이번 상담을 통해서 지금도 선교사 사역에서 아니면 목회자 가정에서 이러한 일이 재발하지 않도록 다시금 자녀들을 살펴볼 필요가 있다고 생각한다. "자녀란 신이 내려준 수수께끼다"라는 말이 있다. 이 세상의 수수께끼를 다 합친 것보다 풀기 어렵다고 하는 말이다. 그만큼 이해하기 어려운 것이 자녀들의 마음이고 도무지 파악하기 어려운 것이 자녀들의 행동이라고 말할 수 있다. 그리고 중요한 것은 그 수수께끼의 답을 부모가 가지고 있다는 것이다. 그런데 많은 부모는 자녀들에게 답을 풀기보다는 무엇인가를 요구하는 버릇을 가지고 있다. 그래서 거기에 도달하면 칭찬하고 그렇지 않을 때에는 무시한다. 그런데 문제는 그 조건에 도달하지 못하는 자녀들은 그럴 때마다 수치심을 느낀다는 것이다. 그리고 이것이 그 자녀의 자존감을 무너뜨리고 자신감을 잃게 만드는 것이다.

이런 자녀들에게 부모들은 가만히 있지 아니하고 또 다른 까다로운 조건을 내건다. 규율과 규칙을 정한다. 압박을 한다. 그러다 보니 자녀들은 부모들과 친밀감이 아닌 거리감을 느끼게 되는 것이다. 그리고 이러한 자녀들이 할 것이라곤 거의 한정되어 있다. 자기가 마음대로 숨을 쉴 수 있는 공간을 찾게 된다. 그곳이 어디겠는가? 자녀들은 이런 곳에서 소리를 지른다. 원망한다. 어떤 아이들은 포효한다. 로널드 롤하이저Ronald Rolheiser는 이렇게 말했다. "자녀들을 바라보는 단순한 행동은 이 세상에서 우리의 이기심을 깨뜨릴 수 있는 가장 강력한 힘이다" 자녀들을 한 인격체로 바라보고, 인정할 때 그리고 욕심을 버릴 때 자녀들은 새로운 자존감을 생성해 나갈 것이다. 이제 자녀들을 노엽게 하지 마시고 그대로 인정하고, 보듬어 그들의 방에서 나와서 친밀감으로 건강한 가정, 행복한 가정으로 만들어 보기를 기대해 본다.

2장 쓴 뿌리

언어 폭력과 중독

요즘 주차 시비로, 보복 운전으로, 층간 소음으로 많은 희생자가 생겨나고 있다. 사소한 것이 발단되어 큰 사건으로 번지는 경우도 허다하다. 이혼도 마찬가지이다. 별것 아닌 것으로 시작되다가 그것이 비화하여 크게 번지는 경우도 많다. 그런데 이렇게 우리 주위에서 일어나는 모든 사건의 근간에는 언어폭력이 있음을 보게 된다. 지금의 언어폭력은 학교에서 더욱 심화하고 있다. 이 두려움에서 벗어나고자 고귀한 어린 학생들이 목숨을 잃고 있는 것을 보면 마음이 참 안타깝다. 그런가 하면 얼마 전 어느 일간지에 기재된 내용이 우리 마음을 아프게 한 통계가 나와 있다. 기독교윤리실천운동(기윤실)에서 설문 조사한 내용인데 부교역자들이 담임목사나 장로들로부터 함부로 대함을 받아 정신적, 정서적 상처를 입는 것이 생각보다 많다고 나와 있다. 어느 부교역자는 담임목사의 거친 말투 때문에 상처를 받은 적이 한두 번이 아니라고 했으며, 어떤 교회에서는 성도들의 교회 출석률이 낮다는 이유로 해당 구역 담당 부교역자는 성도들이 보는 앞에서 두 손 들고 벌을 받은 일도 있었다고 말하고 있다. 칼보다 무서운 게 말이다. 욕설, 협박 따위의 말로써 상대방이 두려움이나 공포심을 들게 하는 행위는 언어폭력으로 폭력에 해당한다. 말 한마디로 사람을 벨 수도 있다는 의미는 물리적으로 신체를 가격하는 것만이 폭력이 아니라는 것이다. 의도적이든 아니든 무심코 던진 말 한마디가 누군가의 마음에 깊은 상처가 된다면 이는 곧 폭력이다. 많은 이들이 언어폭력이라고 하면 욕설을 먼저 떠올리지만 언어폭력은 생각보다 범위가 넓고 남기는 상처 또한 다른 외상과 비교할 수도 없이 깊다.

그렇다면 목회자들은 어떠할까? 이러한 언어폭력은 사용하지 않을지라도 남을 가르치려 한다든지, 지시한다든지. 잘못을 지적하려고 하는 남을 배려하지 않는 행동들이 참 많다. 그리고 그 이면을 보게 되면 '나는 그렇지 않다'라는 교만을 가지고 있다. 어떤 경우는 자기의 감정을 추스르지 못하고 무례한 행동을 하는 경우도 있다. 그것으로 인해 본인은 시원할 수 있지만 당한 사람은 황당하기가 이를 데가 없다. 때로는 언어폭력의 가해자가 '내가 그랬었나?'하고 모르는 경우가 있을 수 있지만 피해자는 잊지 못한다. 이것은 굉장히 지능화된 폭력의 형태이다. 이런 사람들의 모습은 가정에서나, 교회에서 습관적으로 중독되어 있기가 쉽다. 다른 사람에게 상처를 주는 행위는 목회자로서는 반드시 시정되어야 한다. 어떤 상황에서도 항상 언행을 조심해야 한다. 말은 입으로부터 나오는 것이 아니라 마음으로부터 나온다. 그래서 말은 곧 그 사람의 인격이요, 유형이 된다. 마음에 내재한 부정적인 말은 인격이 형성되어 나가는 데 가장 큰 장애물이 되고 또 그 말이 그 사람의 인격 유형을 형성하게 된다. 그래서 많은 사람이 그 장애물에 걸려 넘어지고 실패하는 경우들이 많다. 그러므로 말의 영역을 깨닫지 못하고 함부로 사용하게 되면 말의 영역 뒤에서 일하고 있는 악한 영의 세력이 인간을 병들게 하고 그 관계를 파괴한다. 이에 대하여 야고보 사도는 "혀는 곧 불이요 불의의 세계라 혀는 우리 지체 중에서 온몸을 더럽히고 삶의 수레바퀴를 불사르나니 그 사르는 것이 지옥 불에서 나느니라"(약 3:6)고 했다.

정조 이산 어록에서 정조는 "사람은 언어로 한때의 쾌감을 얻으려 해서는 안 된다. 나는 미천한 마부에게라도 이놈 저놈이라고 부른 적이 없다"고 말했다. 여기서 주목할 것은 '언어로 한때의 쾌감'이라는 부분이다. 자기 성격에 맞지 않기 때문에, 혹 무시하는 마음으로 인해 언어폭력을 사용했지만, 거기에서 일종의 쾌감도 얻을 수 있다는 것이다. 이렇듯 화가 난 경우 자신도 모르게 공격적인 언행을 하기도 한다. 옛말에 삼사일언三思一言, 화출어구禍出於口라는 말이 있다. 세 번 신중히 생각하고, 한 번 조심히 말하라는 의미이다.

그런가 하면 '말이 사람 잡는다'는 우리네 속담도 있다. 가정사역자 도은미박사는 이렇게 말했다. "사람이 어떤 말에 잡혀 있는지는 몰라도 그 말이 한 인간의 현실을 빚어내는 가장 중요한 역할을 한다는 것은 누구도 부인할 수 없는 것이 현실이다. 말이 사람 잡는다. 말이 환경이 되어 버린다. 말이 현실을 빚어 낸다."라고 했다. 재앙은 입에서 나온다. 말은 습관이고 중독이다. 이 언어도 순화(純化)가 되지 않으면 주변에 적을 만들고 위화감(違和感)을 조성하고 공동체를 분열하게 만든다.

가정에서, 교회에서, 어떤 모임에서든 자기감정에 의해 폭언을 한다든지, 언어폭력을 한다든지, 또한 자기감정을 너무 극대화해 분위기를 와해시키는 행위는 반드시 절제되어야 한다.

건강한 자아상

교회는 믿는 자들의 모임이다. 그러기에 가장 편안하고 행복하고, 즐거워야 하는데 실상은 그렇지 못하다. 오히려 만나고 싶지 않는 얼굴이 있는가 하면, 할 수 없이 온 사람들처럼 얼굴이 밝지 못하고 예배가 끝나면 도망가듯이 가는 모습도 눈에 띈다. 하기야 인간관계로부터 발생하는 갈등은 삶의 필수 전재 조건이라 할 수 있다. 그러나 성격장애자가 아님에도 불구하고 유난히 많은 갈등을 겪는 사람들은 교회 주변이나 교회에서도 흔히 접할 수 있다. 거기에는 여러 가지 이유가 있겠지만 궁극적으로는 이들이 대부분 낮은 자존감을 지닌 사람들로서 자존감 형성에 중요한 나와 타인을 구분하는 심리적 자아 경계선이 제대로 형성되지 못한 사람들이다.

'동물의 왕국'이라는 프로그램을 보면 인간과 유사점이 있다는 것을 알 수 있다. 그중의 하나가 동물들이 배변을 통하여 자기의 영역을 선포하는 경우를 보는데 이는 동물들이 넓은 곳에서 삶을 영위하기 위해서는 어느 정도 공간을 확보하기 위함이다. 인간들도 마찬가지로 집을 갖기 위해 많은 노력을 하며 또 어떤 사람은 죽기 전까지도 부동산을 매입하다가 갑자기 심장마비로 식물인간이 되어 사망하였는데 자손들에게 유언도 없이 사고를 당해 직접 차를 운전하며 다녔던 기사를 통해 수소문하여 유산을 정리한 사건도 있는 것을 들은 적이 있다. 그리고 크게는 국가간 영토싸움도 있을 수 있다.

　이러한 영역은 나와 타인과의 관계에 따라 그리고 상황에 따라 결정된다. 내가 생각하고 있는 영역이 어떻게 허용하느냐에 따라 다른 사람들과의 관계가 좋을 수도, 나쁠 수도 있다. 그리고 내가 좋아하는 사람에게는 더 넓은 영역을 허용하지만 내가 싫어하는 사람들에게는 그 허용 범위가 아주 좁을 수 있다. 그러나 실상은 자기가 정한 그 허용범위 때문에 오히려 본인이 힘들어지기 십상이다. 이런 상황은 어릴 때부터 인정받고, 존중받는 존재로서의 형성된 아이들은 자기의 영역을 넓히고 타인의 영역도 인정하지만, 어린 시절 독립된 인격체로서 인식할 수 없는 상처와 아픔을 가지고 있는 사람들은 자기의 영역도 좁으며 남의 영역도 인정하지 않는 경우가 많다. 이러하듯 심리적 자아 경계선이 약하게 형성된 사람은 타인의 행동에 의해 영향을 많이 받기 때문에 다른 사람에 의해 지배를 당하게 된다. 그러나 이러한 지배는 <u>스스로 자초하는 것임에도 불구하고 그 원인이 상</u>

대방에게 있다고 여기기 때문에 상대방에 대한 미움과 분노를 삭이지 못하는 경우가 흔하다. 즉, 문제의 원인이 분명하게 나에게 있는 것인지, 상대방에게 있는 것인지를 인식하지 못하기 때문이다. 이러한 건강한 경계선이 잘 형성되지 않은 사람은 몇 가지 생각으로 변화될 수 있다.

> 1. 우선 자기의 영역의 경계를 판단하여야 한다. 넓을 때와 좁을 때 다른 영역에 대한 자기의 감정을 파악해야 한다.
> 2. 사람과의 만남에서 일어나는 일들을 기록하고 그때의 대상과 환경 그리고 감정을 정리해 본다.
> 3. 지금 주위의 관계에서 일어난 일들을 점검한 후 잘못된 관계는 청산한다.
> 4. 어릴적 경험 중에서 다른 사람들이 나의 영역을 어떻게 침범했으며 그때 상황과 느낌을 기억하고 치유를 해야 한다.
> 5. 다른 사람과의 만남에서 의견이 다른 경우에는 자기의 의견을 분석하여 잘못된 부분을 감지하고 솔직하게 이야기한다.
> 6. 자신의 이기심, 욕구가 무엇인지 알고 자신을 점검한다.
> 7. 말과 행동을 하기 전 항상 상대방에 대한 배려가 있어야 한다.

교회 내에서 사소한 의견 차이로 분란이 일어나고 파벌이 생기고 분열이 일어나는 것은 믿지 않는 자들에게도 걱정과 미운 시선을 받을 수 있으며, 이것은 성숙하지 못한 그리스도인의 모습이기도 하다. 또한, 좁게는 내면의 상처를 안고 사는 안타까운 모습이다. 그날을 기다리고, 기쁨이 넘치는 교회가 되지 못하고 더 많은 상처와 아픔을 가지고 사는 부끄러운 모습은 하루속히 바뀌어야 한다. 이제 자기 마음의 영역을 넓혀 예수님처럼 많은 포용하는 아름다운 마음이 필요하다. 그래서 분쟁이 없고 다툼이 없는 참된 천국교회를 이루어 나가야 한다.

《인생의 수업》의 저자 엘리자베스 퀴블러 로스 Elizabeth Kubler Ross는 이렇게 말하고 있다.

"삶의 마지막 순간에 바다와 하늘과 별 또는 사랑하는 사람들을 한 번만 더 볼 수 있게 해달라고 기도하지 말라. 지금 그들을 보러 가라. 마지막 순간에 간절히 원하는 것, 그것을 지금 하라"

3장

비교 의식

깨어짐의 전환

아무것도 겨냥하지 않으면 아무것도 명중시킬 수 없다는 말이 있습니다. 결국, 우리가 살아가는 데 있어서 무엇을 겨냥해 사느냐 하는 것이 매우 중요하다고 할 수 있는데, 우리 가정도 분명한 목표가 있어서 그 목표를 향하여 걷고 그 목표를 향하여 살고 그 목표를 위해 우리가 우리 시간을 투자할 수 있다면 우리 가정은 이내 행복할 수밖에 없다. 그런데 많은 가정이 이 목적을 잃어버렸다. 가정은 우리의 생명이 시작된 곳이다. 우리 삶의 마지막이 될 곳도 가정이다. 가정은 쉼을 얻고 세상을 살아갈 방법을 배우며 어우러져서 하나가 되는 신비로운 곳이다. 그런데 이런 가정에 대한 따스한 기억이 사라져가고 있다. 가정에 대한 기억이 오히려 고통과 외로움으로 가득 찬 사람들이 늘어나고 있다.

사랑으로 가득 차야 할 가정이 미움과 상처의 조각으로 가득 차고, 축복의 통로가 아닌 아픔의 통로가 되고 있다. 깨어진 가정, 나누어진 가정은 태풍 속에 노출된 것처럼 시련과 고통의 찬바람을 맞게 되며, 꿈이 자랄 수 없는 곳이 되어버린다. 사랑으로 시작되고, 희망과 꿈으로 시작된 가정들이 어째서 무참히 깨어지고 부서지는 것인가? 그 원인은 끊임없는 욕심에 있다. 욕심을 추구하는 마음의 갈증은 태평양 바닷물을 다 마신다고 해도 해결되지 않는다. 가족 모두가 바쁘다. 물질을 향해 달음질하고 있다. 돈이 있어야 대우를 받기 때문이다. 그래야 사람 구실을 한다고 한다. 과연 그럴까? 얼마 전까지만 해도 사회 지도층 인사들과 재벌의 총수 또 남들이 선망의 대상으로 보는 배우들이 스스로 목숨을 끊는 경우를 많이 보았다. 이것을 보아도 가정의 행복은 물질이 아니고 명예가 아니고 남들이 선망의 대상으로 보는 것이 분명히 아닌 것이다.

이제 있는 것에서 만족감을 누리자. 알 수 없는 제한된 시간 속에서 사는 우리는 주어진 시간 안에서 여유로움과 행복을 누리며 사는 것이 바람직하다. 그러기 위해서 먼저 비교하는 마음을 버려야 한다. 비교하는 마음은 열등감에서 나온다. 사실 우월감이나 열등감은 심리적으로는 같은 곳에서 출발하는 것이다. 남과 비교해서 자신이 잘났다고 생각해 남을 무시하는 것이 우월감이고, 반대로 남과 비교해서 자신이 못났다고 생각해 지나치게 자기를 비하하는 것이 열등감이다. 이런 비교의식을 가지고 있는 마음은 결국 남과 자신을 죽이고 만다. 남편들이 가장 싫어하는 것은 이웃 남편과 비교하는 아내의 모습이라고 한다. 또한, 자녀들이 가장 싫어하는 부모의 모습도 이웃집 자녀와 비교해서 말하는 것이라고 한다. 유명한 백설공주의 이야기가 이것을 잘 표현해 주고 있다. 마녀가 백설공주를 죽이려고 했던 이유는 백설공주가 자기보다 예쁘다는 것이었다. 비교하는 마음은 자기도 상처를 받을 뿐 아니라 자신의 사랑하는 가족을 위로하고 격려하는 말과 행동을 할 수 없게 만든다. 오히려 자신을 죽이고 남을 죽이는 말과 행동도 하게 만들어버린다. 그래서 비교하는 습관을 지닌 사람과 가까이하지 않으려고 하는 것이 사람의 마음이다. 몹시 피곤하고 상처를 받기 때문이다. 이런 사람은 자신도 모르는 사이에 가정의 화목을 해치게 된다.

둘째는 가정을 대화의 장소로 바꿔야 한다. 그래서 서로의 의견과 감정을 나누어야 한다. 그런데 중요한 것은 대화를 할 때 명령이나, 지적이나 지시를 하면 그것은 대화의 분위기를 깨는 것이다. 가족들의 이야기를 듣고 공감해 주는 것이 필요하다. 누구든지 자기의 이야기를 듣고 진지하게 받아주고 이해해 주는 사람에게 속마음을 털어놓고 싶어 한다. 자기의 문제들을 이기기 어려운 상황에 누군가의 도움이 절대적으로 필요한 때 가족 간의 대화로서 이길 수 있는 시간이 되는 것이다. 그런데 이 역할을 남편과 아내 혹은 부모나 자녀인 가족이 해 주지 못할 때 문제가 시작되는 것이다. 왜냐하면, 그전에 한 번 거절당한 사람과 대화를 실패한 사람은 다음에 마음을 여는데 더 많은 결심과 노력이 있어야 한다. 그래서 가정은 가족들이 어떤 문제이든 나눌 수 있는 곳으로 만드는 것이 중요하다. 그런 가정은 세상 살아가면서 맞게 되는 크고 작은 일들에 크게 위협당하지 않지만, 나누어지고 깨진 가정은 심각한 타격을 받게 된다. 그리고 그 고통은 당사자들뿐만 아니라 수많은 사람에게 퍼져가게 된다.

요즈음 청소년들이 방황하고 있다. 그 방황 정도가 아주 심각하다. 젊은이는 이 나라에 기둥이요, 희망이다. 그러나 일부는 갈 길을 잃고 표류하는 배와 같다. 그들은 죄의식이나 잘못됨을 알지 못하고 있다. 친구들과 선배들과 어른들의 모습을 보며 자연스럽게 답습하고 있다. 부모들은 자기 자녀들이 어디에 있는지, 무엇을 하는지 알지 못한다. 무슨 고민을, 어떤 아픔을 가졌는지 관심이 없어 보인다. 그리고 어떠한 문제가 발생하면 친구들 탓과 학교 탓을 한다. 가정은, 부모는 아무런 문제가 없다고 한다. 그런가? 요즈음 핵가족 제도에서 대화가 단절되고 있다. 집에 들어오기가 무섭게 각자의 방으로 들어간다. 깊은 대화는 나눌 수 없는 현실이다. 가정에서의 진실한 대화는 표류하는 배에 나침반과 등대와 같다. 그러기에 진실한 사랑이 수반된 나눔이 있는 가정은 자기 존재의 의미와 소중함을 인식하게 되며, 생명을 나누는 깊은 교제가 이루어진다. 또 대화가 있는 가정은 문제와 위기가 올 때 사랑으로 하나가 된다. 그러나 대화가 없는 가정, 마음의 대화를 나누지 못하는 가정은 문제를 통해 쉽게 부서지고 깨어져 버린다.

보약은 돈 주고 살 수 있지만, 건강은 돈으로 살 수 없다. 만족은 돈으로 얻을 수 있지만, 행복은 돈으로 누릴 수 없다. 지식은 돈 주고 살 수 있어도 지혜는 돈으로 구할 수 없다. 집은 돈으로 살 수 있지만,

가정은 돈으로 살 수 없다. 정말로 마음의 대화가 이루어지는가? 부부와 아이들과의 대화, 더 나아가 우리 가족이 진지하게 존재와 삶의 문제를 나누는 영적인 대화가 되고 있는가? 가정에서 정말 쉼을 얻을 수 있는가? 그리고 내가 가족들의 쉴 수 있는 공간과 시간을 위해 하고 있는 것은 무엇이 있는가를 생각해 보아야 한다.

우리들의 사고와 습관, 그리고 가치관 속에 예수님께서 쉬시고 머무르실 공간이 있는가? 이제 우리 모두 좋은 이익, 좋은 습관, 비전과 꿈을 만들어가야 한다.

내 속에
있는
또 다른 나

아이들은 이 나라의 기둥이요 보배다. 아이들이 없는 장년은 기대할 수 없으며, 아이들 없는 교회와 나라는 상상할 수 없는 것이다. 묘목이 자라서 큰 나무가 되고 또 거목이 되어서 좋은 건축 재료로 쓰이듯이 아이들도 잘 자라면 나라의 기둥이 되는 것이다. 그러나 중요한 것은 건강한 묘목이 되고, 건강한 어린아이가 되어야 한다. 그러기 위해서는 아이들에게 좋은 영양분이 필요하다. 그것은 음식뿐 아니라 마음과 언어도 매우 중요하다. 어릴 때 어른들의 성의 없는 말 한마디가 아이들에게 상처가 되어 성인이 될 때까지 수치심과 열등감에 사로잡혀 있는가 하면, 어떤 아이는 '칭찬의 말' 한 마디에 힘을 얻고 성숙한 어른으로, 위대한 사람으로 도약하는 경우도 있다.

지금의 어린아이들은 대부분 먹는 것과 입는 것에 어려움을 겪지 않는다. 옛날엔 형편이 어려워 식구의 끼니를 챙기는 것도 힘든 때가 있었지만, 지금은 아이를 적게 낳고 부모들이 집착할 정도로 자기를 희생하며 최선을 다하고 있다. 그러나 중요한 것은 아이들이 먹는 것, 입는 것이 아니고 어떤 마음을 가지고 있느냐가 앞날을 승리자로, 아니면 패배자로 살 수 있다는 것이다.

하버드 대학교의 로렌스 콜버그Lawrence Kohlberg라는 심리학자는 〈아이들의 도덕적 성장과 의식작용〉 연구에서, 태어나서 7살까지 아이들은 도덕 이전의 상태라고 결론지었다. 즉 태어나서 일곱 살까지의 아이들에게 나쁘다는 이름을 갖다 붙이는 것은 모욕적이며 그들의 자존심에 손상이 간다는 것이다. 아이들을 나쁘다고 부르는 것, 아이의 신체 부위를 때리는 것과 그들이 나쁘다는 이유로 벌을 주는 것은 아이들에게 수치심을 유발한다. 수치심에 기반을 둔 사람들은 자신이 인간으로서 결함이 있다고 여긴다. 사람들을 비도덕적으로 만드는 것이 있다면 그것이 바로 수치심이다. 부모로부터 자신에 대해 수치스럽게 느끼도록 하는 말을 듣고 자란 아이는 부모의 목소리를 자신의 내부에 투사시킨다. 이 말은 원래 부모가 아이에게 던졌던 수치심에 대화를 아이가 자신의 내부에서 계속해서 듣게 된다는 것을 의미한다.

아이들은 보편적으로 부모가 자신을 돌보았던 방식으로 자신을 돌보게 된다. 어렸을 때 칭찬과 긍정적인 말을 듣는 아이는 커가면서 창의적이고 긍정적인 아이로 성장하지만, 천덕꾸러기로 아무에게도 관심을 주지 못하고 잊힌 아이로 자랐다면 그 아이는 커가면서도 열등감으로, 부정적 마음을 가짐으로 행복하게 살지 못하는 것이다. 이들은 자라면서 자신의 독특성을 포기한 채 가족체계가 원하는 역할을 감당하며 의존적으로 바뀌어 가는 것이다. 특히 어렸을 때 부모나 다른 사람들로부터 육체적, 신체적 체벌이나, 성적차별과 학대, 혹은 정신적, 감정적 학대를 경험하였거나, 이와 같은 학대를 직접 목격한 경우에는 그만큼 의존적인 사람이 된다는 말이다. 학대를 당한 피해자는 학대를 가한 가학자에게 복종적이며 의존적으로 된다. 학대가 심하면 심할수록 더욱 의존적으로 된다.

실례로 어느 목사님은 어릴 때 너무나 많은 체벌과 학대로 오랜 시간을 자신 없는 아이, 재수 없는 아이로 살아왔다. 몸은 나이가 들었는데도 마음은 어린아이, 무서워 떠는 아이, 소리만 나도 겁을 먹는 아이에 머물러 있는 것이다. 이제는 치유되어 목회도 잘하고 계신다. 그러나 많은 사람은 어릴 때 피해자로서 고통을 당했지만, 어느덧 성장한 후에는 자기도 가해자가 되는 것을 보게 된다. 이를 역기능 가정이라고 불리는데 이것을 진단하기 위해서는 내 부모님의 부부 사이가 어떤 관계이었는지를 살펴보아야 한다.

부모님의 부부 사이가 나쁘면 나쁠수록 나에게 끼친 영향은 역기능적이라고 할 수 있으며 또한 외부적인 것들에 의존적이면 의존적이었을수록 자기 내면의 욕구대로가 아닌 거짓된 자아, 즉 성인 아이가 형성되었을 가능성이 크다. 우리가 성장함에 따라 부모의 기대에 미치지 못해 비난받고 무시당하거나 감당할 수 없는 감정의 무게

가 우리의 작고 여린 어깨를 짓누른다면 우리는 자신이 다른 사람에 비해 부족하고 아무 쓸모없는 존재라는 생각에 빠져들게 된다. 우리가 부모에게 사랑받지 못하고 귀히 여김을 받지 못한다면 어떻게 자기 자신을 사랑하며 귀하게 여길 수 있겠는가?

우리는 남에게 인정을 받고 싶어 하는 열망과 밀착되어 있다. 그런데 자부심을 갖지 못하는 태도는 죄책감을 낳기 쉽다. 요즈음 매스컴을 달구는 것이 어린이 성추행, 성폭행이다. 그들은 마땅히 엄히 벌을 받아야 한다. 그런데 이렇게 한다고 이러한 범죄가 없어지나? 가정에서부터 이러한 문제들이 해결되어야 한다. 사랑을 받은 사람은 누구든지 변화에 대해 개방적이다. 성실, 정직, 책임감 그리고 능력 모두는 자아존중감이 높은 사람에게서 나오는 것이다. 그러나 사람들은 자신의 가치가 낮다고 느낄 때, 그들은 다른 사람들을 불신하며 자기가 희생물이라고 생각을 한다. 그들은 최악의 상태를 예상하면서 그것을 좌초하고 또한 흔히 그런 최악의 경우를 겪는다. 사실 죄책감은 우리가 무엇인가 잘못을 저질렀기 때문에 생기는 것이 아니라 개인의 차이를 인정해주지 않는 왜곡된 분위기에서 생겨난다. 그러므로 엄밀한 의미에서 그것은 죄책감이 아니다.

이처럼 우리는 스스로가 얼마나 상처받고, 성인 아이로 살고 있는지를 인식하지 못하고 살고 있다. 그러나 이런 모든 것은 나만의 문제가 아니고 가족 모두의 문제이다. 그래서 이제 나의 과거를 돌아보아 내면 아이, 성인 아이가 우리의 삶을 지배하는 행동이 무엇인가 찾고 변화가 필요한 부분, 용서함과 용서됨이 필요한 부분, 치유되어야 할 부분, 매일의 훈련이 필요한 부분을 돌아보아야 한다. 그리고 찾아낸 부분을 깨뜨리고 무력하게 만들어서 그 영향력에서 벗어나야만 한다.

당신은 무엇을 필요로 하는가?

대부분 사람이 물질의 풍요 속에 살고 있다. 대충 우리 주변을 둘러보아도 없는 것이 없을 정도로 많은 것을 갖추고 산다. 하루가 다르게 발전해 나가는 전자제품은 매뉴얼을 다 익히기도 전에 새로운 모델이 나와 구식이 되곤 한다. 이렇게 빠르게 움직이는 세상에서 우리는 정신없이 살아갈 때가 많다. 그뿐 아니라 집과 가구 역시 새로운 모습으로 우리의 취향에 맞게 만들어지고 있다. 먹는 것도 맛있다고 소문이 나면 웬만한 거리는 개의치 않고 직접 가봐야 만족한다. 또 입는 것은 어떠한가? 옷이 해져서 못 입는 것이 아니라 몇 번 입지도 않고 싫증이 나서 장롱 속에 보관할 때가 많다. 이렇게 우리는 많은 것들을 누리고 살며 부족함 없이 여유롭게 살고 있지만, 정신적으로는 늘 궁핍하며, 부족함을 느낀다. 부와 명예를 얻고, 성공하고, 육체적으로는 안락함을 누리지만 끝없이 무엇인가를 추구하며 살고 있다.

　요즘에 주위에서 큰 사건이 많이 일어난다. 살인, 폭력, 유괴, 마약 남용, 배우자 학대와 아동학대 등 나와는 거리가 멀다고 느꼈던 일들이 이제는 우리 주변에서 일어나고 있다. 얼마 전까지만 해도 사건으로 섬뜩했던 마음도 이제는 나에게 일어나지 않은 것으로 안도하며 아무리 큰 뉴스도 좀전하고는 다르게 덤덤할 때도 있는 우리의 모습을 보게 된다.

　왜 이런 끔찍한 일들이 계속 일어나고 있는가? 보이는 세상은 너무나 편리하고, 좋아지고 있는데 왜 정신적으로는 행복하지 못한 것일까? 그것은 아마 그들의 마음속에 필요가 제대로 채워지지 못할 때 문제가 생기게 되는 것이다. 필요가 채워지지 않는 사람은 자신의 처지나 환경에 대해 불만을 품게 되고, 따라서 주위 사람이나 환경에 대해 거칠고, 불만과 격한 행동을 하기가 쉽다. 또 이런 사람들은 남의 기분을 상하게 하는 말을 하게 되고, 그것을 덮어버리고자 하는 마음으로 술에 중독되기도 한다. 또한, 다른 사람이나 자신의 환경에 대한 복수심을 품기도 하고, 마음에 앙심을 가지고 살면서 기회만 있으면 언제든 폭발할 준비가 되어있다. 이렇게 된다면 이미 문제는 시작된 것이다. 또한, 그런 행동은 주변에 있는 다른 사람들을 자극하며 그 사람까지 나쁜 행동을 유발하며 또 다른 문제로 이어진다. 이러다 보니 주변에서 많은 사고와 사건들이 일어나는지도 모른다. 그러나 많은 사람이 필요로 하는 욕구들을 면밀히 보면 본질적인 것 이라기보다는 즐거움을 위한 것들이며 절대적인 것보다는 상대적이라는 것을 느낀다. 다시 말해, 있으면 좋지만 없어도 살 수 있는 것들이라는 것을 안다. 이것을 위해서 행복하고 아름다운 삶을 사는 것이 아니라 인생의 많은 시간을 아픔과 실망과 상대적 불만감에 사로잡혀 지낼 때가 많다는 것이다.

우리는 어떻게 하면 하나님이 에덴동산에서 창조하신 대로 아무것도 입고 있지 않아도 부끄러움을 느끼지 못하는 부족함 없는 삶으로 살 수 있을까? 그러기 위해서는 먼저 진정한 나를 알아야 한다. '나는 누구인가?' 가 아니고 '나는 누구의 것인가?' 를 알아야 한다. 진정한 나를 발견하려면 나를 만드신 하나님께서 말하는 것이 진짜 자아인 것을 알아야 한다. 하나님 떠난 인간은 타락한 상태에 있으므로 행복해지려고 노력해도 잘되지 않는다. 그러므로 먼저 우리가 처음 하나님께서 인간을 창조하실 때 꿈꾸시며 디자인하셨던 진정한 원상태를 알고 회복하여야 한다. 왜냐하면, 타락하여 원형이 깨진 인간을 회복시키려고 예수그리스도께서 이 땅에 오셨기 때문이다. 우리는 우리가 하나님의 것임을 알 때 나에 대해 바른 인식을 할 수 있다. 삶은 마음 중심에서 나온다. 우리 마음 중심은 심히 부패하고 가증하다. 사단이 우리의 병든 자아를 부추기며 경쟁, 소유, 감각대로 우리가 좋아하는 대로 느끼는 대로 살게 한다. 그래서 필요에 대해 굶주린 마음으로 살고 있다.

찰스 스탠리^{Charles Stanley}는 '필요'라는 것을 이렇게 정의하고 있다. "하나님이 우리의 삶을 향한 계획을 이루시는데 본질적인 것들이며 그것들은 물이나 밥, 또는 집과 같이 기본적인 것일 수도 있고, 하나님의 계획과 목적을 수행하기 위해 요구되는 교육이나 훈련일 수도 있다. 필요는 하나님이 나를 향해 바라시는 바를 더욱 온전히 알게 하는 일종의 나침반 같은 것이다." 그렇다! 우리는 우리 스스로 필요를 채울 수 없으며 더더구나 다른 사람으로부터 필요를 해결할 수 있다는 것은 불가능하다. 채울 수 있는 분은 오직 예수그리스도 한 분 뿐이다. 바울은 빌립보서 4장 19절에 "나의 하나님이 그리스도 예수 안에서 영광 가운데 그 풍성한 대로 너희 모든 쓸 것을 채우시리라"고 말씀하고 있다. 오직 하나님만이 우리의 필요들을 완전히 채워주실 능력이 있다. 그분을 의지하자. 영원히 목마르지도 아니하고 그 속에서 영생하도록 솟아나는 샘물이 있기 때문이다.

비교 의식比較意識의 폐해弊害

인간은 누구나 행복하게 살고 싶어 한다. 그래서 아침부터 저녁까지, 어떤 어려움과 자존심이 무너지는 경우에도 참고 미래를 위해 일한다. 그렇다면 이렇게 애쓰고 수고한 결과가 행복으로 이어졌을까? 만족하는가? 그것이 아님을 우리는 모두 잘 알고 있다. 그렇다면 무엇이 우리를 행복하게 만들까? 그토록 소원하는 물질, 아니면 커다란 명예, 아니면 모두가 우러러 보이는 권력일까? 이런 것들은 일시적으로는 행복할 수가 있다. 그런데 이것을 소유한 그들 역시 또 다른 행복을 찾고 있다. 그들뿐인가 우리 목회자들도 마찬가지이다. 지금보다 성도가 좀 더 있으면, 물질이 좀 넉넉했으면, 스트레스를 안 받았으면 하는 소원들을 가지고 있다. 그러면서 나름 나보다 좀 나은 목회자를 생각하고 그들을 부러워한다. 이런 마음을 가지고 있는 한 우리는 평생 행복을 누릴 수 없는 것은 물론 불행한 마음으로 매일을 살게 되는 것이다. 그렇다면 무엇이 문제인가? 그 답을 모두가 모를 리가 없지만 그것이 내 삶에서 아무런 영향을 발휘하지 못할 때가 많다. 사실 모두가 꿈꾸는 행복은 어떻게 보면 우리 가까이 있는 줄도 모른다. 아니 이미 가졌는지 모른다. 그런데 남과 비교하는 것 때문에 많은 사람이 이것을 놓치고 있는 것이다.

C. S 루이스C. S. Lewis는 마귀의 가장 좋은 도구가 비교의식이라고 했다. 비교의식은 그 누구라도 낙담시키고 침체에 빠지게 할 수 있기 때문이다. 남과 견주어 보는 것은 이웃을 평화와 친교의 대상이 아니라 경쟁과 시기의 대상으로 생각하는 것이고, 이런 사람의 이면은 깊은 열등감이나 성공하고자 하는 강한 욕구를 발산함으로 항상 갈등의 증폭된 의식에 휩싸여 있다. 스스로 삶에 만족하지 못하고 항상 고단하여 쫓기는 삶, 매사에 불만이 많고, 경쟁의 심리에 압박받으므로 긴장을 늦추지 않는 전투적 자세를 갖고 산다. 경계를 넘은 비교는 발전을 주지 않고 자신을 황폐하게 하고 실패하게 하는 원인이 된다. 허탈과 허무밖에 돌아오는 것이 없기에 사람의 영혼을 병들게 하는 몹쓸 병 중의 하나다.

내가 비참해지는 이유는 다른 사람과 비교하기 때문이고, 내가 교만해지는 이유도 다른 사람과 비교하기 때문이다. 다른 사람이 나보다 더 나으면 비참해지고, 다른 사람보다 내가 더 나으면 교만해진다. 비참해지면, 자존감에 심각한 상처를 입고, 따라서 자신감을 잃고 "나는 할 수 없다, 나는 이것밖에 안 된다"는 패배의식에 사로잡힌다.

일단 자신감을 잃으면 그 순간부터 자신의 장점을 발견하지 못하고 열등감, 우울감으로 산다. 남이 잘하는 것을 보고 시기심이 들거나 혹 감정적으로 눌린다면 자신이 한없이 초라해진다.

    지금 이 나라에 미자립 교회들이 상당하다. 목회자가 미자립이 아니라 교회가 미자립인데 어느 순간부터 일부 작은 교회 목회자들이 이러한 상황 속에서 눈치꾸러기가 되는 경우가 있다. 다른 동역자들을 보면서, 또한 교인들을 보면서 슬금슬금 자기는 없어지고 가면假面을 쓰고 자기 아닌 자기를 앞세워 가는 경우들도 있다. 하나님이 한 개인을 창조하신 데에는 그 이유가 분명하지 않은가? 그런데도 그렇게 살 수 없는 상황 앞에 진정한 나를 버리는 그런 모습으로 변해가고 있다. 사실 그것이 예수님 말씀대로 나를 따르려거든 자기를 부인하고 자기 십자가를 지라는 엄한 명령에 따른 것이라면 이 얼마나 감격스럽고 자랑할 만한가? 그런데 그렇지 않은 것이 슬픈 현실인 것이다. 이러한 마음은 사모님들도 마찬가지이다. 매일의 삶 속에서 그래도 희망을 품고, 소망을 가져보지만, 여느 때와 마찬가지로 변하지 않는 살림과 상황을 보면서 어느 순간에 화살을 남편에게 돌리기도 한다.

    2009년, 영국 왕립경제협회 연차학술대회에서 이런 내용의 결론적인 보고서가 발표된 적이 있다. –비교 의식이 클수록 만족도는 낮고, 특히 소득을 비교하는 사람은 질투심 때문에 두 배나 더 불행하다.– 비교 의식은 꼭 작은 교회에서만 일어나는 일은 아니다. 비록 커다란 예배당을 가지고 있는 목회자 역시도 이러한 마음을 가질 수 있다. 어느 통계에 보니 서울대생들이 열등감이 상대적으로 높다는 기사를 본 적이 있다. 다른 사람들이 말하기를 왜 그 자리에 있으면서 그러는지 모르겠다고 말들을 한다. 그러나 누가 그러고 싶어서 그러는가? 많은 목회자가 동료들을 만나고 난 후에는, 아내들이 동창회 갔다 와서 초라함을 느끼듯이 그러한 마음을 가질 수도 있다. 그래서 마음고생을 하기도 하고, 초라한 마음을 가지기도 한다. 때로는 아주 순간이지만 목회에 대한 비관적인 생각을 가지기도 한다.

마음속으로 나도 누구처럼 되어야지, 한번 제대로 보여주어야지, 그러나 그것은 설사 이루어진다고 해도 또 다른 것이 나를 얽어맬 것이고, 그것이 전부가 아닌 것을 우리는 너무 잘 알고 있지 않은가? 이러한 비교의식에 폐해는 우리 저변에 널리 숨겨져 있다. 그렇다면 어떻게 이 사슬에서 빠져나올 수 있을까? 여러 가지 논리적으로 아니면 학술적으로 말하는 분들이 있을 수 있다. 그러나 그것보다 더 확실한 답이 있다. 그 답이 히브리서 6장 12절 말씀이다. '우리의 씨름은 혈과 육을 상대하는 것이 아니요. 통치자들과 권세들과 이 어둠의 세상 주관자들과 하늘에 있는 악의 영들을 상대함이라' 우리는 보이는 것에 속고 있는지도 모른다. 그래서 늘 힘없게, 때로는 초라하게 재미없게 살고 있는지 모른다. 이제 우리는 교회도 내 자신도 보이는 것에서 영으로 자립이 되어 진정한 기쁨과 감사를 맛보았으면 좋겠다.

대화로 소통하자

요즈음 소통이란 말이 유행이다. 그만큼 우리 사회와 주변이 막혀있다는 증거이기도 하다. 사방이 가로막혀있고, 대화가 안 통하면 참으로 갑갑함을 느끼게 된다. 그래서 떠나고 싶고, 외면하고 싶고, 탈피하고 싶다. 지금의 현실은 이런 답답한 일들이 흔한 시대가 되어 있다. 이럴 때 막힌 것을 시원하게 뚫어주는 것이 있다면 얼마나 숨통이 틸 수가 있을까? 그런데 알고 보면 우리 가까이에서 얼마든지 찾을 수가 있는데 그것은 긍정적으로 격려하는 말이다. 힘들고 지친 사람들에게 청량음료수와 같고, 생수가 되기도 한다. 또 힘을 불어줄 수가 있으며 의욕을 심어주기도 한다. 갈등을 겪고 있는 청소년들에게는 희망의 빛이 되기도 하고 공부하는 학생들에게는 새 힘이 되기도 한다. 이처럼 말은 어떻게 하느냐에 따라

약이 되기도, 독이 되기도 한다. 가정에서도 구성원들 간에 대화가 없으면 죽은 가정이다. 그러나 대화가 있다 하더라도 어떤 대화가 오고 가느냐 하는 것이 중요한 문제이다. 말은 많은 사람의 영혼을 살리기도 하고 죽이기도 하는 힘이 있기 때문이다.

말은 사람을 일으켜 주기도 하지만 철저하게 파멸시키는 능력이 있다. 이처럼 말이 행복을 만들 수도 있고 불행을 만들 수도 있다면 지금 우리가 사용하고 있는 말의 내용을 살펴보아야 한다. 얼굴에 아름다움이 있듯 언어에도 아름다움이 있다. 또 하늘과 별, 맑은 물과 예쁜 꽃들 사이에 조화가 있듯 말에도 조화가 있다. 우리 마음속에 아름다움 말은 옷감을 짜는 실과 같기도 하다. 그래서 어떤 실로 짜느냐에 따라 인생이 달라진다. 친절한 말, 바른말, 사랑이 담겨있는 말은 인생을 밝게 꽃피운다. 이는 마치 등불에 심지가 기름을 빨아들여서 사그라지는 불꽃을 살리는 것과 같다. 결국, 일상적으로 사용하는 아름다운 말이 아름다운 얼굴과 생활 태도, 그리고 행복을 창조해내는 밑받침이 되는 것이다. "입술의 30초가 가슴의 30년이 된다"라는 말이 있다. 인생살이에 있어서 말은 그만큼 큰 영향을 준다는 뜻이다. 그러므로 언제나 아름다운 언어로 행복한 대화를 나눌 수 있어야 한다. 특히 부부는 평생의 동반자로서 가정천국을 이루어야 할 책임이 있는데 그것은 말에 달려있다고 해도 과언이 아니다.

의사소통은 원만한 가정생활을 하는데 가장 필수적인 요소일 것이다. 그것이 없이는 사랑이 존재할 수도 없다. 어떤 형태로든 의사소통은 이루어질 수밖에 없다. 말하지 않겠다고 입을 꼭 다물고 있을 때도 수천 마디의 말을 하고 있다. 소리 없는 외침이 똑똑하게 들린다. 그러나 침묵의 외침은 상대방에게 왜곡되게 전달된다. 남편이 침묵을 지키고 있으면 대부분의 아내는 남편이 자기에게 무관심하다고 느낀다. 아내가 침묵을 지키고 있으면 남편은 자기 아내가 화가 나 있다고 느낀다. 이러한 추측들이 비록 옳다고 하더라도 침묵 자체는 그런 문제들을 해결하는 데 아무 도움도 되지 못한다. 의사소통이란 말은 전하고자 하는 어떤 정보를 상대방이 이해할 수 있도록 상대방과 나누는 과정이라고 할 수 있다. 여기서 핵심이 되는 것은 이해하는 말이다. 만약 누가 왜 상대방이 이야기를 하지 않고 있는가를 이해한다면 문제 될 게 없을 것이다. 그러나 대개 침묵을 하면 상대방이 오해하고, 불분명한 메시지를 받게 된다. 그래서 순조로운 대화법을 익혀야 하는데 그것은 기술을 배워야 하는 것은 아니고 진정한 관심의 표현이 더 중요하다.

　　상대방의 말을 잘 들을 수 있는 사람은 대화의 첫 번째 관문을 통과한 사람이다. 내가 말을 많이 함으로써 상대방에게 굉장한 기쁨과 유익을 주리라고 생각하는 것은 착각일 수도 있다. 먼저 상대방으로 하여금 말을 마음껏 하도록 할 때 서로의 관계가 아름답게 출발할 수 있다. 그러나 우리는 듣는 귀가 참 약하다. 가장 가까운 이웃인 배우자의 어떤 이야기를 하면 그 말하는 속 내용을 듣지 못한다. 그 이유는 겉으로는 듣고 먼저 반응을 해버리기 때문에 논쟁이 일어나게 되는 것이다. 아이들이 부모에게 무엇을 이야기하면 부모들은 아이들이 정말 전하고 싶은 속 내용은 잘 알아듣지 못한다. 왜냐하면, 들는 귀가 없기 때문이다. 상대방을 서로 보며 진지하게 듣는다면 모든 이야기가 이해가 될 수 있고 이해할 수 없으면 다시 물어보아 그 동기를 확인해 본다면 그 후 대화는 순조로울 것이다. 그러나 이해하고 경청한다고 할지라도 생각을 하지 않은 상태에서의 결정은 위험할 수 있다. 충분히 생각하고 난 후 내 생각을 표정과 입술로 전달해야 한다. 그리고 아무리 말을 많이 나누고, 생각하고 있다고 할지라도 상대방의 말에 공감할 수 없다면 갈등의 요지가 된다. 상대방의 입장에 서서 보게 된다면 함부로 말을 막으면서 화를 내거나 하지를 않는다. 상대방의 아픔, 상대방의 고민, 상대방의 기쁨 등을 함께 느껴야 마음이 연결된다. 그래서 내가 남의 말을 경청해주고, 또 남이 내 말을 경청해 줄 때 의사소통은 올바르게 이루어진다. 이렇게 되도록 계속 노력해 나아갈 때 부부는 진정으로 서로서로 이해하고 또한 하나님께서 "둘이 한 몸이 될지라"고 말씀하시며 짝 지워주신 바로 그 사람의 마음과 생각으로 진입하는 길을 찾게 될 것이다.

미국의 저명한 부부상담가 게리 채프먼Gary Chapman은 5가지 사랑의 언어를 소개하고 있는데 그중 제1의 언어는 인정하는 언어이다. 그 인정하는 말은 내가 원하는 것이 아닌 사랑하는 사람이 원하는 것으로 격려하는 말, 온유한 말, 겸손한 말이다. 제2의 언어는 함께하는 시간이다. 이 함께하는 시간은 누군가에게 온전히 관심을 집중시키는 것으로 연대감, 진정한 대화, 이야기하는 것을 배우기, 함께하는 활동이다. 제3의 언어는 선물이다. 사랑을 나타내는 상징으로 선물을 주는 사람이 되기 위해서 돈에 대한 태도를 바꾸는 것, 자신이 선물이 되는 것이다. 제4의 언어는 봉사이다. 배우자가 당신에게 원하는 것을 해주는 것으로 최선을 다하는 봉사로 상대방의 일도 일부 실천하는 것이다. 제5의 언어는 육체적인 접촉이다. 스킨십은 행복감을 주고, 신뢰를 주며, 피로감을 씻어준다. 아이들도 육체적인 접촉을 전혀 받지 않고 자란 아이보다, 안아주거나 입맞춤을 해준 아이들이 훨씬 건강하게 자란다. 이제 깊은 대화를 통해서 가정과 우리 주위가 다 소통되어서 마음껏 기지개를 켜는 그날이 오기를 바란다.

두려움의
뿌리를
캐내자!

　　　　　사람들은 자신이 강하다는 신념 아래에서 사는 것 같다. 그래서 사람들은 무엇이든지 다 할 수 있다는 생각을 버리지 않는듯하다. 하기야 하늘에는 수많은 인공위성을 쏘아 올려 지구의 구석구석을 집안에서도 볼 수 있게 만들었고, 우주는 우주선을 타고 여행하고 있다. 또한, 육지에서는 시속 350km가 넘는 열차를 운행하고, 바다에서는 웬만한 호텔을 능가하는 초호화 여객선을 만들어 여행을 즐기고 있다.

　　하지만, 이런 인간일지라도 인간의 나약함은 우리의 주변에서 쉽게 찾을 수가 있다. 그렇게 세계의 역사를 만들어갔던 사람들도 주변에서 일어나는 사소한 것들에 대해 너무 예민하게 반응하여 잠을 설치기도 한다. 이뿐 아니라 별것 아닌 질병에도 정신을 차리지 못하고, 의욕을 상실하고, 모든 것을 포기하는 삶을 보게 된다. 어제만 해도 당당했던 사람들이 의사의 결정적인 말 한마디에 초주검이 되고, 그 자랑스럽던 용기와 자신감은 어디로 갔는지 자취를 찾아보기도 힘들 정도가 된다.

내일을 알지 못하는 것이 사람인데 정작 자신의 내면을 위해서 관심을 가지는 사람들은 많지 않다. 몇백 년 장수할 것 같은 마음으로 재산을 위해, 건강을 위해, 명예를 위해, 수고하고 애를 쓰지만 정작 중요한 것에는 마음을 두지 않고 있다. 그러다가 세월이 흘러 거울에 비친 자신의 모습을 볼 때 깊은 회의감에 빠지기도 한다.

어느 한 형제가 예수님을 믿은 지 얼마 안 되었지만, 예수님의 사랑을 알게 되었고 그분을 깊이 사랑하게 되었다. 늦게 주님을 만났지만, 그는 그분의 존재를 알게 되면서 직장에서도, 가정에서도 그분을 이야기하며 자랑하게 되었다. 그러나 그의 아내는 함께 교회에 발을 내디뎠지만, 남편과는 조금 달랐다. 아내는 남편의 그런 모습들이 맘에 들지 않아 했다. 적당히 믿고 교회에 나가는 것으로 만족했으면 좋겠는데 남편은 그러질 못했다. 그때부터 마음에 불안감을 느끼고 교회에 대한 부담감을 가지게 되었다. 그리고 그녀는 마음 한구석에서 남편을 교회에 빼앗겼다는 두려움을 가지게 되었다.

인간은 이처럼 조그마한 것 하나라도 마음을 빼앗기고 두려움에 빠지게 될 수도 있다. 이런 두려움은 우리가 일평생 어디서나 쉽게 느낄 수 있으며 누구든지 이런 감정을 소유할 수 있다. 생활 속에서 갖게 되는 두려움이 쉽게 극복될 수 있는 일이라면 별문제가 없지만, 그 두려움이 의지와 감정과 생각을 지배해서 아무 일도 자유롭게 하지 못하게 한다면 큰 문제가 된다. 이것보다 더 큰 문제는 이 두려움이 어디서 오는지 정확하게 알지 못하는 데 있다. 사람들은 흔히 이 정체 모를 두려움에 대해서 단지 '위기' 앞에서 나타나는 자연스러운 감정이라고 생각한다. 그러나 이런 상황을 방치한다면 위기는 해결이 되지만, 정체 모를 두려움의 감정은 사라지지 않고 평생 거머리처럼 사람을 따라다니며 괴롭히는 쓴 뿌리가 되는 것이다.

성경에도 이 두려움의 문제를 1,500개 이상의 구절에서 말하고 있다. 성경 속에 등장하는 위대한 인물들도 이 두려움 때문에 갈등하면서 아픔을 겪는 모습을 보게 된다. 감당할 수 없고, 해결할 수도 없으며, 해를 당할 수밖에 없는 일들 앞에서 사람은 두려움을 갖게 된다. 디모데후서 1장 7절에 "하나님이 우리에게 주신 것은 두려워하는 마음이 아니요 오직 능력과 사랑과 절제하는 마음"이라고 하셨는데 우리는 왜 삶 가운데 두려움을 갖게 되는 걸까?

두려워하는 마음으로는 세상을 바로 볼 수 없다. 굴절된 모습으로 보기 때문에 참된 것을 보지 못하고, 그로 인해 행복을 느낄 수 없는 것이다. 대부분 억지로 사는 삶인 것이다. 이런 삶인데도 넉넉히 이긴 다윗은 시편 23편 4절에서 "내가 사망의 음침한 골짜기로 다닐지라도 해를 두려워하지 않을 것은 주께서 나와 함께하심이라"고 했다. 다윗은 사망의 음침한 골짜기를 거니는 것처럼 두려움이 짓눌렀지만, 그가 두려워하지 않았던 것은 하나님께서 그의 문제를 해결해 주고 보호해 주실 거라는 믿음을 가지고 있었기 때문이다.

윌리암 발렛이 쓴 《불합리한 인간》이라는 책을 보면 이런 말이 나온다. "인간이 비록 낙심에 빠지더라도 세 가지 눈만 떠 있으면 그는 곧 낙심의 늪에서 회복될 수 있다. 그것은 첫째 하나님을 바라보는 수직적인 눈, 둘째 역사와 세계를 바라보며 멀리 내다보는 수평적인 눈, 셋째 자기를 냉철하게 바라보는 내향적인 눈이다"고 했다.

이제 두려움을 버리자. 이 두려움의 고개를 넘지 못하면 그 너머에 있는 빛을 볼 수가 없다. 이제부터 두려움의 원인을 찾아보고 그 뿌리를 캐내어 보자. 자물쇠가 있다는 것은 열쇠가 있다는 사실을 전제로 한다. 모든 문제에는 답이 있음을 기억하면서 주님이 주시는 자부심을 가지고, 두려움에서 벗어나는 인생을 살자.

두려움의
실체

　　　　　　　현대 정신의학은 인간의 질병 중 70 내지 90퍼센트가 공포, 비애, 시기, 분개, 증오와 같은 감정 때문에 생긴다고 알려져 있다. 현대인들은 대부분이 심각한 긴장감, 압박감으로 인해 특이한 질병을 앓고 있다. 또, 그로 인해 두려움을 가지게 된다. 그 두려움은 미래에 대한 두려움, 현재에 대한 두려움, 어떤 일을 해야 하는 두려움 등등이다. 여러 두려움의 요소들이 겹치고 쌓이면 인간은 유일한 해결책으로 자살을 생각하게 되는 것이다. 자살은 두려움의 최악의 결과라고 한다. 또 자기에게 주어진 일에 대한 두려움 등이 언제나 부정적인 마음으로 자리를 틀게 된다. 그리고 입으로 표현된다. 그래서 우리의 말 속에는 우리의 감정이 담겨 있고, 일상 대화 속에서 이런 말들이 흔히 쓰인다. 이것은 우리가 일평생 염려나 두려움의 감정을 어디서나 쉽게 느낄 수 있다는 것이고, 누구든지 이런 감정을 소유할 수 있다는 의미이다. 생활 속에서 갖게 되는 두려움이 쉽게 극복될 수 있는 일이라면 별문제가 없지만, 그 두려움이 의지와 감정과 생각을 지배해서 아무 일도 자유롭게 하지 못하게 한다면 큰 문제이다. 그보다 더 큰 문제는 이 두려움이 어디에서 오는지 정확하게 알지 못한다는 데 있다. 사람들은 흔히 이 정체 모를 두려움에 대해서 단지 어떤 위협이나 위기 앞에서 나타나는 감정이라고 생각한다. 그러나 이럴 경우에는 원인이 해소될 때 사라지지만 정체 모를 두려움의 감정은 사라지지 않고 평생 거머리처럼 우리를 따라다닌다.

며칠 전에 대기업 중견간부가 자살했다는 신문 보도가 있었다. 그는 세상 사람들이 그렇게 원하는 것을 누리고 사는 여유 있는 삶을 살고 있었다. 그렇다면 그를 자살로 몰아간 것이 무엇일까? 두려움과 고독이라고 볼 수 있다. 그가 죽음을 심각하게 생각했을 때는 가족들과도 나눌 수 없는 자기만의 염려와 두려움, 그리고 절망의 감정이 있었을 것이다. 두려움은 낙심을 낳고, 낙심은 절망이라는 좀 더 깊은 단계로 진행이 된다. 이 절망의 단계에 이르면 죽음을 생각하든지 죽은 자처럼 살아가게 된다.

정도의 차이가 있을 뿐이지 우리 모두에게는 이런 종류의 염려와 걱정을 안고 있다. 그리고 더 깊어져서 생활에 위축을 느끼고 있는 사람도 있을 것이다. 성경도 이 두려움의 문제를 비중 있게 다루고 있다. 1,500개 이상의 구절이 이 두려움에 대하여 말하고 있고, 성경 속에 등장하는 위대한 인물들도 이 두려움 때문에 갈등하면서 아픔을 겪는 모습이 숱하게 등장한다.

시인 윌리엄 워즈워드 William Wordsworth는 두려움은 수백 개의 눈을 가지고 있어서 우리 마음을 괴롭힌다고 말했다. 제2차 세계대전 때 용맹성과 '피에 굶주린 늙은이'라는 별명으로 유명했던 패튼 장군은 언젠가 전투 직전에 두려움을 느낀 적이 있느냐는 질문을 받았다. 그는 중요한 전투를 앞두고 두려움을 느낀 적이 자주 있으며, 어떤 때는 전투 중에도 두려움을 느낀다고 말했다. 그러나 그는 절대 두려움에 귀를 기울이지 않는다고 말했다. 링컨 역시 같은 말을 했다. "더는 갈 곳이 없다는 엄청난 거짓 확신이 수없이 밀려왔다. 그때마다 내 지혜는 아직 때가 되지 않았다"고 말했다. 그는 대통령의 영예를 누리기까지 무수한 실패를 거듭했다. 이렇게 실패할 때마다 그에게는 절망의 유혹이 다가왔다. 두려움이 엄습하였다. 하지만 그는 굴하지 않았다. 마침내 그는 실패와 두려움을 극복하고 1860년 미합중국의 대통령이 되었다. 부정적인 실패의 감정을 받아들이거나, 거부하거나, 이에 굴하여 염려하거나, 걱정의 유혹을 뿌리치고 전진을 하거나, 어떤 것을 선택하느냐는 우리의 자유다.

그러면 두려움은 어디서 오는가? 여러 가지의 원인이 있겠지만 먼저 고독을 들 수 있다. 함께 마음을 나눌 상대가 없다고 생각될 때 이 두려움이 찾아온다. 이러한 두려움은 우리를 무력감으로 빠져들게 하고 용기를 잃어버리게 만든다. 그러기에 두려움이 있는 자들은 혼자 있는 것이 금물이다. 인간은 더불어 살아야 한다. 많은 문제가 혼자 있을 때 나타난다. 인간은 강한 것 같아도 아주 사소한 것에 약해질 수 있다. 나누고, 공유하여야 한다. 그러면 훨씬 가벼워짐을 느낀다. 또 감당할 수 없는 일, 해결할 수 없는 일, 해를 당할 수밖에 없는 일 앞에서 두려움을 갖게 된다. 우리는 먹을 양식이 풍부하다 할지라도 많이 쌓아두려고 한다. 사실 죽을 때까지 가져가지 못할 것도 알고, 매일 일용할 양식 이상의 것이 필요하지 않다는 것도 알면서 그토록 집착하는 것은 미래에 대한 두려운 마음 때문이다. 내 통장에 돈이 없거나 내가 마음 놓고 쉴 집이 없으면 우리는 무척 불안해한다. 돈이 있어야 맘이 든든하다. 급할 때면 돈이 우리를 지켜주고 보호해 줄 것 같기 때문이다. 또 돈이 있으면 사람대접을 받고 갖고 싶은 것도 채울 수 있다. 돈이 있으면 언제나 사람들이 몰려온다. 다른 것이 부족해도 돈이 있으면 삶의 친절과 관심을 살 수 있을 뿐 아니라 뭔가 우월감도 느낀다. 교회에서조차 그렇다.

돈은 안 될 것도 되게 하는 힘도 있다. 그러나 우리는 재물이 없을 때 이러한 마음이 너무도 쉽게 드러남을 볼 수 있다. 재물이 없어지면 우리는 얼마나 불안해하고 두려워하는가? 그리고 얼마나 열등감을 느끼는가? 뭔가 보이는 사람 앞에 얼마나 비굴함을 느끼며 사는가? 우리는 바로 이러한 아픈 마음을 감추어보려고 그토록 재물에 열을 올리며 사는 것이다. 썩어질 재물인 줄 알면서도 당장 나를 채워주고 감추어주니 우리는 그토록 집착한다. 그러나 사람의 예지 능력은 행복을 위해서 인간에게 주어진 것이다. 그런데 타락한 인간에게서는 이것이 두려운 마음으로 바뀌게 되니 문제인 것이다. 그러기에 이를 대수로이 여기지 말고 자신과 사랑하는 사람들의 마음속에서 자라고 있는 두려움의 뿌리들을 진지하게 다루어 보자. 같이 나누다 보면 아주 쉽게 해결되는 경험을 할 수 있을 것이다. 그리고 더 행복해지는 것은 너무나 당연한 사실이다. 이제부터라도 우리 안에서 우리와 더불어 살아가고 있는 절대 유쾌하지 않은 이 친구들을 극복해 보도록 하자.

따뜻한 마음을 나누자

새해가 밝아왔다고 했는데 어느덧 한 달이 훌쩍 지나갔다. 시간은 누구와도 관계없이 흘러가고 있으며 잡거나 세울 수 없다. 그런데도 우리는 못내 아쉬워하고 안타까워한다. 산 위에서 내려오는 물이 바다로 끊임없이 흘러가듯 우리에게 주어진 시간도 예외 없이 가는 길로 바삐 지나가고 있다. 그 가운데서 우리는 속 좁은 다툼을 하며 지내기를 반복하고 있다.

어느 광고에 인생 팔십 년 동안에 웃는 시간은 약 20일 정도라고 한다. 그만큼 어느 생물에게도 없는 웃음을 주었는데도 우리는 언제부터인지 그 특권을 잊어버리고 살고 있다. 새로운 해를 맞이하고 있는데도 정치권에서는 오늘도 대립하는 가운데 국민의 마음을 더 어둡게 하는 것 같다. 좀 더 양보와 배려가 왜 없을까 하는 생각을 해

본다. 혹자는 기업이나 직장에서만 퇴출이 있는 것이 아니라 국회의원들에게도 적용했으면 좋겠다는 말들을 한다. 국민에 의해 가장 권위와 혜택을 받고 있는데도 오히려 국민을 가장 힘들게 하는 집단이 되었다는 이야기다. 이렇게 나라의 경제, 사회가 어려우니 서로 마음을 나누고 가슴 깊이 들을 수 있는 대화를 하면 좋겠다. 상대방을 배려하고 이해하는 상생 정치가 필요한 때이다.

그들뿐만 아니라 우리도 교회에서, 사회에서, 직장에서, 사업장에서 스트레스를 받지 말고 웃음을 주는, 상대방을 인정해주는, 사랑해 주는 따뜻한 마음이 필요하다. 사실 듣는 사람의 마음에 와닿지 못한다면 무슨 말을 하든 간에 그 말은 아무 의미가 없는 것이다. 만약에 듣는 사람이 "당신의 말이 마음에 와닿아요"라고 고백할 수 없는 말이라면 아무리 큰 소리로 울부짖어 봤자 공허한 메아리가 되어버릴 것이며, 청산유수로 뽑아낸들, 또 천사의 말을 한들 아무 소용이 없을 것이다.

상담했던 사람들에게서 가장 흔히 듣게 되는 이야기는 의사소통의 문제이다. "나 자신은 그 점을 의식하지도 못했다." 혹은 "그런 의도가 아니었다" 또는 "그 사람은 내 마음을 너무 몰라준다." "내 가슴 속을 확 열어 보여 줄 수만 있다면" 등 사람들이 의사소통의 문제로 인해 마음의 벽이 생기게 되고 그래서 마음과 마음 깊은 곳을 연결할 수 없게 된, 바로 거기에 우리의 고통의 원인이 있고, 또 자칫 잘못하면 극한 상황까지 갈 수가 있는 것이다.

오늘날 모든 인간관계 문제의 공통적이며 근본적인 원인에는 바로 이러한 마음을 전달할 수 없다는 것에 문제가 있다. 그 이유는 우리 모두 들음의 능력을 잃어버렸기 때문이다. 아무리 아픈 고통의 경험이라 할지라도 누군가 그 고통을 깊이 들어주기만 한다면, 그래서 함께 나눌 수만 있다면 그 고통은 오히려 전혀 다른 의미로 승화될 수 있기 때문이다.

왜 어떤 말은 듣기에는 매우 그럴듯한데도, 혹은 전혀 그런 의도가 없었는데도 오히려 사람의 마음을 강박하게 하고, 때로는 깊은 상처를 내는 것이며, 심지어 사람을 죽이는 씨앗이 될 수도 있을까? 그런가 하면 어떤 말은 어눌하기 짝이 없는 듯한데도 단 몇 마디 말로 천 냥 빚도 갚을 수 있는 힘이 있으며, 그냥 아무 말도 하지 않은 채 단지 곁에서 함께 들어주는 것만으로도 아픈 상처를 치유케 할까? 과연 그 차이는 어디서 나는 것일까? 그리고 그것이 우리의 노력 여하에 따라 달라질 수도 있을까? 결론은 '가능하다'이다. 그리고 그 결과는 우리가 얼마나 진정으로 마음을 나누느냐에 달려있다고 할 수 있다.

상대방의 마음의 소리를 들을 수 있어야 그 마음을 움직일 수 있다. 서로 마음으로 통하지 않고는 마음에 가닿을 수도 없다. 온 정신과 마음을 다 집중해서 상대방의 마음의 소리를 듣는 훈련만이 올바른 말을 할 수 있는 시작이 된다. 또한, 말로 다 표현할 수도 없는 무수한 마음의 소리에 귀 기울이는 법을 배우려면 먼저 나 자신의 내면의 소리에 귀 기울여야 한다.

많은 상담가와 심리학자의 공통적인 고민거리가 있다면 어떤 상담기법이 가장 효과적인 것일까 하는 것이었다. 그래서 많은 상담가의 고민 속에 얻은 결론은 내담자 중심의 상담방법이 가장 효과적인 상담이라는 결과를 도출했다. 사실 예수님의 사용하신 대화 방법이 사람 중심의 방법이었다. 어떤 특별한 대화기술이나 심리학적 기법에 의존하는 것이 아닌 그분이 만나시는 사람 위주의 방법이었다. 예수님은 자신에게 나아오는 사람들의 아픔을 이미 알고 계셨기에 그분의 측량할 수 없는 사랑의 눈으로 그들을 바라보시고 상대방의 마음을 가슴으로 다 들으셨다. 그러므로 그분께 나아오는 자마다 고침과 나음이 가능했다.

치유는 나의 마음으로부터 시작된다. 내가 먼저 언제나 치유의 대상인 것이다. 내가 치유된 만큼만 남을 도와줄 수 있다. 아직 치유되지 않은 채로 내뱉는 말과 행동과 모든 관계는 모두에게 또 다른 상처를 줄 뿐이다. 우리가 상대방의 마음의 소리를 듣도록 훈련함으로써 그 마음 깊은 곳에서 아직 말하지 못한 그 무수한 이야기를 들을 수 있게 되고, 그리고 사람들을 대할 때마다 자신을 통째로 내어주시려고 이미 작정하신 예수님처럼 "나는 이 사람과 어떤 아픔이라도 함께 나누리라" 작정하며 예수님의 심장으로 대한다면 거기에는 반드시 치유가 이루어질 것이다. 올해에는 이러한 마음으로 모두에게 기쁨과 행복이 마음껏 넘치기를 기대해본다. 내가 조금의 양보와 사랑이 그런 큰일을 할 수 있다는 것을 우리는 모두 유념하면서 저 너머에 있는 아름다운 소망을 바라보자.

땅따먹기 인생

　　　　　　　　나의 어릴 적 놀이는 대개 딱지치기, 구슬치기, 자치기, 술래잡기 등으로 그것만으로도 재미있게 놀던 기억이 난다. 그중에 땅따먹기라는 놀이가 있었는데, 그것은 조그만 돌을 가지고 손으로 3번 멀리 차서 시작한 곳으로 돌아오면 그 구역은 모두가 나의 땅이 되는 것이다. 그것을 조금이라도 넓히기 위해서 얼마나 애를 썼던지…. 그때는 실수는 하지 않을까? 돌아오는 데 어려움은 없는지? 많이 노력해서 영토를 많이 넓혔을 때의 그 기쁨이 얼마나 좋았던지 오십이 넘은 지금도 흥분이 되는 것 같다. 그런데 해가 저물어 어머니가 부르는 소리에 모든 것을 뒤로 남겨둔 채 그냥 집으로 들어와야 했다. 그 넓은 영토가 아주 아쉽지만 가지고 들어올 수 없는 터라 미련을 뒤로한 채 발걸음을 옮겨야 했다. 때로는 해가 저물기도

전에 부를 때와 나가서 시작한 지 얼마 안 되어 부르실 때도 있었다.

그렇다. 우리의 인생도 마찬가지이다. 재물을 얻기 위해서, 집을 넓히기 위해서, 명예와 권력을 얻기 위해서 우리는 모두 힘을 다한다. 그러나 많은 것을 가지고 있는 그때 하나님은 부르실 수 있다. 많은 땅을(?) 가지고 있어도 어머니가 부르면 놓고 가는 것처럼 우리도 하나님이 부르시면 아무것도 가지고 가지 못한다. 아쉬워도 거부할 수 없고 지체할 수 없다.

새해가 밝았다. 저마다 포부를 가지고 희망찬 새해를 향해 소망을 가진다. 그러나 우리의 인생에 가장 귀중하고 우선적인 것이 무엇인지 알아야 한다. 취업난이 어려워 대졸자들이 연봉 이천만 원이라도 받았으면 좋겠다는 소식과 조기 명예퇴직, 경제적인 어려움 등으로 새해에도 그리 밝지 않은 세상의 모습이다. 그러나 우리에게 가장 귀한 가정이 무너져서는 안 된다. 세상이 아무리 어려워도 가정의 울타리가 든든하면 넉넉히 이길 수 있는 힘이 공급된다.

가정은 십자가를 세우는 언덕이다. 그 언덕의 기초가 튼튼해야만 크고 힘이 있는 십자가를 당당하게 세울 수가 있는 것이다. 기초가 약한 언덕이라면 바람만 살짝 불어도 순식간에 넘어질 수밖에 없다. 특별히 이 시대가 얼마나 사탄의 공격과 유혹이 많은 시대인가? 눈을 뜨기만 하면 매일 매일 강력한 태풍이 몰아치고 있는데 만약 그 언덕이 파헤쳐져 약하게 된다면 결코 이기기는 쉽지 않다. 가정이 무너지면 모든 것이 다 넘어진다. 가정이 튼튼해야 교회도 건강해진다. 교회를 다님으로 인해서, 예수그리스도를 영접함으로 인해 당연히 열매를 맺는 삶을 살아가도록 해야 한다. 그 열매를 맺는 현장이 바로 가정인 것이다. 가정에서 승리해야 한다. 그래야 영성이 깨어있는 삶을 살아갈 수 있다. 부부간에 막힌 담이 있다면 기도가 제대로 될 리가 없으며 자녀와의 사이에 문제가 쌓여있다면 그 가정을 어찌 작은 천국이라 할 수 있겠는가?

세상 사람들이 모여 있는 곳에는 언제든지 문제가 도사리고 있다. 부정과 부패, 사치와 향락, 무절제한 물질주의와 인간을 도구로 전락시키는 배금주의, 심각한 환경오염 등으로 우리 주변은 온통 위험한 것들로 둘러싸여 있다.

우리나라로 볼 때 낙태율 세계 1위, 제왕절개 수술, 흡연율, 고아 수출, 교통사고율, 이혼율, 이 모두가 세계 1위이다. 누구의 잘못인가? 왜 이렇게까지 많은 문제가 있는가? 거기에는 '나' 한 사람의 잘못된 생각과 무관심도 원인이 된다. 종교적으로 볼 때도 우리나라는 '기독교'와 '교회'에 반감을 가지고 있다고 본다. 주된 이유는 한국교회가 종교적이지 않다고 보기 때문이다. 교회지도자들이나 성도들의 삶이 비그리스도인들보다 나은 점이 별로 없다는 것이다. 사람들은 교회 다니는 사람이 기독교의 가르침을 받는 사람이기 때문에 생각과 말과 행동에 있어서 교회 다니지 않는 사람보다 무엇인가 달라야 할 것을 기대하고 있다. 그러나 현실적으로는 별 차이가 없는 것을 느낀다.

우리는 어떻게 보면 많은 착각을 하고 사는 것 같다. 이 세상 사람이 다 죽어도 자신만은 영원히 살 것 같은 착각이다. 그래서 조금 더 소유하려고 애를 쓰고 그것을 위해서 양심도 버리고 때로는 얼굴에 가면을 쓰기도 한다. 그리고 언제나 마음으로는 불평과 불안을 안고 산다. 그러나 참된 행복이란 불평과 불만이 없는 상태를 말한다. 다른 사람과 비교하는 사람, 부족함을 느끼는 사람, 열등감을 느끼는 사람들은 결코 행복을 누릴 수 없다. 그러기에 나의 주어진 것에 대한 감사와 자족이 행복을 만드는 비결이다.

새해에는 가지고 있는 것에 족한 마음을 가지고 살자. 마음에 더 가지려는 욕심과 남의 것을 탐내는 마음들을 버리고 감사하는 마음을 가지고 살자. 그럴 때 평안이 있고 행복을 누릴 수 있다. 또 그런 마음을 가지고 있을 때 남을 배려하고 용서하는 마음이 생기게 될 것이다.

이제 나를 두르고 있던 무거운 마음의 짐을 버리자. 예수님처럼 아무것도 소유하지 않으셨지만, 모든 것을 가지고 있는 그런 삶을 누리자. 그럴 때 사랑의 눈이 열려 가족을, 성도를, 이웃을 제대로 볼 수 있게 되는 것이다. 굴절되지 않은 영상으로 볼 때 진정한 아름다움을 볼 수 있다. 새해에는 준비된 자가 되어서 신랑이 오실 때까지 등불을 켜두는 사람이 되자.

○

무관심은
갈등보다
위험하다

○

대가족제도에서 핵가족제도로 바뀌고 그 핵가족제도의 중심이 되는 부부들은 맞벌이 부부가 대다수를 차지하고 있다. 이제는 학교에서나, 회사에서, 또 공무원 사회에서 남녀 비율이 동등하거나 오히려 여성이 많은 곳이 눈에 많이 띈다. 지금 사회가 남편 혼자 벌어서는 안 되는 그런 환경으로 바뀌어가고 있기 때문에 대다수 부부가 생활현장으로 달려가고 있다. 편하게 잘 먹고 잘사는 것은 누구나 원하는 것이기 때문에 열심을 내는 것 같다. 덩달아 아이들도 초등학교만 들어가면 바쁘다고 한다. 어느 학원에 다니는 초등학교 1학년 학생은 학교 수업을 마치고 3~4개의 학원에 다녀서 너무 바쁘다고 한다. 참 슬픈 일이 아닐 수 없다. 이렇게 살아가야만 하는 건가 하는 의문이 들기도 한다. 이러다 보니 가정에서도 깊은 대화가 거의 없고, 문제도 나누지 못하고, 앞만 보고 달려가고 있다. 부부관계도 마찬가지이다. 아내의 관심사가 무엇인지? 남편은 어떤 생각을 하고 사는지 알고 싶어 하는 젊은 부부들이 많지 않은 것 같다. 분명히 부부는 하나라고 하는데 각자 생활하고 배우자에 대해서 간섭이나 관심을 가지는 것에 대한 불편함을 느끼는 것 같다. 그래서 퇴근하고 들어온 남편은 식사 후 자기 방에서 컴퓨터와 친숙함의 관계를 맺고, 아내는 T.V나 아이들과 시간을 보내다 각자의 방에서 잠을 자곤 한다. 그렇다면 주말이라도 같이 움직이는 것이 바람직한데도 막상 주말이 오면 남편은 남편대로 여가를 즐기고, 아내는 아내대로 다른 스케줄을 가지고 움직인다. 이것은 꼭 취미나 여가활동이 같아야만 되는 것은 아니지만 최소한 주말이라도 부부가 삶의 질을 높이기 위한 깊은 대화를 하는 것이 좋지 않을까 하는 생각이 든다.

　어느 중년의 남편은 사업장이 지방에 있다 보니 처음에는 늦게 귀가하고 일찍 출발하더니 시간이 흘러 나중에는 그쪽에 집을 구입한 후 서울에 있는 부모님을 모시고 같이 생활하고 있다. 그리고 아내와 자녀가 있는 가정은 주말에만 와서 생활한다. 물질의 큰 어려움이 없다 보니 남편은 이 정도면 할 도리는 다하고 사는 것 아니냐고 이야기하지만, 아내의 불만은 보통 심각한 것이 아니다. 지방의 먼 거리도 아닌데도 불구하고 부모님과 하나 된 것에 대해 여간 힘들어하지 않는다. 아니 지금은 죽기 일보 직전이다. 내면의 이런 상처를 갖고 있다 보니 신앙생활도 자연히 멀어지게 되고 아무런 소망도 없이 보내고 있다고 한다. 지금은 오히려 그 전에 다투던 때가 더 그리워진다고 한다. 그러면 지금 그 아내는 시부모에 대해서 어떠한 생각을 하고 있을까? 아마 이 정도면 대다수 부인의 마음에는 어떤 문제라도 일어나서 하루속히 남편이 거기에서 빠져나오기를 학수고대하고 있는지도 모른다. 그래서 행복한 가정은 갈등을 전혀 경험하지 않은 가정이나, 갈등이 있더라도 반응을 하지 않는 가정이 아니라 갈등이 일어났을 때 이에 성공적으로 대처할 수 있는 가정을 말한다.

갈등은 때로 친밀한 관계를 구성하는 요소가 되는 부분도 있기 때문이다. 이처럼 무관심은 파괴적이다. 그리고 당하는 사람들은 외로움을 크게 느낀다. 이 외로움은 이혼의 고비에 처하지 않은 사람들조차 무능력하게 만들 수 있다. 하나님의 의도에 근거하지 않는 결혼생활을 하고 있거나, 자녀들이나 교회 또는 그 밖의 이유로 결혼생활을 이어가는 것은, 혼자 있는 것만큼이나 외로운 것일 수 있다. 그리고 이 외로움은 좋은 자아상으로 가는 길을 가로막는 또 하나의 장애물이 되는 것이다. 그러면 어떤 반응을 하는 것이 좋은 것일까? 무엇보다 먼저 자기의 느낌을 받아들여야 한다. 죄의식을 가지고 살아가서는 안 된다. 더 이상 감정을 부끄러워하지 말고 슬픔에서 기쁨까지 인간이 갖는 모든 감정의 영역을 경험하도록 자신을 풀어주어야만 할 것이다. 자신의 솔직한 감정을 남에게 내보이는 것은 어두움을 몰아주는 탈출구가 된다.

심리학자인 래리크랩Larry Crebb은 그리스도인 집단에서는 감정을 숨기는 것을 조장하고 있다고 주장한다. 그리스도 안에서 새로운 피조물이 된 것으로 가장된 사람들은 "자신이 변화된 것으로 가장할 것"을 요구받는다. 만약, 그리스도인 가정이나 교회에서 불편한 감정을 부인해 버린다면, 자신의 감정에 정직하려 하는 사람은 자신이 배신자가 된 것처럼 느껴질 것이다.

정신과 의사들은 마음이 침묵하면 몸이 부르짖는다고 주장하고 있다. 그래서 존 파웰John Powell은 "내가 나의 감정을 억누를 때는 나의 위장이 점수를 매긴다"고 하였다. 억압된 분노는 위산과다를 촉발해 소화가 안 되게 하거나 위궤양으로 나타난다. 화가 났을 때 분노의 존재를 인정하고 고백하는 것이 분노에 대한 가장 건전한 반응이다. 노를 무시하고 억누르면 문제는 더 악화하고 곪아 터질 뿐이다.

화를 내는 것이 언제나 죄는 아니지만 분을 억누르고 사는 것은 언제나 죄가 된다는 것을 알아야 한다. 분노를 억누르는 것은 우리 인격에 손해를 끼치는 가장 나쁜 반응이다. 불행하게도 이것은 우리 한국의 그리스도인, 특히 약한 위치에 있는 여성들이 많이 사용하는 반응이다. 이제 무관심에 대한 적대감을 쌓아 두지 말자. 그것은 좌절과 분노의 감정을 다루는데 가장 나쁜 방법이 되기 때문이다. 가능하면 논쟁을 위한 환경을 준비하고, 감정을 알리되 감정을 창이나 돌을 던지듯이 던져서는 안 된다. 그리고 문제의 해결책을 제의하고 상황에 대한 문제점을 전달하는 것이 좋다.

문제(問題)와 답(答)

필자가 얼마 전에 현지에서 사역하는 선교사를 만났다. 이런저런 이야기 나누다가 이런 말을 들었다. 요즘 목회자들이 문제가 많다는 것이다. 사실 이 말은 새삼스러운 말이 아니다. 지방회만 가도 목회자들 사이에서도 이 말은 심심치 않게 들어온 바다. 이뿐인가? 요즘 우리 사회는 온갖 문제가 난무(亂舞)하고 있다. 국민은 정치인들이 문제가 많고, 정권을 잡은 분들이 문제가 많고, 가정에서 아이들과 부모들은 상대방에게 문제가 많다고 한다. 또 학부모들은 학교와 어린이집이 문제가 많고, 군대에서는 선임병들이 문제가 많다고 아우성친다. 이러한 것은 교회도 예외가 아니다. 어디 하나 공동체가 있는 곳곳마다 이러한 문제가 없는 곳이 없을 지경이다. 신문이나 뉴스를 보더라도 거의 귀에 익숙한 단어가 사건, 사고를 통해 일어나는 문제 타령이다. 저는 그래서 그 선교사에게 넌지시 물어 봤다. "그렇다면 이 문제를 어떻게 하면 해결될 수 있을까요?" 나중에 답을 주겠노라고 했다. 목회자들이 문제가 많다고 한 그 목사에게 답을 물어봤다. 역시 그도 대답을 하지 못했다. 많은 사람이 많은 문제가 있다고 하는데 정작 이 문제에 대한 답을 이야기하는 사람은 참으로 드물다. 그렇다면 진짜 문제는 무엇인가? 그것은 답을 찾지 못하는 문제를 가지고 있기 때문이다. 아니면 그 답을 찾으려고 하지 않은 채 그저 말하기 쉬운 말로 문제만 발설하고 본인은 그 문제와 아무런 상관이 없는 것처럼 살고 있는 것이다. 그렇다면 과연 답이 없을까? 그렇지 않다. 사실 모든 문제의 답은 문제에 있다. 그리고 자신에게 있다. 그런데도 애써 자기와 아무런 상관이 없는 것으로 외면한다. 어떻게 보면 모든 곳에 많은 문제점이 있을 수 있다. 그렇다면 언제까지 이 골치 아픈 문제 속에서 허우적거리고 있을 것인가? 이제는 답을 이야기할 수 있어야 한다.

  서울대 정신과 연구팀이 한국 20세 남성의 인격장애Personality disorder에 관한 연구를 발표한 일이 있다. 그 결과에 의하면 한국의 남성 10명 가운데 4.5명이 '성인아이'(미성숙 어른)로 나타난다. 이는 20세 남자 2명 가운데 1명이 성격이 원만하지 못해 대인 관계나 사회생활에서 지장을 초래할 수 있다는 것이다. 그리고 이는 원만한 대인관계에 문제가 있음을 의미한다. 이러한 인격장애의 양상을 본다면 첫째는 편집성 인격장애이다. 이것은 타인의 행동에 순수한 동기로 보지 못하고 악의를 가지고 있는 것으로 판단한다. 그래서 타인을 배려할 줄 모르고 자기만 안다. 둘째는 히스테리성 인격장애이다. 이 장애가 있으면 감정이 불안하고 외부자극에 아주 민감하다. 진실성이 없고 지나치게 이기적이면 감정조절이 어렵다. 이들은 환경과 여건에 따라 극단적 행동(자살, 묻지마 살인, 동반자살)등을 보일 수가 있다. 셋째는 회피성 인간 장애이다. 타인이 자기를 평가함에 지나칠 정도로 과민하게 반응한다. 지나치게 소심하여 때로는 오해를 받을 때도 있다. 여기서 나타는 것이 거절감과 수치심이다. 이러한 인격장애의 대부분은 건강한 사람에게도 어느 정도 조금씩의 증상이 있을 수 있다. 그리고 이것들을 방치하게 되면 비인격적 태도가 나오게 되고 단절된 삶을 살 수가 있다. 어떻게 보면 이 사회는 이러한 많은 상처 받은 사람들이 모여 사는 곳이다.

　외상(外傷)을 입으면 병원에서 치료받듯이 내면에 있는 상처 역시 치료를 받아야 바르게 살 수가 있다. 그리고 이러한 시스템이 하루속히 만들어져야 한다. 이것을 통해 우리가 알아야 할 것은 이 모든 문제의 핵심에는 욕심이라는 거대한 암초가 있다는 것이다. 그래서 성경은 탐심을 우상숭배라고 말한다. 그러므로 이렇게 많은 사람이 이러한 문제를 가지고 사는 것은 거기에 버릴 수 없는 욕심이라는 달콤한 유혹이 있기 때문이다. 그래서 사람들은 이것이 잘못인 줄 알면서도 버리지 못하고 또 이러한 문제는 계속 순환(循環)되고 있는 것이다. 그런데 이것을 좀 더 엄밀히 따지자면 아무리 이런 것을 소유해도 관 속에 가지고 갈 수 있는 것은 아무것도 없다는 것이다. 다시 말해 모두가 썩는다는 것이다. 그러므로 이제 굳이 답을 단다면 성숙한 어른들이 말보다 행동으로 보여야 한다는 것이다. 장애가 없는 분들이 먼저 몸으로, 행동으로, 삶으로 보여줄 때 많은 문제는 해결되어 진다. 그러므로 내 주위에 문제가 많은 것이 아니고 상처받고, 인격장애를 가진 사람들이 많은 것이다. 이제 그들을 향해 격려와 배려 그리고 사랑을 베푼다면 아마 이 땅에도 얼마가지 않아 문제없는 사회가 되지 않을까? 그러므로 문제가 있다는 자체가 문제가 아니다. 문제를 어떤 시각에서 인식하고 어떻게 풀어 나가는가에 따라 성숙한 사회와 그렇지 못한 사회가 구분되는 것이다. 문제와 자기 자신을 분리하지 못한 채 남에게 모든 것을 전가하며 절망에 허우적거리는 어리석음은 분별력과 판단력을 상실한 자기중심적 사고방식의 산물이다.

우리의 문제가 나만 피해를 보고, 나만 괴롭힘을 당한다고 생각하는 것은 건전한 자아성찰이 아니다. 그것은 자신을 피곤하게 만들고 자기의 자아를 죽이는 것이다. 많은 문제 앞에서도 '분명히 답은 있을거야?' 라고 생각하는 건전한 자아 성찰이 필요하다. 반면에 모두가 나쁜 사람이고, 세상에 믿을 사람 아무도 없다고 하면서 한숨과 분노로 산다면 이는 어떻게 보면 자기학대라고 할 수 있다. 자기학대는 지금까지 배운 습관에서 나오는 것이다. 우리는 어느덧 비판 세력과 판단만 하는, 그래서 절망하는 삶으로 사는 인생들이 된 것 같다. 이러면 행복은 없다. 미래도 없다. 행복과 미래는 우리가 자기 내면을 보게 될 때 이루어질 것이다.

보약^{補藥}을 먹자

비언어적인 커뮤니케이션은 간접적인데 비하여 직접적이고 구체성을 지니는 수단이 언어적인 커뮤니케이션이다. 우리가 사용하는 언어 중에 가장 효과적인 애정의 수단은 바로 '칭찬'이다. 칭찬은 많은 수고가 필요 없는 말에 지나지 않는다. 그러나 그 위력은 대단하다. 애정을 공급하는 가장 강력하고 중요한 파이프_{main pipe}가 칭찬이기 때문이다. 사람은 남녀노소 누구나 칭찬을 받으면 행복하다. 칭찬을 통하여 애정을 공급받게 되면 모든 가족관계 변화와 성장이 시작된다. 칭찬은 기적을 가져온다. 마치 시들었던 화초에 충분한 수분을 공급하면 줄기가 힘을 얻고 잎이 활짝 피어나는 것에 비유할 수 있겠다. 혹 불행한 가정이라도 꾸준한 칭찬을 통하여 애정이 재공급되면 행복한 가정이 되는 기적을 자주 볼 수 있게 된다. 특히 남편들은 아내로부터 진심으로 말하는 존경 어린 칭찬과 격려를 듣고 싶어 한다. 그러나 아내들은 한결같이 남편에 대한 칭찬과 격려에 대해 인색한 것이 오늘날의 현실이다. 부부간의 가정생활에서 아무리 강조해도 모자란다고 생각되는 것은 아내가 남편을 있는 그대로 인정해주고 격려해주는 것이다. 이것이 진정한 의미에서 남편에게 해주는 보약이다. 그런데 우리 부부들은 언제부터인가 배우자의 결점과 단점을 보는 눈은 커져 있고, 장점과 좋은 점을 보는 눈은 어두워져 있는 것이다.

가정 사역을 하면서 수많은 부부, 그중에서도 문제와 갈등 속에서 헤매는 부부들을 만나게 되면 그들의 대다수는 한결같이 배우자의 성격이나 결점을 고치려고 무던히도 애쓰고 노력하고 있다는 것이다. 그런데 그 많은 수고와 노력과 갈등 속에서 배우자가 많이 고쳐졌느냐고 물어보면, 그렇지 않다는 것이 공통된 답변이다. 원인이 무엇일까? 상대를 깎아내리는 버릇과 말은 자신은 물론 배우자까지 자멸하게 만드는 무섭고도 가공할 무기가 될 수 있다는 것이다. 심리학자나 위기상담학자들과 부부사역을 하는 전문가들의 의견에 의하면, 어떤 이론이나, 잔소리나 혹은 바가지를 긁는다고 해서 상대방의 나쁜 버릇이나 습관이 절대로 고쳐지지 않는다는 것이다. 오히려 문제를 일으키는 배우자의 단점과 약점을 끄집어내 고치도록 채근하지 않고, 장점을 격려하고 칭찬할 때 자연스럽게 단점까지도 해결된다는 것이다.

말은 입으로부터 나오는 것이 아니라 마음으로부터 나온다. 그래서 말은 곧 그 사람의 인격의 현실이요, 유형이 된다. 마음에 내재한 부정적인 말은 인격이 형성되어 나가는데 가장 큰 장애물이 되고 또 그 말이 그 사람의 인격의 유형을 형성한다.

마크 트웨인Mark Twain은 "나는 한 번 칭찬을 받으면 두 달간은 잘 지낼 수 있다"고 말한 적이 있다. 마크 트웨인의 말대로라면 일 년에 여섯 번 칭찬을 받으면 일 년 동안 사랑의 그릇은 일정한 수준을 유지하면서 잘 지낼 수 있는 것이다. 또 감정적으로 사랑을 표현하는 하나의 방법이 있다면 그것은 격려하는 말을 쓰는 것이다. 잠언 18:21절에도 솔로몬은 "죽고 사는 것이 혀의 권세에 달렸다"고 했다. 그러나 많은 부부는 말의 위력을 잘 알아차리지 못하고 지낸다. 칭찬하는 말이나 감사의 표현은 사랑을 잘 전달하는 힘이 있다. 그래서 배우자의 삶의 아직 계발되지 않은 잠재력을 깨우쳐 줄 필요가 있는데 그것은 전적으로 믿으면서 칭찬을 하게 되면 깨어날 수 있다는 것이다. 그리고 칭찬이란 심리적인 일용할 양식처럼 일상생활화 하는 것이 좋다.

우리가 마치 육체적 일용할 양식을 매일 꾸준히 섭취하듯이 칭찬도 일상적으로 생활화하여야 한다. 그러기 위해서는 먼저 1인칭 언어I-massage와 2인칭 언어You-massage 중에서 1인칭 언어를 사용하는 것이 좋다. 2인칭 언어를 사용하면 메시지는 왜곡되고 애정이 차단되게 된다. 마음속의 생각과 애정을 바르게 전달하기 위해서는 "나" "저" "내 생각"으로 시작되는 1인칭 언어를 습관화해야 한다. 무심코 "당신" "너" 또는 2인칭이 생략된 "왜"로 시작되는 언어는 마음에도 없는 비난이 섞인 메시지가 전달되기 쉽다. 심리학에 '피그말리온 효과'라는 용어가 있다. 상대방에 대해 잘할 것이라고 기대하면 그 사람은 그 기대에 부응하기 위해 더 잘하게 된다는 것이다.

미국 LA에서 올림픽이 열렸을 때 중국 여자 수영 선수가 다이빙에서 금메달을 딴 후 인터뷰를 했다. "당신은 동양 여자로 몸집도 아주 왜소한데 어떻게 그렇게 부드러운 동작과 침착하고 차분한 모습으로 고공에서 아름답게 다이빙을 연출할 수 있었습니까?" "저는 어렸을 때부터 100미터 경주를 좋아했습니다. 그런데 경주에 나가면 자주 엎어지고 넘어졌습니다. 그래서 등외의 선수가 되면 어머니는 제게 늘 이렇게 얘기하셨죠. '사랑하는 딸아, 나는 네가 1등 하는 것보다 넘어졌다가 일어나는 모습이 더 아름다웠다. 나는 네가 일어나는 모습이 너무 아름다워서 견딜 수가 없었단다. 너는 아름다운 내 딸이야.' 이렇게 말이에요." 다이빙을 시작하면서 실수하고 사고도 났지만, 그때마다 어머니는 동일하게 말씀하셨어요. 어머니를 생각하면 다이빙 스탠드에서도 모든 두려움이 사라지고 마음이 편안해집니다. 엄마의 칭찬이 그녀를 세계적인 다이빙 선수로 만들어 낸 것이다.

가정은 인간의 마음 그릇을 구워내는 가마와 같다. 부모의 따뜻한 사랑과 부부가 서로 사랑하는 모습을 보여주는 것만큼 자식들에게 물려줄 귀한 유산은 없는 것 같다. 부부의 안정된 삶이 아이들에게 긍정적인 삶의 그림을 그리게 한다. 그런 유산을 받은 자손은 가능성의 그릇을 마음껏 활용해 역사의 주인공이 될 수 있는 것이다. 어떻게 보면 단점이 없는 아내는 이 지구상에 한 사람도 없는 것 같고, 또 단점이 없는 남편도 이 지구상에 한 사람도 없는 것 같다. 그래서 아홉 가지 단점보다 한 가지 장점을 보는 아름다운 눈을 키울 수 있다면, 그리고 그것을 입으로 칭찬과 격려의 언어로 사용한다면 그것은 이 세상 최고의 보약補藥이 되는 것이다.

부정적인
틀을 깨자

믿음을 가지고 신앙생활을 하는 모든 사람이 바람을 가지고 있다면 그것은 날마다 감사하고 기뻐하는 삶일 것이다. 그러나 말씀을 통해서 그렇게 살려고 아무리 애를 써봐도 잘 안되는 것이 사실이다. 주변을 살펴보면 온통 힘들고, 짜증 나고, 화가 나고, 이해 못 하는 것들이다. 아무리 은혜를 받고 이제는 그대로 살아야지 다짐을 하고 돌아왔지만 언제나 삶의 현장에서는 나의 의지보다는 오히려 갈등만 더 심화된다.

가정에서는 남편(아내)이 한 몸이 되지 못하여 서로 몸만 부부이지 참다운 부부답게 살지 못하는, 아담이 하와를 원망하듯이 그렇게 사는 모습들도 눈에 띈다. 하나님은 창세기 2장 24절을 통해 이제는 '둘이 한 몸'이라고 말씀하고 있지만, 우리가 현재 사는 삶은 한 몸이 되지 못하고 있다. 또 에베소서 6장 4절은 아이들을 노엽게 하지 말라고 말씀하지만, 집에서 아이들이 행동하는 모습들을 보면 화가 있는 대로 날 수밖에 없다. 또 교회를 보자 서로 지체라고 하는데도 왜 이렇게 보고 싶지 않은 지체(?)들이 많은지, 때로는 외면하고 싶은 이들 때문에 교회를 떠나고 싶은 유혹이 있을 때가 너무 많다. 이웃을 보면 "네 이웃을 네 몸과 같이 사랑하라"고 하셨지만 그게 그렇게 쉬운 일인가 하는 원망을 해보게 된다. 그런데도 성경은 우리에게 순종을 요구하고 있다. 그러나 우리는 말씀대로 살지 못하고 오히려 믿지 않는 사람들보다도 더 힘겨운 사투를 하는 것이 사실이다. 그래서 물질만이 나를 행복하게 해줄 수밖에 없다고 생각하며, 그것만이 모든 것을 해결할 수 있다는 믿음(?)이 오히려 우리를 지배하고 있다.

　우리의 내면에는 이렇게 선과 악이 존재하는데 치유되지 않은 상태에서 우리의 눈은 어두운 것을 보게 되며 보이는 것에 마음을 빼앗기게 된다. 그래서 죄가 있는 자의 마음은 병들게 되어 있다. 다만 그것을 느끼지 못할 뿐이다. 우리는 모두 내적으로 아픈 사람이기 때문에 병든 자와 죄인을 위해 오신 예수님을 만나야 한다. 그래서 원죄로 인해 유전된 상한 원 마음까지 치유가 되어야 한다. 어느 구석이든 더러운 찌꺼기가 있으면 각종 해로운 동물들과 벌레들이 꼬이게 마련이다. 그것을 보자기로 덮는다 해도 감출 수가 없다. 사람의 눈은 가릴 수 있어도 거기서 나오는 썩은 냄새는 막을 수 없다. 그렇다! 우리 마음속에 더러운 물질들이 해결되지 않고 가족을, 성도를, 이웃을 사랑한다는 것은 처음부터 너무나 허무맹랑한 거짓인 것이다. 나의 더러운 것을 웃음으로 감추고 없는 것처럼 하면서 가면을 쓰지만, 가면을 벗고 나면 후회와 미움과 원망이 더 많이 나타나기 때문이다.

예수님은 우리의 모든 무거운 짐을 다 지신다고 말씀하셨다(마 11:28). 그래서 우리의 더러운 것들을 다 버리면(회개하면) 된다고 말씀하셨고 또 마태복음 9장 12절 에서는 '건강한 자에게는 의사가 쓸데없고 병든 자에게라야 쓸 데 있느니라'고 말씀하셨다. 내가 병든 것을 고백하면 된다는 것이다. 그러나 내 속이 썩어있으면서 괜찮다고 안 하는 것은 아무 소용이 없는 것이다.

마태복음 13장 3-8절에는 네 가지 마음 밭에 대해 말씀하셨는데 즉, 길가밭, 돌짝밭, 가시밭, 옥토밭이다. 이 중 앞에 세 가지 밭은 상한 마음이다. 이 마음 밭은 죄의식, 분노, 원한, 의심, 교만, 염려, 두려움, 불신 때문에 그 씨가 자라나지 못한다. 이러한 상황에서는 열매를 맺을 수가 없다. 분명히 씨를 뿌리고 물을 주었지만, 그 밭은 열매가 나타나지 않는다. 그 상한 마음에서는 어디를 가든지 다른 사람을 변화시키지 못하고 문제와 어려움 속에서 빠지게 된다. 내가 열심히 노력해서 되는 것이 아니다. 내 마음의 밭을 옥토로 만드는 것이다. 그러기 위해서 나에게 최면을 걸어서 그렇게 보이려고 하지 말고 진심으로 믿음의 선조들처럼 성령을 의지하고 치유 받아야 할 것이다. 그럴 때 내적인 변화와 열매를 맺을 수 있을 것이다.

그러기 위해서 이제 나만이 가지고 있는 부정의 안경을 바꿔야 한다. 내 마음속에 고착된 그 색깔들 때문에 안경을 통해서 비추어지는 것이 늘 변하지 않기 때문이다. 그 안경과 틀을 과감히 바꾸어버리고 투명하고, 정직한 안경을 쓰자. 있는 것을 그대로 볼 줄 아는 안경을 만들자. 그래서 나의 모습을 먼저 보는 그런 안목을 키우고 그동안 내 틀 속에 들어오지 않아 힘들었던 것들을 틀 밖으로 내어보자. 그 순수하고, 아름다움을 보자. 정감을 느끼자. 좀 더 긴 안목을 가지고 영원을 내다보며 우리의 가치관을 바꾸자. 영원에 비교하면 이 땅에서 우리에게 주어진 시간은 아주 잠깐이다. 그러나 그에 따른 결과들은 영원히 남을 것이다. 날마다 인생의 마지막 날처럼 여기고 사는 것이 더 지혜로운 삶의 모습이다. 메튜헨리Matthew Henry는 이렇게 말한다. "우리의 마지막 날을 준비하는 것이 매일의 일이 되어야 한다."

분노는
독(毒)인가
득(得)인가?

　　　　　　현대는 경쟁사회이다. 사실 선의의 경쟁은 필요한 것이다. 우리는 경쟁이 있기 때문에 의욕을 가지게 되고 또 발전하게 된다. 그러나 경쟁을 하면서도 우리는 함께 살아가는 동료라는 의식이 없어질 때 이 경쟁은 쉽게 파괴적인 경쟁이 되고 마는 것이다. 세계 여러 나라 가운데서도 한국 사람들은 지나치게 화를 많이 내며 산다. 그래서 도로 한복판에서도 차를 세워놓고 고성이 오가고 주차 문제 때문에 목숨을 건 싸움도 마다하지 않는다. 모든 사람이 자기를 위해 길을 비켜 주어야 한다고 생각한다. 신호등도 자기에게 유리하게 작동해야 한다고 생각한다. 버스나 지하철이 연착되면 분노가 극에 달해서 소리를 지르고 큰소리로 항의한다. 그런가 하면 운동장에 있는 선수들도 사소한 시비로 많은 사람이 보고 있는 데서 폭력을 행사하기도 하며 국회에서는 점잖게 생긴 분들이 멱살을 잡고 욕을 하며 물건을 던지고 부수기도 한다.

　우리나라 기독교 교단은 어떠한가? 이처럼 우리는 스트레스로 가득한 사회에서 살고 있다. 많은 사람이 과도한 일에 시달리며 지쳐 있다. 우리 사회는 더 큰 것, 더 좋은 것, 더 빠른 것을 요구한다. 우리는 지금 세상이 더 빨리 돌아가도록 돕는 전자장치를 주인으로 모시고 있다. 수많은 사람이 휴대폰을 들고 다니고, 전자우편, 인터넷, 컴퓨터, 팩시밀리는 정보이동의 속도를 더하고 있다. 손바닥만 한 컴퓨터가 우리의 삶을 조종하고 있다. 그러나 이 모든 것들이 우리에게 도움이 될 수도 있고, 매우 파괴적인 것이 될 수도 있다. 휴대폰은 우리를 얽매는 역할을 하게 되어 홀로 있거나 조용히 사색할 시간이 없다. 자고 일어나면, 또 수시로 휴대폰을 보면서 어쩌다 손에서 떨어지면 불안함을 느낀다. 이렇게 빨리 돌아가는 세상에서는 기다리는 것을 좋아하지 않는다. 인내는 사라지고 조바심만 남았다. 따라서 우리의 삶을 방해하는 모든 것들에 더 쉽게 화를 내게 된다. 우리의 움직임이 방해를 받거나 지체될 때 참지 못하고 화를 내게 만드는 긴박감이 항상 존재하는 것 같다.

　몇 년 전 강원도 삼척, 아주 한가한 비포장도로에서 일어났던 끔찍한 한 사건이 전 국민을 놀라게 했다. 신혼여행을 떠났던 부부가 운전하던 차 안에서 총탄을 맞아 피투성이가 되어 죽은 것이다. 몇 달 뒤 이 사건의 범인 두 사람이 체포됨으로 사건 전모가 드러나게 되었는데 이것이 아주 단순하고 우발적인 한 계기를 통해서 이런 살인이 일어난 것에 우리는 경악을 금할 수가 없다. 범인 두 사람은 엽총을 갖고 사냥길에 떠났다. 그들이 차를 몰고 가다가 신혼부부 차가 그들의 차를 추월했다. 먼지를 피우면서 추월하는 순간 두 사람은 화가 났고 서로 몇 번 추월 경쟁을 하다가 화가 난 범인들은 그들이 가지고 있던 사냥총을 신혼부부가 타고 있던 차를 겨누어 난사했다. 결국 이 신혼부부는 피투성이가 되어 죽었다.

일반적인 분노에 대한 원인을 보면 첫째, 모욕감을 느꼈을 때이다. 사람들은 자존심이 상처받았을 때, 다른 사람들에 의해 나의 험담이나 부당한 말을 들었을 때, 무시당할 때 우리는 자존감이 위협받기 때문에 화를 낸다. 또 거절당하거나, 제지당하거나 창피를 당했을 때 분노를 느낀다. 그리고 안정감이 위협받았을 때도 분노를 느끼게 된다. 둘째, 소원이나 기대가 좌절되었을 때 분노한다. 즉, 실망할 때 화가 난다는 것이다. 원하는 것이 뜻대로 되지 않았거나 상대방에 대한 기대가 좌절되었을 때 분노가 일어나는 것이다. 그러나 많은 그리스도인은 화를 내서는 안 된다는 고정관념 때문에 화가 났을 때도 그것을 무시하고 인정하기를 거부한다. 이와 같이 분노를 억누르다 보면 억압된 감정이 정신 신체 질환으로 나타나기도 한다. 정신과 의사들은 마음이 침묵하면 몸이 부르짖는다고 주장한다.

무디의 전기를 읽어보면 무디가 미국 중서부의 한 도시에 가서 큰 전도대회를 열게 되었다. 그리고 그는 집회 며칠 전에 도착했는데 그날 조간신문에 "교만한 전도자, 무디"라는 헤드라인 타이틀로 무디가 교만하다고 기사가 났다. 무디가 바쁘고 여러 가지 상황 때문에 기자들하고 인터뷰를 거절했더니 기자들이 화가 나서 그렇게 신문에 낸 것이다. 그것을 보고 무디의 참모들이 화가 났다. "목사님 이럴 수가 있어요?" 그런데 무디가 신문기사를 쭉 읽어보더니 껄껄 웃으며, 하는 소리가 "이 사람들이 사람을 잘못 보았구나! 나는 이 신문기사에 난 것보다 훨씬 더 악해, 나는 훨씬 더 교만하다고 이 정도면 잘 썼구만" 그리고 또 말하기를 하나님이 "나에게 더 겸손해지라는 사인이야 우리 더 기도하자"하고 넘어갔다고 한다. 대단한 사람이다. 그래서 그는 더 큰 존경을 받았다. 그렇다. 문제의 원인을 항상 자기 자신 안에서 찾는 것을 배워야 한다.

사실상 분노 자체는 선하지도 악하지도 않다. 하나의 감정일 뿐인 것이다. 그러나 문제가 되는 것은 그 분노가 나를 어디로 이끌어 가는가 하는 것이다. 좀 더 쉽게 말해 그 분노를 내가 어느 방향으로 가게 하느냐가 중요한 것이다. 분노가 그릇된 방향으로 가도록 내버려 둔다면, 결과적으로 그 분노는 나쁜 분노, 혹은 불건전한 분노가 될 것이다. 화난 사람은 어리석은 결정을 하게 되고, 사랑하는 사람들에게 말로 상처를 주며, 과민반응을 하게 되고, 지나치게 엄하게 야단을 치며, 침착하게 생각했더라면 절대 하지 않았을 일을 계속해서 하게 된다. 그러나 올바른 방향으로 가게 한다면 그것은 좋은 분노 혹은 건전한 분노가 될 수 있다.

건전한 분노의 예를 들어보자. 어떤 사람이 자기의 가족 중 누군가에게 해를 끼칠 경우에 나타내는 분노를 들 수가 있다. 그때 그는 심한 분노를 느끼고 그 분노는 곧 가족을 구하기 위한 실제적 행동으로 바뀔 것이다. 또 어느 학생이 성적이 좋지 않아 부모로부터 꾸지람을 들었다고 하자 그중에 한 아이는 기분이 나빠 불쾌한 감정을 가지고 있는가 하면 한 아이는 그 꾸지람이 에너지가 되어 더 열심히 공부하는 계기가 되기도 한다. 이처럼 분노는 선택이다. 무한한 에너지를 어떻게 쓰는가는 매우 중요한 일이다. 그러나 우리의 분노를 어느 방향으로 보낼지를 결정하는 것은 바로 나 자신인 것이다.

과거로부터
벗어난
치유

 인생을 살다 보면 여러 가지 문제가 생긴다. 아무런 부담감 없이 자유로운 마음으로 살고 싶지만, 그런 경우는 흔치 않다. 그래서 우리는 어떻게 하면 인생을 복되게 살 수 있을까 하는 마음에 관심이 있지만, 그것에 대한 정답을 가지고 있는 사람은 없는 것 같다. 그러나 우리의 인생을 복되게 하는 요소들 가운데 하나가 있다면 그것은 과거에서 벗어나는 것, 과거를 버리는 작업이다. 과거의 상처와 아픔에 매여 있는 사람에게는 현재나 미래에 참된 기쁨이 없다. 그 사람의 기억과 감정, 행동이 늘 과거의 상처에 머물러 있기 때문이다. 그는 과거라는 안경을 끼고 현재와 미래의 자신을 보기 때문에 행복이 없다.

 한 50대 남자는 어릴 때 가정 형편이 좋지 않아 밥을 먹는 횟수보다 굶는 횟수가 많았다고 한다. 어느 날 너무 배고파 있을 때 마을 아주머니가 보기가 안쓰러웠는지 자기 집으로 데리고 가서 밥을 주었는데 얼마나 먹었던지 몸을 조금도 움직일 수가 없었다. 그래서 주변 사람들이 죽었다고 할 정도였다고 한다. 그에게 그런 아픈 기억이 늘 마음속에 남아있어 아버지를 꽤 많이 원망했다. 왜 그토록 경제력을 가지지 못해서 어려움을 주었을까 하는, 불만 섞인 감정이 있었다. 이런 불만을 가지고 살다 보니 많은 원망으로 청, 장년을 보냈다. 그 스스로 얼마나 힘든 세월인지 모른다. 그런데 다행히 치유를 통해 아버지를 용서하고 그 과거의 터널에서 벗어난 것이다. 이처럼 치유에는 과거를 과거로 보낼 수 있는 놀랄만한 능력이 있다.

치유는 상처와 아픔을 통해 삶 전체를 성장시키는 신비로운 생명력의 통로이다. 이런 치유는 전통적인 목회의 역사를 통해서 볼 때 상처에서의 회복과 성장이 포함되어 있다고 본다. 이처럼 치유를 통해서 사람은 자신의 과거를 재해석하고 그 문제로부터 해방되며, 동시에 그 문제를 통해 성장한다. 그리고 그것을 통해 행복과 자신감과 사명을 감당하는 사람으로 변하게 된다. 이러하듯 한 부분의 치유는 삶의 여러 영역에서 고르게 성장하며, 높은 영적인 자원을 획득하게 되는 것이다. 그러나 치유를 통해 영적 구조가 형성되지 못한 사람은 그 사람을 고통스럽게 만들었던 동일한 문제와 환경을 만나게 되면 같은 증상이 재발하거나 혹은 다른 형태로 문제를 나타낸다. 이런 치유는 하나님과 자신과 이웃, 그리고 환경과 자신의 경험을 새롭게 이해하고 해석하는 관점의 변화이다. 여기에서 말하는 관점은 현실을 정확하고 바르게 이해하는 것이다.

정신의학자인 스콧 펙M. Scott Peck박사는 진리를 가장 정확한 현실이라고 했다. 치유의 현장에서 보면 왜곡, 결함, 침해 등이 발생한다. 이것은 정확한 현실적 진리를 모르거나 오해하는 데서 기인하는 것이다. 거짓과 잘못된 사실을 진리와 현실로 받아들일 때 문제가 되는 것이다.

헨리 나웬Henri Nouwen은 이렇게 말했다. 후회는 쓰라린 추억이며, 죄책감은 절망적인 기억이고, 감사는 즐거움으로 가득 찬 추억이다. 과거의 경험을 어떻게 삶에 융화시키는가에 따라서 우리의 감정은 깊은 영향을 받는다. 사실상 우리는 추억과 함께 현재의 세계를 깨닫는다.

한사람이 살면서 겪는 고통의 대부분이 과거의 기억에서 나오게 된다. 이것은 외로움, 불만, 두려움, 근심, 의심과 같은 감정으로 나타난다. 그 감정이 상처를 주는 이유는 대부분 마음속에 품어져 있다가 어떤 순간에 튀어나오기 때문이다. 아픈 기억일수록 더 깊숙이 감추어지고 억눌리게 된다. 그 감정은 잠재의식의 한구석에 깊이 숨겨진다. 치유는 이러한 현실을 바로 깨닫고 믿고, 확신하는 관점의 변화를 의미한다. 그래서 치유는 우리 삶의 현장에서 계속 이루어져야 하며 이를 통해 그리스도의 장성한 분량으로 나아가야 한다.

우리 삶의 성장을 방해하는 아픔과 상처라는 걸림돌은 관점의 변화가 일어날 때, 우리 삶을 단단하게 받쳐주는 디딤돌이 될 수 있다. 그러나 자기 문제의 원인을 깨닫는 데서 그친다면 전인적인 치유와 영적인 성장이 중단되거나 잘못된 방향으로 나갈 수 있다. 죄인된 자기 모습, 그러나 그리스도 안에서 존귀한 존재로서의 자기 모습을 그대로 볼 수 있어야 한다. 그리고 가치 없는 사람들을 세워주시고 인정하시는 하나님에 대해 바른 지식을 가질 때 치유와 성장이 이루어진다. 그럴 때 그가 만드는 관계는 건강하고, 그가 속한 세상이 변화되는 힘 있는 사람이 될 것이다.

그래도, 기다림이 좋다

　　　　　　　　2019년 12월부터 시작된 코로나19의 전 세계적 확산은 우리의 일상을 통째로 바꿔놓았다. 이전에는 경험해 본 적 없는 사회적 거리 두기를 시행해 오면서 경제 활동은 위축되고 생계는 힘들어졌다. 학교와 직장은 비대면 온라인 시스템에 적응하느라 여전히 분주하다. 중요한 업무 회의까지 랜선으로 진행되고 있고, 친구를 만나기도 부담스럽다. 오랜 기간 준비해 온 주요 행사들 또한 모두 취소되거나 비대면으로 약소하게 치르고 있다.

　　코로나19 사태가 장기화하면서 이와 연관된 스트레스로 불안, 우울, 무기력감을 호소하는 사람이 증가하고 있다. 코로나 블루라는 신조어까지 등장했다. 그러나 어쩌면 무기력감, 흥미와 의욕의 상실, 우울한 기분으로 대표되는 코로나 블루는 우리에게 또 다른 메시지를 주고 있지 않을까 생각이 든다. 욕심내지 않는 삶, 기본에 충실하되 기다리며 사는 삶을 받아들이고 감내해 가라는 사인일 수 있다.

현대인들은 지금까지 농경문화에서 도무지 맛볼 수 없었던 광속의 짜릿함 속에서 살고 있다. 인터넷, 물건배송, 음식 배달 모든 것이 속도 전쟁이다. 느리면 살 수 없을 것 같은, 아니 속도를 숭배하는 세상 속에서 사는 것 같다. 삶이 풍요로워지려면 속도에 저항해야 한다. 속도를 따라가는 삶은 피폐해진다. 그리고 속도에 저항하는 것은 기다림이다. 세상을 아름답게 만드는 것은 속도가 아닌 기다림이다. 그러나 살면서 기다린다는 것만큼 어려운 것은 없는 것 같다. 기다림은 힘들고 초조하며, 그 기다림의 시간을 뿌리치고 어딘가로 뛰쳐나가고 싶은 마음이 솟구치는 경우가 많다. 그러나 기다림 없이 좋은 것을 기대하는 것은 신기루에 불과하다. 세상에 감동을 주는 것들은 모두 세월을 곰삭여 만든 시간의 작품들이다. 누가 알아주지 않아도, 또 고난의 일들이 있음에도 불구하고 기다리며 낳은 나이테의 주름 같은 결과물들이다.

사람들은 느림을 퇴보처럼 여긴다. 그러나 느림은 느린 것이 아니라 위대함을 탄생시키는 감추어진 힘이다. 속도의 욕망에 맞서 싸워야 한다. 속도를 늦추면 이전에 보지 못하던 것들이 보이기 시작한다. 삶의 여유가 생기고, 아름다워진다. 속도로 인해 피폐해지고 상한 삶의 회복은 좀 더 느리게 살고자 하는 삶의 결단에서 시작된다. 느리면서도 여유를 가지고 미래를 꿈꾸는 것, 참으로 아름다운 것이다. 비록 지금의 삶은 고달프고, 때로는 위기 가운데 있을 수도 있다.

그렇다고 끝은 아니다. 꿈을 가지고 기다리면 반드시 좋은 날이 올 것이다.

6·25전쟁 직후 울산에서 동태 장사를 하며 생활하는 한 여집사님이 있었다. 그분은 동태 장사를 하면서도 마음에 간절한 소원이 늘 있었다. "하나님! 죽기 전에 번듯한 성전 하나 봉헌하고 천국에 갈 수 있게 해 주소서!" 그렇게 10년 가까이 기도했는데 여전히 삶에 변화가 없었다. 그래도 포기하지 않고 동태를 머리에 이고 이 동네, 저 동네 다니면서 간절히 기도했다. "하나님! 저의 꿈을 기억해 주세요. 하나님의 살아 계심을 꼭 보여 주세요." 어느 날, 한 할머니가 그분을 불렀다. 그래서 가보니까 그 할머니가 골동품 상자에서 복주머니 하나를 꺼내 풀면서 말했다. "여보게, 이 동전들은 내가 평생 모은 동전 보따리들인데 이 보따리랑 동태 한 상자를 바꿔주게나." 그분은 평생 모은 동전 보따리라는 말에 감동이 되어서 그냥 동태 한 상자와 바꾸어 주었다.

집에 가서 그 복주머니를 풀어보자 동전도 아닌 이상한 것이 하나 들어 있었다. 너무 이상해서 목사님께 무엇인지 물어보았다. 목사님도 보니까 이상해서 서울의 인사동 골동품 가게에 들러 감정을 의뢰했다. 가게 주인이 눈을 게슴츠레 뜨고 값을 많이 쳐줄 테니 팔라고 했다. "얼마 주겠소?"하고 물으니 10만 원을 주겠다고 했다. 목사님은 가슴이 덜덜 떨렸다. 45년 전에 10만 원이면 엄청난 금액이었다. 목사님이 대답했다. "내 물건이 아니고 감정만 하러 온 것이니까 팔 수 없습니다." 그때 가게 주인이 다시 팔라고 조르면서 "100만 원을 드리겠습니다."라고 했다. 그 말을 듣고 목사님은 그게 엄청난 골동품임을 눈치챘다. 그래서 목사님은 팔 수 없다면서 가게 밖으로 나오자 가게 주인이 나와서 붙잡으며 이번에는 200만 원 주겠다고 했다. 그런 식으로 계속 백만 원씩 500만 원까지 올랐다. 그래도 목사님이 안 팔겠다고 하자 가게 주인이 말했다. "이번이 마지막입니다. 600만 원 주겠습니다. 안 되면 그냥 갖고 가세요." 그때 목사님은 마지막 기회라는 것을 느끼고 600만 원에 팔았다. 처음에 10만 원 하던 것이 600만 원 된 것이다. 나중에 알고 보니까 그 골동품은 6·25때 미군 장교가 가지고 있던 것인데 그 미군 장교가 전사해서 몸이 다 썩고 골동품만 남은 것을 할머니가 산에 갔다가 주워 놓았던 것이다. 목사님은 600만 원을 들고 후들거리는 다리를 진정시키고 울산에 내려와 그 집사님에게 600만 원을 보여 주자 집사님이 눈물을 펑펑 흘렸다.

그 집사님은 400만 원을 목사님께 건축헌금으로 드렸다. 200만 원이 남았다. 집사님은 기도했다. "하나님 이 돈으로 무엇을 할까요?" 며칠 동안 기도하는데 어느 날, 하나님께서 울산 바닷가에 있는 모래자갈밭을 환상으로 보여 주셨다. 그 자갈밭은 풀 한 포기, 나무 한 그루도 자라지 않는 곳이었다. 거저 주어도 안 갖는 땅인데 기도만 하면 그 자갈밭이 보였다. 그래서 그 땅이 모두 5,000평인데 평당 300원씩 해서 150만 원을 주고 샀다. 그분은 그 땅을 가지고 몇 년 동안 계속 기도했다. "하나님 저 땅을 어떻게 사용하실 건가요?" 어느 날, 집사님 집에 자가용 한 대가 멈추더니 두 명의 신사가 내렸다. 그들은 가방을 열더니 서류를 꺼내 놓고 자기 땅을 팔라고 했다. 얼마 주겠냐고 물으니 1천만 원을 주겠다고 했다. 집사님은 팔지 않겠다고 했다. 다시 며칠 후 그 신사 일행이 또 와서 1억을 줄 테니까 그 땅을 팔라고 했다. 안 판다고 했다. 2억 원을 주겠다고 했다. 그래도 안 판다고 했다. 그러다가 결국 29억 원에 팔았다. 그곳이 울산 현대자동차 정문 자리가 되었다고 한다. 그 집사님은 다시 교회에 2억 원을 건축헌금으로 내놓아 교회당을 크고 아름답게 지어 드렸다.

보편적인 사례는 아니다. 그러나 우리들도 비록 상황은 녹록지 않고, 힘이 들지만 때를 위해 기다리자. 느린 것은 퇴보가 아니다. 충전이다. 충전이 완성되는 날, 크고, 작은 놀라운 일이 만들어질 수 있다.

4장

가면 속의 사람들

가면假面 속의 사람들

'열 길 물속은 알아도 한 길 사람 속은 모른다'는 속담이 있다. 이것은 겉을 보아서는 모른다는 이야기이며 겉과 속이 다른 사람들을 일컫는 말이기도 하다. 며칠 전 여고생女高生을 상담했다. 기독교 가정에서 잘 자란 아이로 중학교 때에는 학생회장도 했고, 전도傳道도 잘해서 20여 명을 교회로 인도했다고 한다. 그런데 그런 그 아이가 얼마 전 학교 앞에서 담배를 피우다 선생님께 발각되었다. 당연히 교무실에 가게 되었고 그 이유를 물었다. 사실 대단히 심각한 상황이다. 그러나 그 학생은 많은 선생님 앞에서 오히려 대들며 항의했다고 한다. 자기의 심각한 잘못을 인지하지 못하고 있는 것이다. 가끔가다 사역을 통해 목사님들을 뵐 때가 있다. 대부분 아주 신사적이고, 점잖으시고 인자하시다. 그런 그 목사님들이 어떤 일에 의견이 맞지 않으면 갑자기 소리가 커지며 화를 낸다. 하기야 인간이기에 어쩔 수 없지만, 더 이해가 가지 않는 것은 공식 석상에서 말씀도 잘하시고 많은 배려와 관심을 가지겠노라 하면서도 실제에는 매우 다른 모습을 가지는 것을 보게 되는 것이다. 어떻게 저러실까 하는 생각이 들 정도이다.

겉과 속이 다른 사람들이 성경에 많이 기록되고 있다. 가인, 아나니야와 삽비라, 가룟유다 등이 여기에 속한다. 그들은 사람을 속이고 하나님을 속인 결과 최후에 비참한 결과를 맞이했다. 우리는 숨기기를 좋아한다. 상처를 숨기고, 아픔을 숨기고, 단점을 숨긴다. 그리고 커다란 가면을 여러 개 가지고 다니면서 환경이나 여건에 따라서 바꾸어 사용한다. 얼마나 거북스럽고 부자연스러운가? 이렇게 다른 사람들이 자신에 대해 어떻게 생각하는지 두려움을 가지고 있는 사람은 거의 많은 사람에게 둘러싸여 있는 것을 좋아하며, 모든 사람의 친구이길 원한다. 그들은 칭찬도 많이 한다. 왜냐하면, 많은 사람이 칭찬을 좋아한다는 것을 알기 때문이다. 또 말하는 데는 빠르고 듣는 데는 느리다. 그들에게는 다른 사람에게 좋게 보이는 것이 중요하기 때문에 자신에게 잘못이 있다는 것을 알고 있을 때조차도 마치 결백한 것처럼 행동한다.

이처럼 허세를 부린다는 것은 두려움을 갖고 있다는 것을 의미한다. 우리는 있는 그대로의 모습을 보임으로 인해 다른 사람들로부터 사랑받지 못하게 될까 봐 두려워하는 경향이 있다. 그래서 보이기 위한 쇼는 계속 진행되는 것이다. 이것이 두 마음을 가진 자의 모습들이며 가면을 쓰고 다니는 자들의 모습이다. 이처럼 그들은 기만과 악의로 가득 차 있으면서 겉으로는 거짓 치장을 멋지게 한다. 그렇게 하는 이유는 사람들이 알아채지 못하게 하기 위해서이다. 그래서 사람은 겉으로 봐서는 완전히 파악할 수 없다. 겉으로는 의인인 것처럼 보이나 안으로는 악행을 일삼는 사람인 것이다. 불법이 가득한 것이다. 따라서 그들에게는 괴리감이 있는 행동을 한다. 이런 사람들을 외모로 판단했다가 큰 낭패를 당할 수 있다.

돈을 벌고, 아파트를 장만하고, 자동차를 사고, 아이들을 키우는 모든 일상이 남에게 보여주는 것 중심으로 흘러가고 있다. 넓고 큰 아파트에 사는 이유가 편리성 때문이기보다는 남에게 과시하기 위해서 이고, 좋은 자동차를 타는 이유 또한 편리성이나 안전성보다는 남에게 보여주기 위해서인 사람들도 주위에 꽤 많다. 자기 아이가 공부를 잘하게 하는 이유가 진정 아이를 위해서가 아니라 부모들이 창피함을 느끼지 않게 하고, 자랑하기 위해서인 부모들도 많다. 살아가는 데 자신이 주체가 되어야 하는데 남에게 보여주기 위한 삶을 사는 것이다. 이런 삶은 자기를 피곤하게 만든다. 그리고 남에게 보여주는 것이 적거나, 자신이 남보다 못하다고 생각되면 열등감에 빠지기 쉽고, 슬럼프에 빠지기도 쉽다. 늘 쫓기는 삶을 살아야 한다. 세상의 옳음보다는 나의 능력을 누군가에게 자랑하고 싶어 안달이 난다. 부자가 되고 성공을 원하는 것 역시도 자신을 자랑하기 위한 수단에 불과한 것이 아닌지 모르겠다.

결국, 남들보다 비교 우위에 서기 위해 애쓰는 것도 남에게 보여주기 위한 행동에 불과하다. 그렇지만 진정으로 중요한 것은 외적인 아름다움도 내면의 성숙이 뒷받침되어야 한다는 사실이다. 내면이 꽉 차고 아름다워야 자신감이 생기고, 그 자신감이 바로 외적인 아름다움과 직결되어 나타나는 것이다. 이것이야말로 꾸밈이 아닌 참이기에 사람들로부터 수수한 호감을 끌어낼 수 있다는 사실을 잊지 말아야 할 것이다.

남을 위한 삶보다는 자기를 위한 삶이 중요하다. 보여주기 위한 음식은 음식이 아니다. 먹기 위한 음식이 음식이다. 남에게 보여주기 위한 인생은 나의 인생이 아니다. 남의 기준에 맞추어 내 인생에 기준이 정해진다면, 남의 기준에 의해 내 인생의 행복과 불행이 결정된다면 그것은 이미 불행한 일이다. 남에게 보여주는 삶을 포기하면 마음이 한결 가벼워진다. 그리고 스트레스도 많이 없어진다. 지금도 도포자락을 휘날리며 남에게 인사를 받고 으스대는 서기관과 바리새인들의 모습을 본다. 얼마나 우쭐대고 있는가? 얼마나 자신만만하고 으스대는가? 하지만 그 속은 욕망과 거짓으로 가득 차 있다. 겉과 속이 다른 많은 사람이 오늘도 남을 위해 포장을 하고 가면을 쓰고 가식의 웃음을 짓는다. 그런 그들에게 주님이 말씀하신다.

> "너희가 장차 너희에게 임할 진노, 멸망을 피하려면, 너희 자신들을 내적으로, 내면적으로 순결하고 순수하고 순진하라 외식하는 자여"

욕심이 주는 결과는?

누구나 아름다운 것과 새로운 것을 보면 소유하고 싶은 마음이 든다. 또 남들보다 더 많은 것을, 더 좋은 것을 갖고 싶어 하는 것이 사람들의 마음이다. 그래서 우리는 사는 날까지 열심히 일을 해서 얻은 결과들을 바라보며 만족하는 것이 모든 이들의 꿈이 아닌가 싶다. 그러나 그것이 마음대로 된다면 걱정이 없겠지만 대다수 사람은 꿈대로 소유하지 못하고 늘 아쉬워하며 내일을 기대하며 살아간다. 그러나 마음 한구석에는 더 많이 소유하고 싶은 충동으로 때로는 그 마음이 힘들고, 유혹의 손길이 다가오기도 한다.

얼마 전에 전 프로야구선수의 빗나간 욕심으로 빚은 결과들이 언론을 통해 비추어지고 있다. 무엇이 그를 그렇게 만들었을까? 명문 구단의 스타로서의 빛은 어디 가고 범죄자로서 꼬리를 달고 살 수밖

4장 가면 속의 사람들

에 없었을까? 그 이유야 다 알 수 없지만 작은 욕심이 불러온 결과가 아닌가 한다. 또 우리나라 대기업의 특검이 계속되고 있다. 재산이 많이 있는 데도 더 많은 것을 후손에게 주고 싶은 부모의 마음에서 부정이 일어나 세상의 기삿거리가 되고 있다. 왜 우리는 만족하며 살 수 없을까? 얼마를 소유해야 만족하는가? 끝도 없는 욕망의 사슬에서 많은 사람이 유혹의 손길로 빠져들고 있다. 어두운 밤에 불에 들어가 작렬하게 숨지는 불나방처럼 우리는 어느 순간에 나도 모르게 욕망의 길로 가고 있는지도 모른다.

지금까지 세계는 많은 전쟁을 했다. 또 크고 작은 전쟁이 지구 곳곳에서 일어나고 있다. 왜 전쟁을 해야만 하나? 그 내면에는 몇 사람의 욕심으로 잉태된 것을 볼 수 있다. 우리 주변에도 이런 작은 전쟁이 있는 것을 흔히 경험할 수 있다. 주차 문제로 귀한 목숨을 잃기도 하며, 자녀 문제로, 재산문제로, 많은 다툼을 겪고 있는 오늘의 세태를 무엇으로 이해할 수 있을까? 그 가운데에서도 아이들이 공부라는 미명아래 희생양이 되고 있는지도 모른다. 가정마다 사교육비로 인한 가계지출이 늘어나 몸살을 앓고 있다. 이제는 가정도 자식들의 교육 때문에 자기의 삶은 없다고 한다. 그렇다고 그 모든 학생이 좋은 대학, 좋은 직장에 들어갈 수 없을 터인데도 말이다. 대학에 못 들어간 아이들의 아픔과 좌절, 또 좋은 대학을 나와서도 들어가기가 바늘구멍 같은 취업 전쟁, 그래서 대학을 나왔기에 거기에 맞는 직장을 찾다 보니 한없이 기다려야 하는 현실이다.

좋은 대학, 좋은 직장이 우리의 삶을 편안하게 할 수는 있지만 행복하게 한다고는 말할 수 없는데 말이다. 성경에서는 욕심이 많은 야곱을 볼 수 있다. 그는 영적인 욕심으로 그의 아들들이 이스라엘 족장 시대를 대표하는 자들이 되었지만, 그는 아버지와 형을 속이고 또 외삼촌을 속여 많은 부를 축적했다. 그래서 그가 고향에 돌아올 때는 많은 가축을 데리고 왔다. 그러나 형 에서의 마음을 풀어주기 위해 자기가 많은 시간 땀 흘리며 애를 써서 모은 짐승들을 형에게 주지 않을 수 없었다. 결과론적으로 그가 생애 마지막 때에는 식량이 없어 애굽으로 자식들을 보내는 지경까지 이르렀다.

우리의 진정한 행복은 가지고 있는 것을 누리는 것이다.

용서의 치유

　　　　　　훌륭한 지도자가 된다는 것은 여러 가지 조건들이 갖추어질 때 가능하다. 지식, 지혜, 능력, 겸손 등 여러 가지가 있을 수 있다. 그렇지만 없어서는 안 될 것이 있다면 그것은 다른 관계 속에 있던 감정들을 용서하는 것이다. 용서 없는 화해의 얼굴은 가증스러운 것이요 위대해질 수 없는 것이다. 지금까지 세계에서 훌륭하신 분들이 많이 있었다. 그중에 미국의 강철왕 앤드류 카네기 Andrew Carnegie 는 주위에 자기보다 훨씬 탁월한 인재들을 수없이 많이 두었던 사람으로 유명하다. 어떻게 그런 뛰어난 인물들을 옆에 둘 수 있었느냐는 질문에, 카네기는 그 비결 중에 하나로 '용서의 마음'을 들었다. 그는 젊은 사람이 아주 결정적인 큰 실수를 해도, 그가 사기성을 가지고 일부러 한 일이 아닌 이상 용서하고 품어 주기로 한 것이다. 사람이 살다 보면, 아무리 성실하게 노력해도 돌연히 당하는 사태가 일어나는 법인데, 그것 때문에 평생의 꿈이 좌절되는 불이익을 주어서는 안 된다는 생각이다. 이런 너그러운 용서의 마음이야말로 리더에게 필수적인 자질이 아니겠는가 생각한다. 보통, 머리칼 한 올 흐트러뜨리지 않는 깔끔하고 철저한 완벽주의자들 주위에는 사람들이 모이지 않는다. 인간이 기계가 아닌 이상, 어떻게 조금의 실수도 범하지 않고 살 수 있겠는가? 최고의 질을 추구하되, 성실하고 정직하게 노력한 후에 일어나는 사고나 실수에 대해서는 관대하게 품어 줄 수 있는 넓은 마음이 있어야 할 것이다.

그러나 인간은 용서하기보다는 상처받기 쉬운 존재로 만들어졌다. 그래서 누구나 상처를 안고 살아간다. 이 상처는 그대로 있지 않고 깊은 내면에 잠자고 있다가 건드려지거나 그때의 환경과 비슷한 상황 속에 처할 때 외부로 그 독아를 드러낸다. 그리고 가장 가깝고 가장 사랑하는 사람을 향하여 독을 묻힌 창을 던져버린다. 우리의 상처는 기억 속에 없다고 할지라도 무의식 속에 잠재되어 있어서 원치 아니하는 성격과 습관으로 생활 속에서 나타난다. 이처럼 치유되지 못한 상처는 건강한 삶을 살게 하지 못하고 여러 가지 증상으로 자신을 괴롭힌다. 상처가 있는 사람은 하나님의 뜻을 온전히 이룰 수 없다. 이 상처는 오만과 교만으로도 나타나지만, 편견과 비판, 그리고 때에 따라서는 철저히 폐쇄주의적인 사고방식으로도 나타나게 된다. 이러한 사람은 한 가지 일에 쓰임을 받을 수 있을지 몰라도 온전히 평안하게 그리고 지속적으로 쓰임을 받을 수는 없다. 이들은 또 올바

4장 가면 속의 사람들

른 일을 하면서도 다른 사람들에게 또 다른 상처를 주게 된다. 그러면 이런 행동들이 어디에서 오는가? 사람 마음이다.

세상에서 가장 무거운 것이 사람 마음이다. 세상의 무거운 것은 그것을 들어 올리는 도구를 사용하면 되지만 마음이 한번 가라앉으면 움직이기가 너무 힘들다. 자기 자신도 어디로 가야 할지를 알고 소원하는데, 움직이지 않는다. 우울증을 여러 말로 설명할 수 있지만 스스로 움직일 수 없을 만큼 무거워진 마음의 상태를 말한다. 또 세상에서 가장 견고한 문이 마음의 문이다. 세상 문은 시간이 지나면 틈이 생기고 공간의 여유가 생기는 데 비해 사람의 마음 문은 한 번 닫으면 잘 열리지 않는다. 오히려, 시간이 흐를수록 단단해지고 굳어진다. 마음의 문은 열어야 할 때는 굳게 닫혀있고, 닫혀있어야 할 때는 열리기가 쉽다. 우리를 깨우쳐 주는 바른 삶에 대한 말씀 앞에서는 마음의 문을 닫고, 근심이나 염려 그리고 자존심을 상하게 만드는 말 앞에는 자동문으로 열어주며 어느 사이 주인 노릇을 하게 한다. 분명히 내 마음인데 내 마음대로 하지 못한다.

그렇다면 반대로 세상에서 가장 따스한 곳은 어디일까? 바로 사람의 마음이다. 이곳은 세상의 어떤 모순도, 추위도, 불순물도 다 녹여버릴 만큼 뜨겁다. 다른 사람을 다치게 하거나 상하게 하지 않는다. 그저 따스하고 아늑하게 해준다. 또 세상에서 가장 넓은 곳이 사람 마음이다. 이곳은 우주도 품을 수 있고, 모순도 품을 수 있고, 원수도 품을 수 있다. 하나님도 세상도 다 담을 수 있다. 이해하지 못할 것이 없다.

이러하듯 용서의 마음도 미움의 마음도 모두 사람에게서 나오는 것이다. 그래서 용서할 수 없는 사람이 있고, 없고는 자기의 마음 먹기에 달렸다. 베드로가 예수님께 이렇게 질문을 했다. "그 때에 베드로가 나아와 이르되 주여 형제가 내게 죄를 범하면 몇 번이나 용서하여 주리이까 일곱 번까지 하오리이까?"(마 18:21) 이 질문에 "예수께서 이르시되 네게 이르노니 일곱 번뿐 아니라 일곱 번을 일흔 번까지라도 할지니라"(마 18:22)라고 말씀하셨다. 끝까지 용서하라는 명령이다. "만일 하루에 일곱 번이라도 네게 죄를 짓고 일곱 번 네게 돌아와 내가 회개하노라 하거든 너는 용서하라 하시더라"(눅 17:4)라고도 말씀하신 것이다. 그래서 용서라는 말에는 자신이 할 복수를 하나님께 맡기고 오히려 축복하고 사랑하라는 의미가 들어있다.

현실이 고달프고 힘들어도 우리 속에서 미움이 제거되고, 용서의 마음이 있을 때, 하나님께서 우리를 온전히 사용하실 것이다. 우리의 위치를 새롭게 세워주실 것이다. 우리를 향한 당신의 계획을 구체적으로 이루어 나갈 것이다.

이기심 利己心

 이기심의 사전적 정의는 '자신의 이익만을 꾀하는 마음'이다. 이 시대는 '이기심', '자기중심주의'로 살아간다. 사실 우리는 대부분 자신을 위한 삶에 열중하며 남의 불행 따위는 무시해 버리는 경향이 있다. 옆집에서 노인이 죽은 지 수십 일이 지나도 알 수가 없다. 가까운 이웃이 큰 불행을 안고 있어도 지금 자신의 팔뚝이 모기에게 물려 쓰리고 아픈 것에 더 분개하고 속상해한다. 지금 우리 사회는 옛날과는 비교할 수 없을 정도로 물질적인 풍요를 누리고 있으며, 삶의 질도 다른 나라와 비견할 수 없을 만큼 높아 있는 것처럼 보인다. 그러나 자세히 살펴보면 많은 사람이 상대적 빈곤 의식에 빠져 자신이 남보다 불행하다고 생각한다. 그리고 이러한 불행을 타파하기 위해 자신에 대한 애착은 점점 더해지고 자기 행복을 위해서는 수단과 방법을 가리지 않는다. 오래전에 어떤 탈옥수가 이렇게 외쳤다. 유전무죄, 무전 유죄 有錢無罪 無錢有罪! 돈이면 무엇이든지 다 된다는 사회를 꼬집는 말이었다. 그러나 지금도 이러한 구호는 가정과 교회, 학교에서 유효하지 않을까 생각이 든다. 사실 모든 불행의 원인은 이기심 때문이다.

한 예로 도로변을 보자. 서울의 거리는 거의 주차장과 같다. 조그만 사고라도 나면 그 주변을 물론 상당한 거리까지 그 여파가 몰려온다. 그런데 좁은 차선에서도 다른 차에 아랑곳하지 않고 장사를 하는 사람들이 있다. 짐을 내리기 위해서 한 차선에 차를 주차하고 짐을 내리게 하는 경우도 있다. 그로 말미암아 그 뒤에 있는 차들은 갑자기 좁아진 틈새로 들어가려고 보이지 않는 눈치 싸움이 시작된다. 그러나 그들에게 아주 작은 미안함도 찾을 수가 없다. 그것뿐인가? 귀한 세금으로 거두어들인 돈을 자기 돈처럼 쓰는 사람들이 얼마나 많은가? 또 청문회를 보자. 그들의 놀라운 행적(?)들을 낱낱이 볼 수 있다. 혀를 내두를 정도이다. '아! 그런 머리가 있으니 장관을 하는구나!' 하는 생각이 든다. 그러면 그들의 죄를 고발하는 국회의원들은 어떠한가? 독자의 상상에 맡기겠다.

그렇다면 이쯤에서 교회를 보자. 사회가 이 모양이니 교회는 분명히 다르겠지? 네! 다른 교회들도 있다. 그러나 지금도 수천억을 들여 교회를 건축 하는 교회, 헌금이 넘쳐서 비자금으로 수백억 원을 감춘 교회, 성도들의 정성 어린 헌금을 마음대로 횡령하는 목사, 기독교를 대표하는 기관에서는 대표 자리에 연연해 갈등을 유발하고, 또 지방회에서는 위원장 자리에 욕심을 가지고 현(現) 위원장을 탈퇴하게 만드는 지방회도 있다. 그의 겉모습은 그럴듯하게 보이지만 그 내면(內面)은 이기심으로 가득 차 있는 것을 본다. 주님이 말씀하시는 대로 겸손하고 낮은 자리에 앉으라는 말씀은 아무런 관계가 없다. 우리는 군복을 입은 사람을 군인이라고 말한다. 그리고 병원에서 흰 가운을 입고 진찰을 하는 사람을 의사라고 한다. 그렇다면 어떤 사람을 그리스도인이라고 불리는가? 예수님은 요한복음 13장 34-35절에서 '서로 사랑하라' 하시면서 "너희가 서로 사랑하면 이로써 모든 사람이 너희가 내 제자인 줄 알리라"고 하셨다. 서로 사랑할 때 제자의 모습이 보이는 것이다. 제자가 되는 것은 예수님의 유언의 말씀이다. 그렇다면 수많은 미자립 교회와 지금도 교회 월세를 내지 못해 눈물로 부르짖는 형제교회를 한 번쯤은 생각을 해보는 것이 당연하지 않겠는가?

지금도 이기심과 자기중심주의는 교회 공동체를 허물고 있다. 교회 안에서도 자기 의견이 반영되어야 교회가 평안(?)하다. 주님이 아니라 중직자들의 마음을 잘 살펴야 평안한것이 안타까운 현실이 지금 우리 가까운 곳에서 빈번하게 일어나고 있다. 우리들은 이미 유럽교회와 북미교회들의 현실을 보았다. 술집으로, 유흥장으로 이단들의 모임 장소로 바뀌는 많은 교회를 보면서 우리는 이제라도 이기심을 버리고, 자기중심주의를 버리고 선한 길을 가야 하지 않겠는가?

아프리카를 가면 우분트라는 교훈이 있다. 그 내용은 이러하다. 아프리카 부족에 대해 연구 중이던 어느 인류학자가 한 부족 아이들을 모아 놓고 게임 하나를 제안했다. 딸기가 가득한 바구니를 멀찌감치 놓고 이렇게 제안했다. 누구든지 먼저 바구니에 도착하는 아이에게 모든 딸기를 주겠다는 제안이다. 사실 딸기는 아프리카에서 구하기 어려운 과일이다. 학자는 아이들이 경쟁하는 모습에서 인간의 본성을 확인하고 싶었다. 그런데 예상과는 달리 아이들은 게임을 시작하자마자 마치 미리 약속이라도 한 듯 서로의 손을 잡았다. 그리고 손을 잡은 채, 함께 달리기 시작했다. 아이들은 모두 동시에 바구니에 다다랐고 함께 둘러앉아 즐겁게 딸기를 나누어 먹었다. 학자가 궁금했다. 그리고 아이들에게 다가가 물었다. "누구든 일등 하는 아이에게 모두 주기로 했는데 왜 손을 잡고 같이 달렸지?"라고 묻자 아이들은 한 목소리로 "UBUNTU(우분트)"라고 외쳤다. 그리고 한 아이가 이렇게 말했다. "나머지 다른 아이들이 다 슬픈데 어떻게 나만 기분 좋을 수가 있는거죠?" 우분트는 "우리가 여기에 함께 있다"라는 뜻이다.

많이 배우지 못하고 넉넉히 가지지 못한 그들이 우리보다 못한 것이 무엇인가? 우리가 그들에게 가르쳐줄 수 있는 것이 있다면 그것은 무엇인가? 세상 사람들이 현대사회를 무한경쟁의 사회라고 할지라도 우리만큼은 형제를 사랑하고, 무엇보다 먼저 이기심을 발견하고 그것을 극복하는 일이 선행되어야 하지 않겠는가? 이 세상 누구도 이기심을 간직한 채 오랫동안 행복할 수는 없다. 물론 처음 얼마간은 어느 정도 잘되는 것 같지만 결국은 스스로 무너지고 만다. 그렇다면 이렇게 피하기 힘든 이기심을 어떻게 극복할 수 있을까? 이 답은 하나이다. 이러한 능력의 비밀은 죽음에 있다.

평생 바깥출입을 금하는 곳이 있는데 그곳이 바로 '봉쇄수녀원'이다. 이곳에 들어온 수녀는 종신 서원식을 치룬다. 그리고 그들은 제일 먼저 뒤뜰로 나가 구덩이를 판다. 그리고 덮지 않는다. 왜? 그들이 누울 때까지 말이다. 주님과 함께 죽을 때 이 이기심과 자기중심주의가 죽는 것은 모두가 아는 바일 것이다.

이중적인 삶

　　사람들에게 평판이 좋은 사람이 있었다. 법 없어도 살 사람이란 말을 들을 정도로 인품이 좋은 사람이었다. 어디 하나 흠잡을 데 없어 마을 사람들에게 존경받았다. 그런데 마을에 연쇄살인 사건이 일어났다. 수사가 진행되었고 얼마 후 범인을 잡았는데, 놀랍게도 사람들이 칭찬하던 그 사람이 범인이었다. 그는 교회에서 예배드리다가 붙잡혔다. 이처럼 사람들 가운데 겉과 속이 다른 생활을 하는 경우가 있다. 겉과 속이 다른 사람을 일컬어 흔히들 '야누스'라는 표현을 쓴다.

　　사실 야누스는, 로마 시대 집이나 도시를 지키는 수문장의 역할을 했다. 그래서인지 로마를 세웠다고 전해지는 로물루스를 시작으로 모든 종교의식에서 가장 먼저 재물을 받았다고 전해진다. 야누스

4장 가면 속의 사람들

가 얼굴이 두 개라고 알려진 것은, 당시 출입구에는 앞뒤가 따로 없어서 야누스가 문 안팎을 지켜준다고 믿었기 때문이다. 오늘날 영어의 1월을 뜻하는 January도 '야누스의 달'이라는 뜻의 라틴어 야누아리우스Januarius에서 유래되었다고 믿었기 때문이라 한다. 그러니까 문 안팎을 지켜주던 수호신이 오늘날 겉과 속이 다른 인물로 비유되는 것은, 의미가 다소 와전된 것이라 할 수 있다. 겉과 속이 다른, 혹은 이중적인 삶을 외식外飾이라고 말하는데 이 외식이란 단어는 연극배우를 묘사하는 데 사용되었다.

배우는 자신이 아닌 다른 사람의 인생을 자신의 것으로 연기하는 사람이다. 자신의 삶이 아니라 대본대로 다른 사람의 인생을 흉내 내고 있을 뿐이다. 다른 말로는 위선인데, 겉과 속이 다른 것을 의미한다. 그런데 이런 행태가 작게는 가정에, 넓게는 사회에 부정적인 영향을 끼치고 있다. 요즘처럼 자녀들에게 투자를 많이 하고 모든 것을 아낌없이 쏟는 시기는 별로 없었다. 그런데 오히려 자녀들이 더 잘못된 길로 나가는 경우가 많이 생겼다. 며칠 전에 필자에게 상담하러 온 두 부류의 사람이 있었는데 그중 한 부류의 자매는 22살의 여대생이었다. 지금은 휴학休學하고 요양소에서 치료를 받고 있다. 그 이유는 신앙의 가정에서 자란 그가 부모의 이중적인 삶에서 지칠 대로 지쳐 조현병調絃病(정신불열증으로 사고의 장애, 망상·환각, 현실과의 괴리감, 기이한 행동 등의 증상을 보이는 정신질환. 예전에는 정신분열증 또는 정신분열반응 이라고도 했던 병으로 2011년 약사법 일부 개정 법률안에 따라 조현병으로 칭함) 증상을 보이기 때문이다. 부모가 교회에서는 헌신적으로 섬기며 본을 보이는 삶이지만 가정에 들어와서는 폭력적이고 또 부모의 잦은 싸움으로 인하여 환청이 들리더니 급기야는 정신분열증으로 악화惡化 되었다.

또 한 부류의 형제는 현재 36살의 미혼인데 그는 친구가 없다. 사람들을 상대하지 않는다. 오직 방안에서 컴퓨터와 종일 살고 있다. 그는 명절이나 특별한 날 친척들이나 가족들이 모여도 방에서 나오지 아니한다. 그 원인에 대해 아버지의 이중적인 모습에서 그 원인을 찾을 수 있다. 교회에서는 그렇게 순하고, 점잖고, 인자한 분이 집에 와서는 엄한 분으로 변하기 때문이라는 것이다. 이들은 이렇게 사소한 것에 자신을 포기抛棄하고 모든 원인을 다른 사람에게 전가轉嫁한다.

부모의 심한 갈등은 아이들의 정서에 크게 영향을 끼치고 있다. 특별히 신앙의 가정은 더욱 그러하다. 교회 생활과 가정생활이 이원화되어 있을 때 아이들은 더욱 혼란을 느낀다. 그래서 자녀들은 부모가 믿는 신앙을 싫어한다. 무엇이 문제일까? 먼저 부모들의 이중적인 생활 때문이다. 이러한 모습은 자라나는, 그리고 함께 살아가는 구성원에게 많은 어려움을 주고, 고통을 줄 수가 있다. 예수님께서도 간음한 여인, 동족의 피를 빨았던 세리들, 자신을 십자가에 달리게 했던 로마 병정들을 용서했지만, 외식하는 바리새인과 서기관들을 향해서는 심하게 질책하셨다. 목회자가 가정이나, 교회이나, 동료들을 향해 외식하는 삶, 혹은 부모들의 이중적인 생활이 성도들과 자녀들에게 지대하게 악영향을 끼치고 있는 것이 사실이다. 그런데 이런 이중적이고 외식하는 이면에는 이기적인 마음이 자리 잡고 있다. 그렇다면 인간은 왜 이렇게 이기적일까?

여기에 대해 애덤 스미스^{Adam Smith}는 "인간애(이타적인)의 여린 힘으로는 자기애가 일으키는 강력한 충동을 이겨낼 수 없어서라고 한다. 삶이 너무 빠듯하면 많은 사람이 너무 근시안적^{近視眼的}으로 살게 된다. 그래서 삶이 각박하고 질이 떨어지는 것이다. 그런 삶은 반드시 갈등이 유발되고 그것은 좋은 결과를 낳을 수 없다. 그러므로 좀 거시적^{巨視的} 안목이 필요하다. 지금보다 미래를 보고 인내를 하는 마음이 되어야 한다. 또 유사한 면에서 요즘 사회를 떠들썩하게 나오는 사건이 있는데 바로 어린이 학대 사건이다. 부천 11세 여아 학대 사건 이후 개별 교육청과 경찰이 갑자기 등교하지 않는 학생들 전수조사를 하는 덕분에 놀라운 부모들, 숨겨진 살인자들이 속속 나오고 있는 것이다. 부천 여중생 백골 사건 역시 장기 결석자 조사를 하는 과정에서 드러났다고 한다. 살인자가 친부^{親父}이며 목사라는 신분 외에도 독일 유학파 박사에 유명 신학대학교 겸임교수였다는 것을 차치하고도, 딸이 사망하기 전날 5시간을 때린 폭행범이 기도하면 다시 살아날 것을 믿는 신앙인이었고, 경찰에 가출 신고를 하고 들어와 방향제와 청국장으로 냄새를 가렸다는 사실이다. 살인자의 이중성과 위선에 놀라지 않을 수가 없다.

이렇게 겉과 속이 다른 것, 외식하는 것이 큰 문제로 야기 될 수 있는 가운데 우리는 그가 태연하게 재연했다는 현장검증 보도를 보며 나하고는 전혀 다른 사람이라는 자신감으로 격정의 목소리를 내고 있지는 않은지? 나의 가정과 내 주변에서 나는 이렇지 않다고 얼마나 자부할 수 있을까?

인간의 욕망은 어디까지인가?

미국에서 시작된 경제 위기가 온 나라에 영향을 끼치게 되고, 그 여파가 작은 나라에는 공포 분위기까지 조성되고 있다. 사람은 소유하고 싶은 욕망이 있다. 남보다 더 많이, 더 좋은 것을 갖고 싶어 하는 것이 인지상정이다. 많이 소유하면 남보다 더 편안하고, 안락한 생활을 할 수 있는 것은 분명하지만, 그렇게 한다고 행복해질지 의문이다. 왜냐하면, 선진국의 자살률이 높이 나오고, 국민소득이 가장 적은 방글라데시가 가장 행복 지수가 높게 나온 것을 보면서 그런 추측을 해보는 것이다. 이대로 시간이 갈수록 나라마다 빈부의 격차가 더 벌어질 것이 뻔하다. 많이 소유한 사람은 더 많이 소유하게 되고 못 가진 자들은 다시 회복할 수 없는 상황으로 갈 수도 있는 것이다. 쉽게 말하면 가진 자가 조금만 양보하면 못가진 수많은 사람이 혜택을 받을 수 있다는 것이다. 그러나 이것이 말처럼 쉬운 것은 아니다. 이것은 죽을 때까지 버리지 못하는 것은 삼척동자도 다 아는 사실이다.

필자가 직장에 다닐 때 의뢰를 맡은 사건인데 어느 중견 사업가가 평생을 부동산을 취득하는데 열정을 쏟았다. 그 부동산 가액과 규모가 어떠한지는 가족들 모두가 알지 못할 정도였다. 다만 같이 다니던 운전기사만이 어렴풋이 그 위치와 규모를 알 수 있었다. 그런데 그 사업가가 어느 날 갑자기 심장마비로 쓰러져 중환자실에 있다가 아무런 유언도 남기지 못한 채 숨을 거두었다. 문제는 바로 그때부터 일어났다. 그의 자녀들이 여럿이 있었는데 아버지 죽음의 슬픈 것은 고사하고 모두가 유산에 마음이 있어 큰 싸움이 일어났다. 조금이라도 더 갖고 손해를 보지 않으려는 마음들로 장례는 뒷전이고 오직 재물에만 관심이 있었다. 운전기사의 정보로 고인의 재물이 정리되어 상속세를 제외한 후 자식들에게 배분이 되었지만, 그때까지 보여준 상황들을 계속 보면서 과연 우리가 가지려고 하는 물질의 목표가 무엇인지 계속 의문이 생기게 되었다. 고인은 그 돈을 쓰지도 못하고, 누리지도 못하고 자녀들의 다툼의 중심에 원인을 제공한 것이다. 지금도 누구든지 조그마한 양보가 수많은 사람을 살린다고 본다면 얼마든지 이런 위기들은 큰 문제가 되지 않을 것으로 본다.

매스컴에서 방영되는 아프리카나 미개발국에 굶주린 모습을 보면서 이 모든 것들은 인간들의 욕심이 나온 결과라는 것이다. 굶주린 아이들의 얼굴에는 파리가 꼬이고, 가슴은 어른들의 다리보다 작은 앙상한 갈비뼈가 선명하게 우리의 가슴을 뒤흔들고 있다. 그런데도 한 끼 식사를 위해 호의호식하는, 그리고 우리나라 음식물 쓰레기가 음식물의 낭비로 인한 손실액이 연간 8조 원에 이르고, 전국적으로 음식물 쓰레기가 하루에 버려지는 양은 8톤 트럭으로 1,880대분(15,075톤)이 버려지고 있으며, 대부분 매립 처리되고 있어 자원의 낭비는 물론 우리의 생활환경을 더욱 악화시키고 있다.

하나님은 우리에게 공평하게 다 주셨는데 그 균형을 누군가가 깨트렸기 때문에 이런 비참한 결과들이 나오지 않았겠는가? 에이즈와 각종 병으로 죽음을 기다리는 그 화면을 보면서 같은 인간으로서 우리는 무엇을 느끼고 있나? 지금도 우리나라에서는 대형 교회가 서로 경쟁하듯이 세워지고 있다. 그 건축 규모와 건축비는 상상할 수 없을 정도다. 그리고 교인들은 목에 힘을 주고 자랑하고 싶어 한다. (힘있게 했으니 그럴 수도 있다) 그렇다. 교회가 꼭 작아야 좋은 것은 아니다. 성도가 많으면 당연히 그만한 예배당이 필요하다. 그런데도 일부 교회는 예배당의 규모는 매우 큰데 교인들은 앞좌석만 겨우 채우고 있는 경우도 있다. 이 욕심은 그리스도인들도 마찬가지이다. 욕심이 지나쳐 교만하게 될 때도 있다. 또, 돈에 대한 사람들의 욕심도 한이 없다.

장사하는 사람들은 먹고 살 만큼 버는 것이 아니라, 하루의 모든 시간을 거의 다 투자해서 돈을 벌려고 한다. 욕심은 끝이 없다. 10만 원을 벌면 100만 원을 바라고 100만 원을 벌면 200만 원을 바란다. 직장인들도 마찬가지로 끝이 없다. 하나님께서 하루를 24시간으로 정해 놓으신 것이 다행이라고 생각을 해본다. 만약 밤과 낮을 시간을 주시지 않았더라면 모든 인간은 그 끝없는 욕심 때문에 일하다가 제명을 다 누리지 못하고 일찍 세상을 떠날지도 모른다. 마치 아이들이 장난감을 가지고 노는 것이 너무 재미있어서 밤이 되어도 잠을 안 자려고 하는 것과 똑같은 심리이다. 아니 그것보다 더한지도 모른다. 무언가를 이루어보려고 되도록 많이 일하고 더 많이 가지려는 욕심 때문에, 평화와 행복을 누리지 못하는 것이다. 이제 불필요하고 지나친 욕심들을 과감하게 잘라내야 한다.

톨스토이 작품 중에 이런 것이 있다. '이반'이라고 하는 사람은 하루 종일 걸어서 해지기 전에 돌아온 넓이만큼 땅을 주겠다는 말에 점심도 먹지 않고 걸었다. 그는 한 발짝이라도 더 걷기 위해 용변도 보지 않고 쉬지도 않은 채 기를 쓰고 걸었다. 그러나 제 자리로 돌아온 그는 땅에 쓰러져 영영 일어나질 못했다. 그가 차지한 땅은 결국 그 한 몸 누울 만한 넓이의 땅이었다.

과욕이 빚은 한 좋은 예다. 영국에는 욕심 없는 사람에게 모든 것이 돌아간다는 속담도 있다. 이제 교회서부터, 나부터 조금씩 양보하고 욕심을 버리자. 주는 자가 받는 자보다 행복을 느끼기를 기대해 본다.

야고보서 1장 15절
"욕심이 잉태한즉 죄를 낳고 죄가 장성한즉 사망을 낳느니라"

인생 역전

사람들은 선과 악, 정직과 거짓, 겸손과 교만들을 모두 소유하고 있다. 인생에서 무엇을 나타내며, 어떤 것을 절제하느냐에 따라 성공했다고 하며, 실패했다고 한다. 우리에게 희망을 주는 소식은 처음에 고생하다가 역전을 하는 고진감래苦盡甘來의 인생이 훈훈한 마음을 끌어낸다. 낙심하는 자들에게 희망을 주고 일어설 수 있는 동기부여도 해준다. 누구든지 이런 소식을 접할 때 마음이 뭉클해지고 가슴이 벅차오른다. 운동경기에도 전반전에 지고 있어도 사람들이 일어나지 않는 것은 후반전에 역전을 기대하기 때문이다. 흔한 말로 "야구는 9회 말 투아웃부터"라고 한다. 이 말은, 전반전으로는 알 수 없다는 말과 끝까지 최선을 다해야 한다는 말을 내포하고 있다.

신호범 의원은 18세에 미국으로 입양된 후 워싱턴 주립대학에서 동양 역사학 박사학위를 취득해 교수로 재직하다가 정계에 입문해 현재는 워싱턴주 상원의원과 상원 부의장을 맡고 있는 재미교포 정치인의 대부이다. 그가 이뤄낸 업적은 숱한 어려움을 극복한 결과다. 신 의원은 4세 때 어머니가 세상을 떠나고 아버지마저 집을 나가자 돌봐주는 사람 하나 없이 서울로 올라와 노숙 생활을 하며 깡통을 들고 구걸했던 불우한 소년이었다. 15세가 되던 해 미군 부대에서 하우스보이로 일하던 중 한 미군 장교가 그를 양아들로 삼으면서 미국에서 제2의 인생이 시작된다. 하지만 언어도 문화도 다른 미국에서의 생활은 녹록하지 않았다. 학교에 입학하기 위해 수소문을 했지만, 초등학교도 졸업하지 않은 19세 신호범을 받아주는 학교는 없었다. 그럼에도 그는 좌절하지 않았고 하루 3시간 이상 자지 않고 공부한 끝에 대학 입학 검정고시를 1년 4개월 만에 통과했다. 신 의원은 당시를 돌아보며 의미 있는 일화를 소개했다. "Impossible, 불가능이라는 말이 너무 싫어 하루는 사전을 찢었다. 그리고 얼마 뒤 다시 붙이려 보니 Im 다음 부분이 찢겨 있었다. 불가능이라는 의미의 Impossible이 '나는 가능하다'라는 I'm possible로 다시 보이기 시작했다"라고 말하는 그는 이후의 삶에서도 불가능해 보였던 일들도 극복해낸다.

그런가 하면 전반전보다 후반전이 좋지 않은 사람들도 있다. 직임은 올라가고 군림하는데 삶의 질은 오히려 옹졸한 처신을 하는 분들도 참 많다. 숲을 보지 못하고 나무만 보고 판단하여 분열을 조장하고 이간하여 공동체에 악영향을 끼치는 경우도 있다. 마음이 넓지 못하고 사랑이 없다. 그 주변에 그런 자들이 모이게 되어 있다. 이것은 모두에게 실망을 주고 아픔을 주게 된다. 겸손한 마음은 낮은 데로 임하는 마음이다. 가장 낮은 데 있는 것이 모든 것을 다 품는다. 대지大地를 보라. 대지는 가장 낮은 곳에서 겸손하게 모든 것을 다 품는다. 모든 만물을 품는 것이 바로 대지이다. 대지가 품으면 생명을 창조해 낸다. 더러운 오물도 품고, 떨어지는 낙엽도 품는다. 그 대지는 농부가 뿌리는 씨앗을 품고, 과수원 지기가 심은 나무를 품어 생명을 창조해 낸다. 그리고 아름다운 꽃을, 축복된 과실을 맺는다. 바다는 모든 강보다 가장 낮은 데 있다. 바다는 깨끗한 것도, 더러운 것도 다 받아들인다. 그리고 변화시킨다. 모든 것을 다 품는다. 새로운 것으로 되돌려준다.

세상은 더불어 가야 한다. 자기 존재는 인정하면서도 타인에 대해서는 야박한 것이 현실이다. 사람이 서로의 존재가치를 깊게 인정하는 자각이 없으면 상대편을 자신의 이용물로 착각하게 된다. 그리고 강압적인 태도로 상대편을 장악하고 군림하기 시작한다. 어띠한 대화나 서로의 인격이 중요한 것이 아니고 일단 자신의 영역을 확장하기 위하여 무모하게 상대편의 의사를 묵살해버리고 모든 대소사의 결정권이 자기로부터 되기를 원한다. 만약 여기서 조금만 벗어나면 이유 여하를 막론하고 칼로 자르듯이 삶을 결딴내 버린다. 이처럼 사람은 태어나면서부터 무언가 부족하고 갈급한 의식으로 태어난다. 그 부족한 것이 자라나면서부터 부모와 환경으로 잘 채워지면 다행이지만 대부분이 이 땅의 삶이 그렇지 않다. 특별히 삶이 평탄치 못하고 정신적, 환경적, 물질적으로 어려움을 당하게 되면 자신이 하고자 하는 많은 것이 차단됨으로 말미암아 그 마음속에 엄청난 불만과 정서적인 장애가 생기기 시작하고 그것이 누적되어 삶의 파괴적인 요소로 작용하기 시작하는 것이다. 그러기에 성공한 사람은 자신을 잘 다스릴 수 있는 사람이다.

　　인생은 경주와 같다. 단거리 경주가 아니라 장거리 마라톤 경주다. 인생의 경주에서 진정한 승리자가 되기 위해서는 다음과 같은 결과가 있어야 한다. 첫째, 승리한 후에 기쁨과 만족과 평안이 있어야 한다. 수고하여 원하는 것은 얻었으나 마음에 허무함이 있다면 진정한 승리자라고 할 수 없다. 둘째, 선한 열매가 있어야 한다. 나의 승리로 인해 다른 사람들에게 선한 영향력을 끼칠 수 있어야 진정한 승리라고 할 수 있다. 마지막으로 신앙인격의 성장이 함께 이루어져야 한다. 승리한 후에 교만해지고 안하무인이 된다면 승리는 불행의 출발이 될 수 있다.

인생에서 가장 귀한 선물

연말연시를 맞아 백화점이나 가게의 선물 코너가 북적인다. 부모는 자녀들에게, 연인들은 서로 아름답고 소중한 선물을 산다. 아마 남녀노소를 불문하고 선물을 싫어하는 사람은 없을 것이다. 그래서 상점마다 가지각색의 물건들을 장식하고 손님을 기다린다. 그런데 선물로 인한 기쁨은 대부분 오래 가지 않는다. 우리 손녀도 인형을 사달라고 해서 비싼 인형을 선물했는데 몇 달, 며칠이 아니고 몇 시간 후에 옷이 벗겨져 홀로 구석에 뒹굴고 있는 것을 보게 되었다. 이것은 비근한 예지만, 소수 몇 사람을 제외하곤 선물을 받을 때는 매우 좋아하지만, 얼마 못 가서 금방 싫증 낸다. 사실 선물은 양이나 질이 아니라 마음이다. 며칠 전에 어떤 텔레비전 프로그램을 본 적이 있는데 아주 순애보적인 사랑이었다.

부부가 만나 화목하게 살았는데 어느 날 아내가 중병에 걸려 병원에 입원하게 되었고 급기야는 몇 차례 수술까지 받게 되었다. 아내의 몸은 여러 번의 수술과 고통으로 인해 많이 수척해졌다. 그때마다 남편은 어찌할 수 없는 슬픔으로 견딜 수가 없었다. 자그마한 몸으로, 수척한 몸으로 수술실에 들어가는 것을 볼 때마다 수술실 밖에서 눈물을 많이 흘렸다. 그러나 남편은 병원비를 마련하기 위해 직장으로 무거운 발걸음을 옮길 수밖에 없었다. 그런데 남편 역시도 시력이 안 좋아져서 사물을 정확히 볼 수 없는 아픔이 있었다. 그래서 항상 손전등을 가지고 다녀야 했다. 그는 직감적으로 '이제 내가 어느 시간이 흐르면 눈의 시력이 완전히 잃을 것인데' 하면서 그때까지 해야 할 일이 무엇일까 고민하다가 음악곡을 쓰기로 했다. 그리고 그는 그중에 한 곡을 어느 연주 발표회에서 아내에게 바쳤다. 듣는 아내도, 부르는 남편도 눈물을 흘리지 않을 수 없었다. 세상에 그 어떤 것보다 아주 귀한, 아주 값진 선물이었다.

어쩌면 우리도 이러한 선물을 받았는데 깨닫지 못하고 있는지도 모른다. 아내에게 혹은 남편에게 더 좋은 배우자로 선물을 받았는데도 더 좋은 선물을 기대하고, 다른 사람의 것을 부러워하고 있는지도 모른다. 이것은 선물의 가치를 모르는 것이다. 건강할 때 건강의 소중함을 느끼지 못하고, 배우자가 있을 때, 자녀들이 건강하게 있을 때 그 소중함을 느끼지 못한다. 그러다 어떤 문제로 소중한 것이 나에게 멀어질 때 그제야 후회가 밀려오게 되는 것이다.

어떤 심리학자의 말에 의하면 사람에게는 여섯 가지 감옥이 있다고 한다. "첫째 감옥은 자기도취의 감옥입니다. 공주병, 왕자병에 걸리면 정말 못 말립니다. 둘째 감옥은 비난의 감옥입니다. 항상 다른 사람의 단점만 보고 비난하기를 좋아합니다. 셋째 감옥은 절망의 감옥입니다. 항상 세상을 부정적으로만 보고 불평하며 살아갑니다. 넷째 감옥은 과거 지향의 감옥입니다. 옛날이 좋았다고 하면서 현재를 낭비합니다. 다섯째 감옥은 선망의 감옥입니다. 내 가진 것의 소중함은 모르고 남의 떡만 크게 봅니다. 여섯째 감옥은 질투의 감옥입니다. 남이 잘되는 것을 보면 괜히 배가 아프고 자꾸 헐뜯고 싶어집니다. 어두운 창살 속에 갇히는 것만이 감옥이 아닙니다. 모든 것은 마음먹기에 따라 감옥도 되고 낙원도 된답니다. 마음에 두꺼운 불신의 담을 쌓고 사는 사람은 푸른창공을 날아도 감옥입니다."

모든 사람은 행복하게 살고싶은 꿈이 있다. 그렇다면 그 많은 사람이 원하는 행복은 어디에 있을까? 바로 그 해답은 감사에 있다. 무엇을 갖기를 원하는 것은, 혹은 어떤 것을 성취해서 행복이 있다고 믿는 것은 속고 있는 것이다. 지금 내가 감사함을 느낄 때 행복이 오는 것이다. 많은 사람이 불행하다고 한다. 재미가 없다고 한다. 이것은 모두 욕심에서 나오는 것이다. 인간의 욕심은 끝이 없다. 바닷물과 같아 계속 갈증을 느낀다. 자족해야 한다. 내가 지금 어떤 자리에 있든지 감사해야 한다. 과연 내가 하나님의 은혜가 아니면 이 자리에 있을 수 있을까?

세상이 주는 행복은 잠시뿐인 것을 성경은 우리에게 밝히 보여 주고 있다. 생전에 모든 부귀영화를 누린 솔로몬이 말년에 고백한 내용이 무엇인가? "모든 것이 헛되고 헛되고 헛되도다" 이다. 어느 책에서 본 글인데 이렇게 기록하고 있다.

"많은 사람이 눈앞에 물질이 있어야 만이 인생을 아름답게 사는 것으로 알고 있습니다. 마음의 문을 조금만 크게 연다면 인생은 아름답게 바꾸어 살 수가 있습니다. 그러나 사람들은 마음의 문을 걸어 잠급니다. 이 세상에서 받는 고통 아프게 사는 것 그 속에 갇혀 괴로워합니다. 봄날이 되면 사람들은 창문을 활짝 엽니다. 겨우내 묵었던 모든 것들을 밖으로 꺼내어 햇빛에 말리면 방안은 금시 싱그러움으로 가득 채워집니다. 사람 마음도 이 방과 같습니다. 마음의 문을 크게 열면 안에 갇혀 있던 공기가 모두 빠져나가고 싱그러움이 가득 넘쳐납니다. 인생을 아름답게 바꾸어 사는 법은 바로 마음속에 있습니다. 그 문을 열면 희망이 들어옵니다. 세상의 집은 문을 열어 두면 도둑이 들어와 모든 것을 가져가지만 마음의 문을 활짝 열면 그러한 도둑이 들어오는 것이 아니라 더 환한 빛이 들어옵니다. 마음의 문을 열면 열수록 인생을 아름답게 사는 방법이 거기에 다 들어있기 때문입니다."

이제 새해를 맞이하여 더 좋은 선물을 기대하며 아쉬움으로, 미움과 원망으로 살지 말고 지금 나에게 있는 가장 귀한 선물로 감사와 자족하는 마음으로 살기를 바란다.

인생에서 상실감을 느낄 때

신문과 매스컴을 통해 집단자살 소식이 들려지고 있다. 특히 강원도 일대에서 몇몇 사람들이 생을 마감하는 안타까운 일이 일어나고 있다. 경찰청 자료에 의하면 2008년 한 해 자살한 사람은 13,000여 명이라고 밝히고 있다. 현대문명의 특징은 상실감 곧 고독이다. 병원을 찾는 모두 환자의 증상 즉, 절망감, 피로감, 불면증, 심장병, 그리고 그 밖의 많은 증상을 생각해보면 그들의 진정한 병은 상실감이라 볼 수 있다. 상실 때문에 고통을 당하지만, 사람들은 그것을 말로 표현하기가 어렵다고 한다. 이에 대해 하이리히 휩쉬만 Heinrich Hubschmann 은 이렇게 말한다. "정신이 침묵을 지킬 때 육신은 울부짖는다"고 한다. 사실 인생에는 밝음과 어두움이 같이 있다. 어떠한 삶에도 굴곡이 있으며 양지와 음지가 동시에 공존한다.

훌륭한 미술품에도 밝은색과 어두운색이 잘 어우러져 작품을 만들어 낸다. 만약 그림에 밝은 색만 있다고 하면 그 그림은 얼마 못 가 싫증이 날 수가 있다. 그러나 많은 사람은 자기들의 인생에는 밝음보다는 어두움이 많다고 한다. 그렇다. 그러나 그것은 어떻게 보면 상대적일 수가 있다. 왜냐하면, 가장 못사는 나라의 행복 지수가 더 높게 나오는 것을 보면, 우리가 생각하는 밝음이라는 것이 다른 사람을 통해 나에게 비추어지는 것으로 척도로 삼고 있지 않은가 싶다. 사실 사람들은 자기의 어두움을 다른 사람에게 밝히기를 매우 싫어한다. 그래서 누구를 만나도 태연한 척, 아무 일도 없는 척한다. 교회에 올 때도 웃는 낯으로 밝게 교인들을 대한다.

그러나 그들과 결혼한 사람들, 그리고 조화로운 결혼생활을 하는 듯한 사람들까지도 미묘하긴 하지만 상실감을 겪고 있는 것을 볼 수 있다. 또한, 삶에서 가장 기본적인 것을 상실한 사람도 많다. 식량이 없어 굶어 죽을 수밖에 없는 사람들, 또 재정적 안정 혹은 취업난으로 힘든 사람들, 고국을 잃어버린 수많은 난민들, 그리고 공부하기를 소원했으나 못한 사람들, 그래서 그것에 대한 상실감으로 평생 쓰라린 고통을 당하는 사람들, 그리고 그들이 선택한 직업을 포기해야만 했던 사람들, 아픈 사람들은 건강을 빼앗기고, 불구자는 청력이나 시력, 혹은 팔다리, 혹은 기동력을, 그리고 그것때문에 독립을 상실한다. 어떤 예외적으로 특권을 누리고 있는 사람들일지라도 그들 역시 상실을 경험한다. 그러나 그것은 진정으로 인간이 되기 위해 필수적인 고통suffering을 경험하며, 맞이하는 것이다. 우리가 진정으로 좋은 날씨를 느끼려면 그것은 오랜 악천후 뒤에 와야만 한다. 마찬가지로 우리는 불경기를 겪고 나서야 비로소 호경기를 감사할 수 있게 된다. 그러나 특권이 주어진 사람들은 그들이 아직 얻지 못한 것들에 대해서 훨씬 더 걱정하는 경향이 있다. 혹은 심지어 이상하리만큼 없어도 살 수 있을 것들에 대해서 걱정하는 것이다. 우리가 모두 다 아는 것처럼, 그것이 바로 충족시킬 수 없는 욕망의 속성이다.

상실감이 찾아올 때 그 위기 너머를 볼 수 있어야 한다. 어두운 터널을 지나고 나면 밝은 햇살이 있으며, 폭풍우가 지난 다음에는 아름다운 무지개가 기다리고 있고, 높은 언덕 뒤에는 낮은 평지가 준비된 것이다. 그리고 사랑하는 마음을 가지고 있다면 더 빨리 위기감에서 빠져나올 수 있다. 우리는 우리를 격려해주고 사랑해주는 사람을 사랑하게 된다. 학교에서 수학 점수를 잘 받는 아이는 수학을 사랑하게 된다. 그 아이는 수학에 재미를 붙이게 되고 점점 더 좋은 점수를 얻게 된다. 그 아이는 선생님을 좋아하게 되고, 선생님 편에서도 학생의 실력향상과 자신에 대한 존경 때문에 기쁨을 느끼게 되는 것이다. 그래서 인간의 개성에 관한 한, 상실이 결실하도록 하는 가장 결정적인 요인은 사랑이다. 사랑은 상실의 기호를 마이너스에서 플러스로 바꾼다고 말할 수도 있다. 사랑이 없는 상실은 부정적인 공동작용을 하지만, 사랑은 적극적인 공동작용을 한다. 그리고 긍정적인 사고를 하고 있어야 한다.

얼마 전에 팔다리가 없는 몸으로 미국 고교 레슬링에서 연승행진을 한 10대 소년 더스틴이 있었다. 그는 무려 42승 4패를 기록했다.

말 그대로 몸통만으로 이룬 기적이었다. 그는 지금 대학에 진학해 새로운 도전에 나서고 있다. 더스틴은 "항상 모든 곳에는 길이 있다고 한다."며 모든 일을 스스로 해결하면서 이를 실천하고 있다. 이런 적극적인 사고와 강한 정신력이 바로 오늘의 더스틴을 만든 밑거름이 되었다. 그렇다. 이처럼 어두운색을 잘 조화롭게 사용하면 오히려 역동적인 힘과 새로운 패러다임을 만들 수 있다. 이것은 단호한 결단력이 있어야 한다. 이러한 결단은 앞으로 나아가게 하는 추진력을 동반하게 되는 것이다.

참새와 독수리와 다른 점이 있다면 참새보다 독수리는 멀리 본다는 것이다. 지금의 앞에 있는 문제에 머뭇거리지 말자. 거기에는 해답이 없다. 진정한 해답은 내가 다른 곳으로 눈을 돌릴 때 답이 보이게 된다. 제2차 세계대전에서 참패한 가장 중요한 두 나라인 독일과 일본이 괄목할 만한 성장이 있었다. 그 이유는 바로 극한의 고통에서 나온 것임을 알아야 한다. 또 비오Biot박사는 리용에서 열렸던 의학과 철학에 관한 강연 중에서 "인간의 가치는 성공에 의해서라기보다는 실패를 어떻게 받아들이느냐"에 달려 있다고 했다.

마지막으로 1642년 영국 동부지역 울스소프에서 유복자로 태어난 아이가 있었습니다. 아이가 겨우 말을 배우려고 할 때 어머니는 다른 남자와 재혼했습니다. 아이는 자라면서 사과나무 아래 혼자 앉아 있을 때가 많았습니다. 그 후 아이는 천신만고 끝에 열망하던 대학에 들어가 학업을 마쳤습니다. 그의 꿈은 박사였다. 그러나 그가 박사학위 과정에 들어가려고 할 때 흑사병이 창궐하여 지역의 모든 대학이 문을 닫았습니다. '겨우 여기까지 왔는데 이게 뭐람' 그는 낙담한 채 고향에 내려가 사과나무 아래 앉았습니다. 꿈을 잃어버린 절망의 자리였습니다. 그때 사과 한 개가 '툭' 떨어졌습니다. 어쩌면 자기 처지와도 같았습니다. 왜 사과는 옆으로 안 떨어지고 위에서 아래로 떨어지는 걸까?' 이 의문이 인류 과학사의 흐름을 바꿨습니다. 만유인력의 법칙을 탄생시킨 의문이었습니다. 그의 이름은 아이작 뉴턴 세기의 법칙은 낙담의 현장에서 탄생했습니다. 꿈을 잃었다고 절망할 일이 아닙니다. 상실은 새로운 기회입니다.

자존심自尊心과
자존감自尊感

　　　　　　최근 50대 여성이 상담을 요청했다. 남편이 소리를 시도 때도 없이 지르고 때로는 목을 조르고, 주방에서 칼을 가지고 죽인다고 위협까지 한다고 했다. 이러한 일이 반복되어서 이제는 도저히 같이 살 수가 없다는 것이다. 그동안 기도원에 가서 기도하면 조금 마음이 안정되어서 견디곤 했는데 시간이 가면 갈수록 더욱 심해지는 남편을 보면서 많은 갈등이 생긴다는 것이다. 이 여성은 남편을 치료하고자 여러 병원에 다니기도 했다. 그런데 병원에서는 남편이 중증이므로 입원을 해야 한다는 것이다. 그런데 입원문제가 녹록지 않아 이곳에 왔다.

　　사실 이런 삶은 고통스러운 일이다. 서로 좋은 관계를 맺고 살아도 그리 길지 않은 인생인데 날마다 고성과 폭력과 갈등 관계가 깊어 고름을 낼 지경이면 이것은 보통 문제가 아니다. 남편이 이렇게 된 이유는 어릴 적에 부모의 원치 않는 임신으로 태어나 사랑을 받지 못한 탓인 듯했다. 그러니 태어나면서부터 어머니에게 사랑은 고사하고 동물 취급을 당하고, 학대받고 자랐으니 그 마음에 얼마나 많은 상처를 안고 살았겠는가? 그리고 이제 결혼을 해서 부모에게 못 받은 사랑을 받으려고 했는데 아내 역시 그 남편에게 줄 사랑을 가지고 있지 않을 것이다.

기계가 돌아가는 데 윤활유가 없다면 아마 그 기계는 얼마 가지 않아 마모되어 멈추고 말 것이다. 우리가 어떤 병에 걸려서 입원하는 경우가 있다. 이러한 외상으로 입원하면 간병을 해준다. 그런데 마음의 병은 그렇지 않다. 육체적인 병보다 훨씬 더 중증인데도 그를 이해하거나 배려하거나 도와주는데 상당히 인색하게 된다. 이것이 가장 큰 문제이다. 이것이 치료되지 않을 때 이혼하여 아이들에게 커다란 짐과 또 다른 상처가 되어 지울 수 없는 아픔이 되기도 하고, 혹은 자살로 이어지는 경우도 있다. 몸의 병이 생길 때 이상 기후가 나타나듯이 마음의 병이 있을 때도 여러 가지 증상이 나타난다. 그런데 그것을 보이지 않는다는 이유로 간과하는 경우가 참 많은 것이다.

사실 이러한 형태의 남편은 역기능 가정에서 산출된 성인 아이라고 할 수 있다. 성인 아이는 성인의 문제를 나이에 맞지 않게 조숙하게 다루어야 했던 시절을 보낸 사람을 말한다. 즉, 어린나이에 성인이 겪어야 하는 큰일들과 책임을 느끼며 아이가 아닌 어른처럼 행동해야 하는 압박감을 감당해야 했던 유년기를 보낸 사람을 뜻한다. 또 해소되지 못한 어린 시절의 문제를 아직 처리하고 있는 성인이기도 하다. 위안을 받지 못한 우리의 내재된 과거 아이inner child는 성인이 되어도 우리 안에 그대로 존재한다. 우리의 기억이나 잠재의식 속에는 과거의 사건에 반응하며 이루어진 정서적 찌꺼기가 있는 것이다. 그것을 파생派生시켰던 사건은 끝났지만, 여전히 그 반작용을 느끼고 있다. 이처럼 성인 아이는 결혼생활에서 어려움을 경험한다.

성인 아이의 증세를 가진 두 남녀가 결혼생활을 하면 단지 두 사람이 아니라 네 사람이 결혼생활을 하는 것과 같다. 다시 말해서 두 사람의 성인과 그들의 과거 속에 존재하는 내면의 아이가 함께 결혼생활을 하는 것이다. 내면의 아이는 각기 다른 가정환경에서 성장하였기 때문에 갈등을 겪을 수밖에 없다. 그리고 상대방에게 불평한다. 처음에 결혼하면 부부에게 내면의 아이가 두드러지게 드러나게 된다. 그래서 신혼 초에는 많은 갈등이 노출된다. 사소하게 보이는 일이 심각한 갈등의 원인이 되기도 한다.

사실 성인 아이가 어린 시절에 거부당하고 소외당했다면 따뜻한 관계를 그리워한다. 그러나 일단 결혼을 하면 각자는 상대방의 내면의 아이를 만나게 된다. 그래서 어떤 사람은 사회생활을 할 때는 온화하고 사교적인 면모를 갖추고 상대방을 대하던 사람이 일단 가정에 돌아오면 돌변하여 배우자에게 시비를 걸고 싸우려는 태도를 취한다. 결혼생활에서 갈등을 겪는 것이다. 아마 많은 가정에서 이러한 문제를 안고 있을 것이다. 이것은 우리나라 이혼 통계를 봐도 알 수 있다. 그런데 우리는 좀 더 냉정하게 이 상황을 생각해 보아야 한다.

우리가 육신의 고통으로 신음을 앓고 있는 자는 도울 수 있는데 왜 마음의 병을 가지고 있는 자를 도울 수 없는 것일까? 그것은 그 일말의 자존심 때문일 수가 있다. 자존심 때문에 가정이 붕괴하고, 관계가 잘못되는 경우가 얼마나 많은지 모른다.

우리에게 필요한 것은 자존심이 아니라 자존감이다. 자존감은 본인 스스로가 자신을 존중하고 사랑하는 마음이며 자존심은 타인에 의해서 인정받고 싶어 하는 마음, 타인이 나를 존중해지길 바라는 마음이라고 할 수 있다. 자존감은 자기 스스로를 인정하는 마음, 즉 본인의 주관으로 스스로를 다스리며 남의 말을 수용해가기 때문에 유연하게 바뀔 수 있는 마음이다. 그러나 자존심은 타인이 나를 존경해주기를 바라는 마음이기 때문에 자칫 다른 사람이 더 존중받는 것에 대해서 상처를 받아 방어하려는 마음에 오히려 삐뚤어질 가능성이 있다. 그러므로 자존감을 높여 삐뚤어진 삶, 구부러진 삶을 살지 않아야 한다. 자존감을 높여 삶의 질質을 높여야 한다는 것이다. 어쩌면 이것이 행복의 기준이 될 것이다.

행복은 선택이다. 내가 낙심을 선택하면 그 삶은 분명히 불행해진다. 그러나 내가 행복을 선택하면 그 삶은 자기가 선택한 대로 행복하게 될 것이다. 이래서 선택은 매우 중요하다. 나에게 어떤 일이 있더라도, 큰 문제가 있을지라도 내가 무엇을 선택하느냐에 따라 인생은 바뀌게 된다. 자존심과 자존감, 행복과 불행, 이 모든 것의 주인은 바로 나다.

4장 가면 속의 사람들

종從인가?
주인主人인가?

　　　　　　1969년 중학교에 입학했다. 그 해인가 학생복이 새로이 출시되었는데 그것이 스마트 학생복이었다. 내 눈에 얼마나 기름이 자르르 흐르던지 너무 매료되었다. 내가 지금 입고 있는 바지는 광목에 검은 물을 들인 바지인데 비교가 되지 않았다. 그 당시 광목 바지값은 600원 정도이며 그 학생복 바지는 1,300원 정도였다. 나의 처지로는 도저히 감당할 수 없는 높은 담이었다. 그리고 가지고 싶은 것이 겨울에 인기가 있는 스케이트였다. 그 당시 실내 스케이트장은 동대문에 하나가 있고 나머지는 동네에 넓은 공터나 좀 외곽에 논이나 밭을 정리하여 만든 스케이트장이었다. 그러나 그 당시 놀 것이 없는 상황에 스케이트를 탄다는 것이 여간 흥분된 일이 아니었다. 그러나 문제는 스케이트가 없다는 것이다. 구입 금액은 대략 2,500원 정도였는데 그리 쉬운 금액은 아니었다. 대여해서 탈 수가 있었는데 대여하는 것도 해결이 안 되어 나의 것으로 가지고 싶었던 것이다. 그래서 날마다 일기장에 스마트 학생복 바지와 스케이트 구입 금액을 적어 놓고 기다리는 것이 소원이고 꿈이었다. 아마 생각해보면 그 당시부터 나에게 소유욕이 많이 있었던 것 같다.

초등학교 1학년 때인가 옆집 친구가 있었는데 그 집은 여유 있는 집안이었다. 그 친구는 1원짜리 그림 딱지를 3개나 가지고 있었는데 너무나 가지고 싶어 그중 하나를 훔쳐 우리집 부엌에 숨겨 놓았다. 그러나 오래 가지고 놀지도 못하고 그날 저녁에 어머니에게 들키고 말았다. 부엌에서 연탄 부지깽이로 맞고, 얼마나 많이 울었는지 모른다. 지금 생각해보면 아들을 때리는 어머니도 사주지 못한 서러움에 많이 우셨을 것이라고 생각이 든다. 어머니는 지금 이 세상에 계시지 않지만, 그 사건 후로는 남의 것을 넘보지 않게 되었다. 비록 학생 때의 꿈은 이루어지지 않았지만, 성인이 되어 직장 생활을 하며 여유만 있으면 양복이나 구두, 와이셔츠, 양말을 사서 장롱에 넣어두고 그것을 보며 만족해 하곤 했다.

언젠가 치유 과정에서 내가 가지고 있는 것 중 하나를 내어 놓고 '이것이 누구의 것이냐'는 프로그램을 했는데 나를 비롯해 몇 사람은 많은 시간을 '내 것'으로 고집하다가 기어코 '내 것'이 아니라는 것을 깨달았는데 어떤 사람은 끝까지 '내 것'으로 고집하다가 그 프로그램을 끝내지 못하고 말았다. 어떠하든 어릴적 그 사건으로 남의 것을 한 번도 넘보지 않게 되었고, 프로그램으로 덕분에 결국 모든 것이 나의 것이 없다는 것을 깨달았다. 아마 그러한 치유가 없었다면 지금도 많은 것을 넘보고, 사들이고, 집착하고 있을지도 모르겠다.

주변 목회자들 중 소유욕에 마음을 빼앗긴 분들을 종종 보게 된다. 목회 현장에서 교회가, 성도들이 자기의 소유인양 집착하는 목사들을 보게 된다. 성경은 우리 모두를 종이라고 한다. 이 세상에 나의 것이 하나도 없다. 사실 나의 것이 있다면 그것을 내 마음대로 할 수 있어야 하는데 지금까지 소유하고 있는 것을 아무도 죽을 때 가지고 가는 사람을 본 적이 없다. 또한, 병에 걸리더라도 내 마음대로 하지 못하고, 키도 내 마음대로 크거나 작게 할 수 없다. 나의 생명도 마찬가지다. 나의 주인이 계시는데 내가 주인이 되어서 교회도, 교인도 자기 소유로 생각한다면 이것은 종의 마음이 아니다.

예수님은 "무릇 내게 오는 자가 자기 부모와 처자와 형제와 자매와 더욱이 자기 목숨까지 미워하지 아니하면 능히 내 제자가 되지 못하고 누구든지 자기 십자가를 지고 나를 따르지 않는 자도 능히 내 제자가 되지 못하리라"(눅 14:26-27) 고 하셨다. 그런데 제자의 길을 가는 구도자가 또한 십자가를 져야 하는 주님의 제자가 모든 것을 내려놓지 않는다면 어떻게 제자의 길을 가고, 십자가를 질 수 있겠는가? 예수님이 십자가를 졌을 땐 거기에는 아무것도 소유하지 않으셨다. 누구나 다 그런 것은 아니지만 아직도 주인으로 사는 목사님들은 말씀 앞에 치유가 되어야 한다. 성경은 보거나 말하기 위해 주신 것보다 그것을 지키고 행동으로 옮기라고 주신 것이다.

종의 마음을 버리지 못하면 보이는 것을 향하여 날마다 목말라

한다. 이처럼 상한 마음은 하나님의 사랑에 대한 확신의 결여를 가져온다. 왜곡된 마음으로 하나님을 보기 때문에 그의 눈이 바로 되기까지는 하나님의 모습이 결코 바르게 이해되지 못한다. 인간은 결코 세상 것으로 본질적인 문제를 해결할 수 없다. 인간은 하나님의 형상으로 지음을 받았기에 하나님이 아니시면 본질적 갈증을 채워줄 이가 없으며, 또한 우리의 상처를 치유하지 않는 한 그 어떠한 것으로 채워도 문제는 해결되지 않는다. 그런데도 우리는 우리의 상함과 굶주림 때문에 어쩔 수 없이 세상에 중독되고 포로 되어 살아가고 있다. 이것을 치료하기 위해서는 나를 찾아야 한다. 나는 누구인가?

이제 아브라함이 본토 친척 아비 집을 떠나듯이 내가 붙잡고 있는 것들에서 떠나 지금까지 주인 노릇하며 손에 쥐고 있는 것들을 내려놓아야 한다. 떠나지 않고는 치유는 일어나지 않는다. 종이 되지 않는 이상 하늘의 상속자가 될 수 없다. 한 치 앞도 못 보는 우리가 내일을 준비한다는 것은 너무 어리석은 것이다. 말씀을 통하여 나의 내면을 거울 앞에서 볼 수 있어야 한다.

누가복음 15장 21절에 나오는 탕자는 "아버지의 아들이라 일컬음을 감당하지 못하겠나이다" 할 때 아버지는 그에게 제일 좋은 옷을 입히고, 손에 가락지를, 발에 신을 신기며 관계회복과 권위와 신분 회복을 주셨다. 부자와 나사로 비유에서 부자처럼 자기 것만을 챙기는 자의 결말을 성경에서 잘 보여주고 있다. 혹시 주인으로 사는 자들이 있다면 이제부터 종의 위치로 내려가자. 이것이 제자로 사는 길이다.

4장 가면 속의 사람들

타인능해 他人能解

우리 속담에 '독불장군獨不將軍은 없다'라는 말이 있다. 혼자서는 장군이 될 수 없다는 말이다. 사람은 처음부터 더불어 사는 존재로 지음을 받았다. 하나님께서 사람을 창조하실 때 남녀를 지으시고 서로 돕는 배필이 되도록 하셨다. 그리하여 사람을 사회적 존재라고 표현하지 않는가. 그러므로 사람은 언제나 자기만이 아니라 주변 사람들에 대하여서도 깊은 관심과 배려하는 마음이 있어야 한다. 비록 서로 생각이 다르고, 의견도 다르고, 지향하는 목적이 다를지라도 좀 더 다른 각도에서 그들을 본다면 내가 생각하지 못한 것을 발견할 수 있는 것이다.

사실 그래도 우리 사회가 유지되고 발전할 수 있는 것은 서로 보이지 않는 공통의 영역이 있고 그 바탕 위에서 상대방을 존중하는 마음이 있기 때문이다. 그러므로 지금 내가 생각하는 것을 상대방도 동의한다는 생각을 버려야 한다. 상대방을 인정하지 않는 것은 어떻게 보면 그 상대방을 무시하는 것과 다를 바가 없다. 이렇게 될 때 관계는 소원해지고 서로 화합은 저해되고 만다. 다른 사람의 입장에서 생각하고 그들의 행동을 이해한다면 우리 주변은 행복하고 아름다워질 것이다. 이처럼 누군가를 배려한다는 것은 그 사람을 있는 그대로 받아들이는 것이다. 그래서 그들을 향해 늘 열린 마음으로 상대방을 포용하고 이해하고, 감싸주어야 한다. 그러나 우리 주변을 보면 어떠한가? 때로는 이해 집단의 전투장이라 불릴만하다. 자기에게 불이익이 오면 동물처럼 이성을 잃는 경우가 있다.

어떤 사람이 가정에서 새끼 사자를 키웠다고 한다. 그리고 세월이 흘러 그 어린 사자는 어느덧 늠름한 수사자가 되어가고 있었다. 수사자는 덩치가 커서 어른도 접근하면 위협적인 마음이 들 정도였다. 주변 사람들이 보다 못해 더이상 가정에서 기르게 되면 위험할 수 있으니 자연으로 돌려보내야 한다고 권면을 했다. 그래서 주인은 고민하던 끝에 동물원에 기증했다. 그리고 시간이 흘러 주인은 자기가 기른 사자가 궁금해서 동물원에 가보았다. 그리고 사육사에게 그 수사자를 만나게 해달라고 부탁을 했다. 위험천만하다고 했지만, 너무 간청하기에 많은 준비를 한 후에 만나게 해주었다. 그 수사자는 옛 주인을 보자 두 발로 얼싸안고 뺨을 비비며 자기 암사자와 새끼 사자들을 데리고 나와서 옛 주인을 만나게 해주었다는 이야기다. 이처럼 동물들도 은혜를 갚을 줄 아는데 일부 사람들은 오직 자기 유익만을 위하

4장 가면 속의 사람들

여 살아가고 있다. 그러한 마음에는 욕심이 있기 때문이다. 욕심은 아무리 마셔도 갈증을 해결되지 못하는 바닷물 같은 것이다. 행복한 사람은 많이 받는 사람이 아니라 많이 베푸는 사람이다.

우리는 가끔가다 국회의원들의 난투극을 본다. 그들의 2011년 세비 예산은 무려 5,284억 원이다. 이러한 큰돈을 사용하면서 국민에게 보여주는 것은 그리 아름답지 않은 것 같다. 그렇다면 우리는 어떠한가? 조건과 환경만 맞으면 누구도 이들보다 자유롭다고 말하지 못할 것이다. 목회자 역시 자기에 대한 잣대는 고무줄 같지만 다른 사람들에게는 그리 여유가 많지 않은 것 같다. 감리교 교단 문제, 한기총 회장의 자격 논란 등 그 외에 많은 교회안에 있는 문제들을 법에 호소하고 있다. 왜 교회의 문제를 교회 안에서 해결할 수 없을까? 왜 세상의 법에 맡겨야 하는 걸까? 남을 배려하는 마음이 없어서이다. 이쯤 되면 주님의 마음도 편치 못할 것이다.

가정에서부터 자녀들을 배려하고, 교회에서 성도들을 포용하고, 사회에서 이웃에게 사랑을 베풀어야 한다. 이것이 아름다운 인생을 사는 것이다. 돈 몇 푼에 귀중한 인생을 송두리째 앗아가는 사람, 작은 기업을 탐내는 대기업들, 고사리손에 의해서 모금한 후원금들을 개인의 쾌락을 위해서 과감하게 쓰는 사람들, 국민의 혈세로 의사당에서 난투극을 보여주는 사람들, 올해도 얼마 남지 않았는데 모두 버리고 갔으면 좋겠다. 사람은 마음만 먹으면 뭐든 할 수 있다고 한다. 그래서 마음에 무엇을 담고 있느냐가 중요하다. 욕심을 담고 있으면 부패한 냄새가 날 것이지만, 사랑을 담고 있으면 향기가 날 것이다. 그러기에 남을 생각할 줄 아는 마음은 인격자가 갖춰야 할 미덕중의 하나다. 그러나 나보다 남을 더 생각하고 양보하고 배려한다는 것이 그리 쉬운 일만은 아니다. 그러기에 배려는 하나의 예의다. 예의 바른 태도는 그 사람이 지닌 능력보다 더 강한 영향력을 발휘할 수 있는 것이다. 가식적인 예의는 금세 표가 나게 마련이지만 진심으로 예의를 갖춘 사람들을 대한다면 관계의 성공은 자연스럽게 따라온다. 윌리엄 새커리William Thackeray는 허영의 시장Vanity Fair에서 이렇게 말했다. "사회에서 요구하는 것은 가식이나 덕행이 아니다. 예의범절이다"라고 말이다.

전라남도 구례에 있는 은조루에 가면 곳간 채 앞에 쌀뒤주가 있는데 거기에는 타인능해他人能解라는 글이 쓰여있다. 다른 사람 누구나 마개를 열 수 있다는 뜻으로 양식이 없는 이는 쌀뒤주 아래편에 직사각형의 마개를 열어 언제든지 쌀을 퍼갈 수 있는 뒤주라는 뜻으로 써 놓았다고 한다. 이 집의 주인은 쌀을 가져가는 사람들의 마음을 편하게 하기 위해 뒤주의 위치도 집 주인의 눈에 잘 띄지 않는 곳에 두었다. 한 해의 쌀을 200가마를 수확했는데 이 쌀뒤주를 통해 나갔던 쌀이 대략 36가마 정도였다고 한다. 또 그는 밥 짓는 연기가 배고픈 이웃에게 보이지 않도록 하기 위해 굴뚝 높이도 1미터 안 되게 아주 낮게 만들었다고 한다. 이처럼 남을 위한 배려가 필요하다.

사회생활을 하면서 큰일에 있어서만 아니라 지극히 작은 일에 있어서도 상대방을 배려하는 마음은 당연하면서도 참으로 아름다운 마음이다. 사실 배려한다는 것은 어렵다고 생각하면 어려울 수도 있으나 사람들의 마음가짐에 따라 쉬울 수도 있다. 하루를 지내면서도 우리의 주변에는 배려차원에서 수도 없이 경험되는 일들이 있기 때문이다. 이성훈 박사는 다른 사람을 비판하고 판단하며 미워하고 원망하는 마음의 이면에는 바로 그보다 더 큰 우리 자신의 문제가 숨겨져 있다고 한다. 투사projection라는 심리적 방법을 통해 내가 나에게 행하는 대로 남에게 행한다는 것이다. 그러므로 다른 사람을 용서한다는 것은 나의 의지로는 되지 않는다. 또한, 다른 사람에 대한 분노와 미움은 내가 굶주렸다는 또 다른 증거이다. 즉 내가 사랑과 관심에 굶주렸고 이를 채우고 싶었는데 그것이 좌절될 때 발생하는 마음이다. 그러므로 내가 진정으로 채워지면 분노와 미움은 필요 없게 된다. 우리는 분노와 미움을 억압하고 용서해주려고 노력해도 되지 않는 것은 내가 여전히 배고프고 굶주려 있기 때문이다. 그 악순환에서 벗어나는 길은 나의 굶주림을 먼저 채우는 일이다. 그런데 나의 굶주림은 복음을 깊이 받아들일 때 해결될 수 있다.

주님도 비판을 받지 아니하려거든 남을 비판하지 말라고 하셨다. 나로 인해서 다른 많은 사람이 행복할 수 있다면 이 얼마나 기쁜 일인가? 올해가 저물어간다. 지금부터라도 다른 사람들을 있는 그대로 받아들이고, 그들과 생각을 공유하여 밝아오는 새해에는 모두가 아름다운 세상을 만들어보자.

탐욕의
통로를
차단하자

유엔 특별 식량 조사관 장 지글러가 목도한 21세기 민주주의 시대의 '신흥 봉건 제후들'의 재림이라는 제목으로 IMF, IBRD, WTO, 거대 다국적 민간 기업 등 자본의 전제군주들을 향해 그가 통렬히 고발했다. "현재 이 세계를 지배하는 약육강식의 질서를 파괴하는 것은 시민들의 몫이다. 전 지구적인 사회정의를 위한 투쟁은 이제 시작될 것이다. 다시 한번 말하지만, 모든 환부는 이제 곪을 대로 곪았으므로 더 이상 나빠지려고 해야 나빠질 것도 없다. 모든 것을 완전히 전복시키는 것만이 환부를 치료할 수 있는 유일한 방법이다!" 대학에서 학생들을 가르친 교수이자 실천적인 사회학자이며, 기아 문제에 관한 저명한 연구자로서 오랜 기간 유엔 인권위원회 식량 특별 조사관으로 활동해 온 열정적인 이력의 소유자 장

지글러가 특히, 이른바 '신흥 봉건 제후들'이라 불리는 거대 민간 다국적 기업들과, IMF, IBRD, WTO 등 시장원리 주의와 세계화를 맹신하는 신자유주의적 국제기구들, 무기를 팔아 돈을 벌고 희귀재와 자원을 이용해 전쟁과 폭력의 조직을 일삼는 '제국'들, 사적 자본의 축적을 위해 국가의 미래는 나 몰라라 하는 일부 부패한 권력층의 실체에 대해 고발하고 있다.

이처럼 인간은 태어나면서부터 욕심을 가지고 태어난다. 창세기 3장 4-5절에 에덴동산에서부터 "뱀이 여자에게 이르되 너희가 결코 죽지 아니하리라 너희가 그것을 먹는 날에는 너희 눈이 밝아져 하나님과 같이 되어 선악을 알 줄 하나님이 아심이니라" 하고 유혹을 한다. 그 순간 아담은 마귀로부터 "하나님과 같이 된다"는 그 욕심이 주어졌으며, 그래서 인간은 하나님과 같이 되기 전까지는 욕심을 버릴 수가 없는 것이다. 얼마 전에 김수환 추기경이 소천했다. 꽤 쌀쌀한 날씨임에도 불구하고 많은 인파가 긴 행렬을 지어 마지막으로 가는 그를 더 보기 위해 기다리는 것을 보았다. 왜 많은 사람이 이처럼 남다른 관심이 있을까? 자료나 보도에 의하면 그는 살아생전에 약자 편에 서서 아픈 사람들의 마음을 대변해 주었고, 또 하나는 그가 욕심 없이 아무것도 소유하지 않고 있었다고 한다. 이처럼 사람은 자기가 하지 못하는 것을 다른 사람들이 하게 되면 그를 특별하게 보고 때로는 존경하기도 한다. 지금 많은 신자가 예수님을 모델로 삼고 신앙생활을 한다. 그러나 말과 행동이 많이 다르기 때문에 오해의 말도 듣기도 한다.

특히 요즈음은 교단마다 일어나는 일들이 여과 없이 그대로 세상에 알려지기에 더욱 욕심 없는 참 신자에 대한 그리움이 있지 않나 생각한다. 사실 복음을 위해 세상에 핍박을 받으면 그거야 주님이 기뻐하시겠지만 자기의 유익을 위해 죽은 시체에 독수리가 몰려오듯이 하는 이런 행동들은 주님도 외면하지 않을까 생각한다. 예수님은 소유하신 것 전혀 없으시고 죄인들을 위해서 피 한 방울까지 주셨다. 그러나 그로 인해 성도라고 하는 사람들의 탐심은 끝이 없는 것 같다. 지금도 지구상에 많은 나라가 미국발 경제위기로 몸살을 앓고 있으며 우리나라도 예외가 아니다. 실업자가 늘어나고, 공장은 문을 닫고, 기업은 위기에 처해 있다. 그리고 그 여파는 가정에까지 그대로 전달되어 이혼율이 증가하고, 아이를 낳게 하는 장려책을 펴도 출산 지수가 감소하고 있는 실정이다. 일간지 신문에는 노숙자가 5,000명이 넘었다고 보도하고 있다.

이제 교회와 목회자가 복음을 전하는 것과 아울러 해야 하는 일이 있다면 철저하게 탐심을 버려야 한다. 내가 가지고 있는 것이 내 것이라고 느끼면 다른 사람을 볼 수 있는 안목이 흐려진다. 모든 재정과 소유는 사람들을 섬기는 수단으로 사용하라고 하나님이 주신 것이다. 하지만 그것들을 자신의 소유로 바라보는 순간에 탐욕이 들어오고 이는 곧 우상이 된다. 그러나 지금도 탐욕의 눈으로 썩은 고기를 찾는 자가 많이 있다면 그것은 참 안타까운 일이다. 탐욕은 방탕, 악독, 속임, 모든 불의, 추악 등 온갖 악의와 쉽게 연결되어 버린다. 탐욕에 빠진 사람은 주변 사람들의 마음까지도 흔들어 놓는다. 탐욕은 분명히 개개인의 죄에서 출발하는 것임에도 불구하고 전가되는 속성을 지니고 있다. 탐욕에 길든 마음을 가진 자들에 대하여 성경은 이렇게 증거하고 있다.

> **베드로후서 2장14-15절**
> "음심이 가득한 눈을 가지고 범죄하기를 그치지 아니하고 굳세지 못한 영혼들을 유혹하며 탐욕에 연단된 마음을 가진 자들이니 저주의 자식이라 그들이 바른 길을 떠나 미혹되어 브올의 아들 발람의 길을 따르는도다 그는 불의의 삯을 사랑하다가"

그렇다. 그런데 문제는 탐욕을 품지 않으려고 해도 가끔 속에서 일어나는 욕심은 부인 할 수 없다는 것이다. 상당한 갈등이다. 이처럼 인간에게 만족은 없는 것 같다. 갖고 싶은 것, 하고 싶은 것을 다 한다고 해도 만족할 수 없다. 그래서 어떻게 보면 만족의 정도는 궁핍에 있다고 본다. 기쁨의 정도는 고통에 비례하고 슬픔이 오래가면 행복도 크게 느껴질 수가 있다. 그러나 욕심이 과하면 인생이 곤하고 곤한 인생은 행복하지 못하다.

영국에는 욕심 없는 사람에게 모든 것이 돌아간다는 속담이 있다. 우리가 분명해야 할 것은 인간은 인간이다. 인간은 신이 아니다. 인간은 한 줌의 흙에서 시작해서 한 줌의 흙으로 돌아가는 존재이다. 인간의 삶은 결코 영원한 것이 아니다. 인간은 태어난 날이 있듯 가는 날도 있는 것이다. 인간에게 시작의 날이 있었으니 마지막 날도 있는 것이다. 중요한 것은 빌립보서 4장 11-12절처럼 "…어떠한 형편에든지 내가 자족하기를 배웠노니 내가 비천에 처할 줄도 알고 풍부에 처할 줄도 알아 모든 일에 배부르며 배고픔과 풍부와 궁핍에도 일체의 비결을 배웠노라"하였다.

우리가 모두 사도바울의 고백처럼 산다면 이곳이 천국이요, 이곳이 낙원이 아니겠는가?

시야를 바꾸면
삶이
달라진다